"十四五"职业教育国家规划教材

高等职业教育
课－岗－证一体化新形态教材

U0723197

XUEQIAN ERTONG YINYUE JIAOYU

学前儿童音乐教育

（第四版）

主　编　李桂英

副主编　刘巍巍　王淑华　邵丽敏

参　编　李兴娜　楼　旻　柴莉莉　杨践明

中国教育出版传媒集团
高等教育出版社·北京

内容提要

本书是"十四五"职业教育国家规划教材、高等职业教育课-岗-证一体化新形态教材。

全书分六个单元,包括学前儿童音乐教育概述、学前儿童唱歌活动的设计与指导、学前儿童韵律活动的设计与指导、学前儿童音乐欣赏活动的设计与指导、学前儿童打击乐活动的设计与指导、学前儿童音乐教育活动教学案例评析。

本书着眼于课(专业课程内容)、岗(典型职业岗位技能)、证(幼儿园教师资格考试)有机融合,配以数字化资源,以新形态、全媒体、立体化的形式呈现。

本书可作为高职专科、职教本科、五年制高职学前教育、早期教育、婴幼儿托育服务与管理等专业教材,也可供学前教育工作者及学前儿童家长参考。

本书配套开发有幼儿园音乐教育活动视频、教学课件等数字化教学资源,学习者可以通过扫描书中二维码进行在线学习,教师可以发送邮件至编辑邮箱 gaojiaoshegaozhi@163.com 获取相关教学课件。

图书在版编目(CIP)数据

学前儿童音乐教育/李桂英主编. —4 版. —北京:
高等教育出版社,2021.11(2024.12重印)
ISBN 978-7-04-057426-5

Ⅰ.①学… Ⅱ.①李… Ⅲ.①学前儿童-音乐教育-高等职业教育-教材 Ⅳ.①G613.5

中国版本图书馆 CIP 数据核字(2021)第 247979 号

策划编辑　赵清梅　　责任编辑　赵清梅　　封面设计　王　鹏　　版式设计　张　杰
责任校对　刁丽丽　　责任印制　张益豪

出版发行	高等教育出版社	网　　址	http://www.hep.edu.cn
社　　址	北京市西城区德外大街 4 号		http://www.hep.com.cn
邮政编码	100120	网上订购	http://www.hepmall.com.cn
印　　刷	河北鹏盛贤印刷有限公司		http://www.hepmall.com
开　　本	787mm×1092mm　1/16		http://www.hepmall.cn
印　　张	17.25	版　　次	2011 年 5 月第 1 版
字　　数	420 千字		2021 年 11 月第 4 版
购书热线	010-58581118	印　　次	2024 年 12 月第 7 次印刷
咨询电话	400-810-0598	定　　价	43.00 元

第四版前言

本教材第三版自 2019 年出版以来,广泛用于全国各高职院校学前教育专业的教育教学中,取得了较好的效果。编者通过多种渠道和方式了解了相关院校对此书的使用情况并征求意见,大家普遍认为本教材密切结合高职学生的学习特点,关注学生的兴趣和经验,给学生充分的创造性思维空间和实践空间;密切结合幼儿园音乐教育实际,提供大量各地区幼儿园音乐教育案例供学生分析研究,提出幼儿园音乐教育的常见问题与适宜策略,突出学生岗位职业能力的培养及可持续发展能力的培养;注重培养学生的方法能力和社会实践能力;有利于教师从知识传授者转变为学习过程的组织者、咨询者、指导者和评估者,实现教学过程向学生自觉学习过程的转化。

为了培养德才兼备的高素质善保教幼儿教师、德智体美劳全面发展的幼儿,使教材建设与课程建设同步,与"课、岗、证"的课程体系建设相融合,促进"学前儿童音乐教育"课程的改革与发展,本次教材修订以党的二十大精神为指引,在保留第三版教材主体内容和特色的基础上,将立德作为育人的根本,以坚持实践取向,强化岗位对接,聚焦幼儿园教师资格考试为原则,对各单元内容进行了修订和完善。具体的修订工作如下。

一是在内容上的修订和完善。针对学生职业情感和职业能力的培养,结合近年来国家、各省举办学前教育专业学生职业技能比赛的要求,在单元中增加了"岗位对接"和"国考聚焦"。

二是适应学前儿童音乐课程的教学与改革,有针对性地对本教材各单元中的内容进行科学的取舍和归纳,使教材、资源和课程融合为一体,实用性和操作性更强,为使用者提供更好服务的同时,为后续课程的学习奠定基础。

三是为实现优质资源共享,教材资源建设团队与时俱进,及时丰富和更新了数字化资源,使学习内容更生动直观、更有趣味,学习效果更好。

本书由大连职业技术学院李桂英教授主编,并负责单元一、单元二的编写,同时与四川幼儿师范高等专科学校楼旻共同编写单元四;大连职业技术学院刘嵬嵬负责单元五的编写,并与运城幼儿师范高等专科学校柴莉莉共同负责单元三的编写;齐齐哈尔高等师范专科学校李兴娜负责单元六的编写。中国蒙台梭利协会东北运营管理中心主任邵丽敏负责全书统稿。书中教学案例主要由大连高新区中心幼儿园教师提供,大连职业技术学院杨践明、高晓辉、邹欣旭、王若诗,大连高新区中心幼儿园王淑华、大连海军舰艇学院政治部幼儿园马海燕、大连中山区东港第一幼儿园孙月枝,大连高新区半山幼儿园万慧馨,大连高新区中心幼儿园周悦等负责整理。

编 者

2022 年 11 月

第一版前言

学前教育是国民教育体系的重要组成部分,是国家教育制度的起始阶段,关系到儿童的身心健康和终身发展。教育部颁布的《幼儿园教育指导纲要(试行)》(本书简称《纲要》)明确指出,幼儿园教育是全面的、启蒙性的教育,要根据教育目标,选择和组织对幼儿最有价值又最贴近实际生活的部分构成教育内容,使幼儿得到良好的发展。

《纲要》颁布实施十年以来,我国的学前教育已发展到一个崭新的阶段。2010年《国家中长期教育改革和发展规划纲要(2010—2020年)》(本书简称《规划纲要》)明确提出了"优先发展、育人为本、改革创新、促进公平、提高质量"的工作方针;提出了"坚持以人为本、全面实施素质教育;坚持德育为先、坚持能力为重、坚持全面发展"的战略主题。《规划纲要》在发展任务中要求"基本普及学前教育""积极发展学前教育"。高职高专学前教育专业肩负着为学前教育机构培养合格教师的重任。为了适应快速发展的学前教育事业,满足社会对学前教育的需求和期盼,高职高专学前教育专业需不断深化教学改革,提高教学质量,其中课程改革、教材建设是重要保证。

高职高专学前教育专业的培养目标是培养高素质、强技能的应用型人才,其中五大领域教学法课程是实现专业培养目标的核心课程,也是保证学生能够较快适应岗位要求,实现"零距离"上岗的关键课程。学生的专业知识和职业技能必须经过悉心培养和严格训练才能掌握,因此五大领域课程的教学质量直接关系到人才培养的水平,其教材的建设是学前教育专业教学改革的重要环节。

本套五大领域教学法课程教材是在长期课题研究和教学实践的基础上编写的,以学前教育理论为依据,以教育教学改革成果为基础,以学前教育实际工作要求为目标,注重人才培养目标和学前教育专业特点的有机结合。全套教材在编写过程中吸收了国内外学前教育领域的先进理念和创新方法,体现出理论性、针对性和应用性的统一。书中的理论知识以阐述基本问题为主,以够用、实用为度;专业技能根据实际需要,尽量做到内容全面、要求明确、指导具体、便于操作,以便学生学习过程中理论联系实际,融"教、学、做"为一体。全套教材在内容和体例的编排上力求有一定的变革和创新,改变了传统的章节结构,以"单元"的模式编写,每个单元设有"学习目标""基础理论""案例评析""实践活动""拓展阅读"等几部分,各部分内容相互联系、有机结合,既保证了知识学习的系统性,又有利于技能训练的操作性。

《学前儿童音乐教育》基于对音乐和音乐教育的最新认识,结合学前儿童音乐教育的实际编写,既注重了理论的前沿性,又注重了实用性和可操作性。全书编写体例力求新颖,图文并茂,希望能够引起学习者的兴趣,以避免心理疲劳。本书按照 36 学时编写,各单元既相互独立,又相互联系,保证了知识体系的完整,利于课程改革的深化,也利于各学校依据本校的特点而适当取舍。

本书由大连职业技术学院李桂英主编,并负责单元一、单元二、单元六的编写,同时与四川幼儿师范高等专科学校楼旻共同编写单元四;大连职业技术学院刘嵬嵬负责单元五的编写,并与运城幼儿师范高等专科学校柴莉莉共同负责单元三的编写。书中教学案例主要由大连亿达世纪城等幼儿园的教师提供,大连职业技术学院李桂英、高晓辉、邹欣旭、杨践明、孙晓女,大连亿达世纪城幼儿园王淑华、姜承华,大连早龄婴幼园王培英、中国蒙台梭利协会东北运营管理中心邵丽敏负责整理。营口职业技术学院普师学院院长潘一教授负责审稿。

本书在编写过程中,参考并借鉴吸收了国内外许多专家、学者及同行的研究成果、观点和资料;多家幼儿园和幼儿教育机构为本书的编写提供了案例,并给予指导,在此一并表示衷心的感谢!

编 者

2011 年 1 月

目 录

二维码资源目录

单元一
学前儿童音乐教育概述

学习目标

- 了解学前儿童音乐教育的作用、任务、内容及方法。
- 理解学前儿童音乐教育的含义，以及音乐教育与发展学前儿童音乐能力之间的关系。
- 明确学前儿童音乐教育目标的层次结构、分类结构及具体内容。
- 掌握制定学前儿童音乐教育活动目标的技能。
- 能初步对学前儿童音乐教育活动进行评价。

　　美好的音乐，不仅能给人们以精神上的享受，而且还能给其他的艺术形式以深远的影响。古今中外，不计其数的文学家、戏剧家、画家酷爱音乐，他们有的深谙乐理，精通乐器；有的填词作曲，创作了世代流传的作品，留下了动人的故事。

　　列夫·托尔斯泰是俄国伟大的现实主义作家。他的《战争与和平》《复活》等名著早为人们所熟悉，但他喜欢音乐的事却鲜为人知。其实这位文学泰斗早在大学时便开始学习音乐了。他有时自学，有时也拜并不资深的人为师。他利用机会结识了不少音乐方面的大师。1876年，他通过早已相识的音乐家鲁宾斯坦认识了柴可夫斯基，一场音乐晚会给托尔斯泰留下了极为深刻的印象。直到晚年，音乐仍然使托尔斯泰激动不已。

　　托尔斯泰在写长篇小说《安娜·卡列尼娜》时，每天还要弹三个小时的钢琴。音乐，成了托尔斯泰生活中不可缺少的一项重要内容，并且伴随着他的一生。在他创作的短篇小说《琉森》中，在其自传体小说《童年》《少年》《青年》中，我们都能感受到书中主人公对音乐的极大关注和强烈感情。

基础理论

从古代的"礼、乐、射、御、书、数"发展到现代的"完人教育",音乐与人类的教育活动息息相关,并通过教育活动培养出社会所需要的人,从而推动人类社会的发展。

法国大文豪雨果说过:"开启人类智慧的宝库有三把钥匙,一是数字,二是文字,三是音符。"很久以前,东西方的哲学家和教育家便已认识到音乐对改善人的各种素质的特殊作用。到了近现代,世界各国的教育思想和教育政策,也多把音乐列为人类教育活动的重要组成部分。随着生活水平的不断提高,人们在物质需要得到满足的前提下,开始关注更深层次的精神需求,音乐这一高雅的艺术形式与人们生活的融合度也越来越高。

随着学前教育理论研究的不断深入,人们认识到,学前教育是为人的一生的发展奠定基础的教育,学前教育的重点在于为高质量的生活奠定基础。因此,塑造各方面均衡发展的儿童已成为现代学前教育人的共识。

音乐教育是学前儿童素质教育非常重要的一个组成部分,它从人的整体发展出发,从素质教育入手,挖掘儿童的潜能,塑造儿童健康活泼的个性,促进儿童全面和谐发展。

2001 年,我国教育部颁布的《幼儿园教育指导纲要(试行)》(简称《纲要》),将幼儿园教育活动分为健康、语言、社会、科学、艺术五个领域。作为五个领域之一的"艺术",正式列入学前儿童教育内容,音乐作为艺术的一个重要组成部分,成为学前儿童教育的内容之一。

2012 年教育部颁布《3—6 岁儿童学习与发展指南》(简称《指南》),指出"幼儿艺术领域学习的关键在于充分创造条件和机会,在大自然和社会文化生活中萌发幼儿对美的感受和体验,丰富其想象力和创造力,引导幼儿学会用心灵去感受和发现美,用自己的方式去表现和创造美"。

一　学前儿童音乐教育的作用

音乐是用声音来反映自然现象、社会生活和人的思想感情的一门艺术。音乐教育是以音乐为艺术手段和内容的审美教育活动,是美育的重要组成部分。学前儿童音乐教育是以儿童能够理解和接受的音乐为艺术手段和内容的、面向0—6 岁儿童的教育实践活动。

(一) 音乐教育是对儿童进行品德教育,培养健康人格的有力手段

学前儿童音乐教育是影响儿童品德形成发展的重要手段之一。音乐教育通过有教育意义和有价值的作品所反映的艺术形象,使学前儿童受到情感的熏陶,激发儿童模仿积极行为,使其在潜移默化中形成积极向上的道德感和美感。如歌曲

《我的好妈妈》，儿童在学唱的过程中，很容易被歌词"劳动了一天，多么辛苦呀，妈妈妈妈快坐下，请喝一杯茶，让我亲亲您吧，让我亲亲您吧，我的好妈妈"所感动，有的儿童在学完歌曲后，回到家里主动为妈妈唱这首歌，主动为妈妈端水。又如，学唱《我上幼儿园》后，小班儿童就会对自己说："我不哭，也不闹，我是好孩子"。除了教学内容本身包含的情感教育因素外，我们在教育教学活动组织中，也可以随时挖掘各环节中所包含的教育元素，适时对儿童进行德育。如在组织打击乐活动时，引导儿童服从教师统一指挥，爱护"乐器宝宝"，合作进行演奏等，儿童的集体意识、合作意识在此过程中就慢慢形成了。

（二）音乐教育可以启迪智慧、开阔视野、丰富知识、增强求知欲

丰富的作品内容对于学前儿童认识自然、认识社会和开阔眼界都有很大的辅助作用；作品的多样性能够激发学前儿童的好奇心，并引起学前儿童对现实生活的丰富联想；在音乐游戏和舞蹈中表演各种形象有助于发展儿童的创造力和想象力，增强儿童的模仿能力。如在组织打击乐活动时，向儿童介绍各种打击乐器，让他们了解各种打击乐器的名称、音色、演奏方法等，这样就丰富了儿童关于打击乐器方面的知识；在为歌曲、乐曲编配打击乐的过程中，让儿童尝试自己选择乐器、编配与别人不同的节奏型，其创造力也会得到发展。又如，在开展韵律活动"小白兔"时，有的儿童把双手放在头上模仿小兔子，边跳边向左转转头，再向右转转头，并告诉老师："我在找萝卜"，说明儿童在活动时，头脑中会充满关于活动内容的想象。可见，音乐教育对促进儿童的感觉、知觉、记忆、思维、想象等的发展能起到积极的作用。

（三）音乐教育是美育的主要形式和有力手段

美育能培养人对自然界、社会生活、文艺作品的正确审美观，是培养人感受美、鉴赏美和创造美的能力的一种教育活动，是学前儿童全面发展教育的重要组成部分。音乐教育既是美育的内容也是实施美育的重要手段。当教师引导儿童用自然好听的声音来唱歌、用自然的体态来舞蹈时，在潜移默化中，儿童的美感就会逐渐形成。良好的音乐教育能够培养儿童感受美、理解美、领悟美和创造美的能力，使儿童掌握表现美的技能、技巧，同时发展儿童的音乐才能与创造才能。通过这一教育形式，我们还能使儿童对自然美和生活美有一定的理解能力和鉴别能力。

（四）音乐教育对学前儿童身心健康和谐发展有重大影响

音乐教育对儿童身心发展有着良好的影响。尽管音乐作品的题材、体裁、风格多种多样，但我们为儿童选择的是那些欢快活泼、优美抒情、安静柔美的作品。优美愉快的歌曲（乐曲）能唤起儿童良好的情绪，这种良好情绪对儿童神经系统的发育起着很好的作用；经常欣赏音乐作品，能促进儿童听觉器官的发展；演唱歌曲能锻炼儿童的呼吸器官，提高肺活量；在音乐伴奏下富有节奏的律动和进行各种音乐活动更能使儿童动作协调、灵活和健美。在丰富多样、内容健康的音乐作品的熏陶下，儿童逐渐形成活泼乐观、积极向上的性格，心情愉悦，身体健康。

二 学前儿童音乐教育的任务

（一）培养学前儿童对音乐的兴趣与爱好

兴趣是最好的老师。对音乐的兴趣与爱好，是接受音乐影响和音乐教育的前提。学前儿童学习音乐的积极性受兴趣支配，教师通过选择适合学前儿童年龄特点和接受能力的教育内容，适当利用学前儿童喜欢的玩具和教具，采用动静交替的活动模式和灵活多样的教学方法，激发学前儿童对音乐的兴趣，使他们积极主动地投入音乐活动中，自觉接受音乐教育。培养学前儿童对音乐的兴趣和爱好，是学前儿童音乐教育的首要任务。

（二）引导学前儿童掌握初步的音乐知识和技能

引导学前儿童掌握初步的音乐知识和技能是学前儿童音乐教育的任务之一。通过掌握初步的音乐知识和技能，学前儿童能够比较准确地感受和领会音乐所表达的情感和音乐的风格（如安静的、欢快的、雄壮的等），能用正确的方法演唱儿歌、用协调优美的动作去表现音乐作品所塑造的艺术形象，如学会用不同的表情演唱歌曲《世上只有妈妈好》中"有妈的孩子像块宝""没妈的孩子像棵草"这两句歌词。

（三）发展学前儿童的音乐能力

音乐能力包含音乐感受力、音乐表现力和音乐创造力等，它是多种能力的综合。早期音乐能力的发展水平对于学前儿童以后能否顺利从事音乐活动或能否接受更高级的音乐教育起着决定性的作用。教师在音乐教育中应有意识地培养儿童的音乐能力，如在歌唱活动中，要求学前儿童能准确地感受和模仿旋律中的音程和节奏，训练其音乐听觉、节奏感和音乐记忆能力；在音乐欣赏活动中，注重培养他们对音乐的感受力和理解力；在舞蹈活动中，有意识地提高他们有感情地表达音乐作品的能力。

音乐创造力是指学前儿童根据自己的想象，创造性地表演歌曲、舞蹈等的能力。教师在组织儿童进行各种音乐活动时，要给他们充分发挥想象力和创造力的机会，让每个儿童都有机会演唱自己喜爱的歌曲、表演自己喜爱的舞蹈或参与韵律活动、演奏打击乐等，以发展儿童的各种创造才能。

（四）充分发挥音乐的教育作用

音乐以其生动感人的艺术形象在学前儿童的全面发展中发挥着独特的教育作用，影响着儿童的情感体验，使儿童逐渐形成对周围世界正确的认识，形成一定的亲子交往、群体交往、师生交往的能力，发展自我意识，形成健康的人格。教师在教育活动中要从宏观的角度着眼、从微观的角度入手，充分发挥音乐艺术的优势，挖掘其潜在的教育价值，促进儿童的全面发展。

三 学前儿童音乐教育活动的内容

(一) 歌唱活动

歌唱活动是学前儿童音乐教育的基本内容之一,是学前儿童喜闻乐见的、易于理解和接受的音乐内容,在学前儿童音乐教育中居于重要地位。学前儿童随身带有天然的"嗓音乐器",所以开展唱歌活动可不受客观条件的限制,只要儿童愿意,可随时随地进行。教师应选用适合学前儿童年龄特点的儿童歌曲,选用灵活有效的教学方法,通过生动有趣的活动形式,使学前儿童在掌握歌唱技能的同时,增强对音乐的感受能力和理解能力,培养对歌唱活动的兴趣和爱好,以充分发挥歌曲的教育作用(图1-1)。

图1-1 学前儿童歌唱活动(大连高新区中心幼儿园)

资源包

好 妈 妈

1＝F 2/4

潘振声 词曲

(5 5̇ 5 6̇ 5 | 3 3 3 3 0 | 5̇ 3 3 3 2 | 1 0) | 3 3 5 2 2 | 1 0 | 3 3 5 6 6 |
　　　　　　　　　　　　　　　　　　　　　　　　　　　我的 好妈 妈, 下班 回到

5 0 | 2 3 5 6 | 3 2 3 0 | 5̇ 6 5 3 | 2 0 | 3. 3 3 2 | 1 6̇ 5̇ 0 |
家, 劳动了一天 多么辛苦呀。 妈妈妈妈 快坐下,

3. 3 3 2 | 1 6̇ 5̇ 0 | 5̇ 6 1 2 | 3 - | 5 3 5 6 6 | 5 3 2 0 |
妈妈妈妈 快坐下, 请喝一杯 茶。 让我 亲亲 您 吧,

5 3 5 6 6 | 5 3 2 0 | 5̇ 3 3 2 | 1 - | 3. 5 | 2 0 2 0 | 1 0 ‖
让我 亲亲 您 吧, 我的 好妈 妈, 我 的 好 妈 妈。

（二）韵律活动

韵律活动是指随音乐而进行的各种有节奏的身体动作，包括律动、舞蹈、音乐游戏和其他节奏动作。对于喜欢游戏和用动作表达情感的学前儿童来说，韵律活动是一项非常受欢迎的活动。孩子们随着音乐的节奏舞蹈或做出各种符合音乐的性质及内容的动作，其节奏感及音乐表现力、创造力得以不断提高。

资源包

拍手，踏步，转圈

黄式茂 词、动作

王履三 曲

1 = E 2/4

| 5̣ 1 1 1 | 3 1 1 | 2. 3 2 1 | 2 5̣ 5̣ | 5̣ 1 1 1 | 3 1 1 | 2. 5̣ 6̣ 7̣ | 1 1 1 ‖

幼儿园里　朋友多，　我　们大家　真快乐。　拉拉手，　踏踏脚，　转　个身儿　来跳舞。

跳法

全体幼儿双手叉腰，两人一对做好准备。

第一遍音乐

第1—4小节：边拍手边踏步（一拍一次）。

第5小节：脚不动，两人右手在胸前互握，动两下。

第6小节：双手叉腰，脚踏三下。

第7—8小节：碎步自转一圈回原位。

第二遍音乐

第1—4小节：动作同第一遍音乐第1—4小节。

第5小节：两人相对拉住双手。

第6小节：脚踏三下。

第7—8小节：碎步转圈调换位置。

（三）音乐欣赏活动

音乐欣赏活动一般指通过聆听音乐作品获得审美享受的音乐活动。这种感受音乐的活动是与歌唱活动、韵律活动、打击乐器演奏活动等音乐表演活动相对应的。幼儿需要通过更多的直接参与的活动来感知音乐、理解音乐、从音乐中获得审美享受，同时获得相关的欣赏音乐的知识和能力。因此，在学前儿童音乐教育活动中，音乐欣赏即指学习怎样听音乐、怎样感受音乐和怎样表达音乐效果（图1-2）。在这类活动中，主要教育内容有周围环境中的音响倾听和音乐作品的倾听。

（四）打击乐器演奏活动

打击乐器演奏活动是指在音乐声中有节奏地敲打某些打击乐器的活动。打击乐器是指靠击打或碰撞而发声的乐器。

学前儿童打击乐器演奏形式主要有两种：一种是练习演奏已经编配好的器乐曲和声乐曲；另一种是为唱歌、韵律活动伴奏。

打击乐器演奏活动是培养儿童节奏感极重要的途径之一。儿童在打击乐器演奏中对音乐的节奏、节拍、强弱等有更直接的认识，同时能够更熟练地掌握各种乐器的音色和使用方法，提高对音色的听辨能力及对各种音乐表现手段的敏感性（图1-3）。

图1-2　学前儿童音乐欣赏活动

图1-3　学前儿童打击乐器演奏活动

四　学前儿童音乐教育活动的方法

（一）示范

示范是音乐教学中最常用的教学方法。由于学前儿童极其善于模仿，因此示范的方法对于学前儿童学习和掌握音乐技能技巧有着特殊的意义。

在音乐教学中，示范的方法常用于唱歌、表演舞蹈、音乐游戏及器乐演奏等方面。教师要做示范，必须掌握唱歌和舞蹈等方面的技能技巧。示范的效果往往决定着学前儿童理解和掌握教学内容的程度。因此，示范时感情要真挚、表情要恰当。教师在演唱和演奏音乐作品时，应正确运用各种表现手段；在做舞蹈和音乐游戏示范时，应采用镜面示范的方法，动作要准确、规范，符合音乐的性质和作品内容，抓准人物或动物形象在特定情境内的表情因素，使示范能引起学前儿童的兴趣和学习欲望，为儿童提供模仿的榜样，为活动的顺利进行打好基础。

（二）练习

掌握音乐技能技巧离不开系统的练习。采用多种形式组织儿童进行技能技巧的练习，是使儿童巩固唱歌、舞蹈等技能的重要一环。在练习时，教师要注意要求明确，突出练习重点，避免机械重复的练习方式，积极提高儿童练习的兴趣和主动性。同时，应把练习活动的过程组织得生动丰富，应注意循序渐进。在练习时，教师应适当用语言指导学前儿童掌握练习要点，以使他们逐渐提高表演能力。练习的组织形式应多样化,可集体练习、分组练习或个别练习。

(三)运用语言

在音乐教育活动中,教师不宜讲话过多,应更多地发挥音乐的组织、引领作用。但由于儿童音乐经验较少,仅仅凭自己听很难理解音乐的内容,因此教师必须适当地运用语言,以帮助儿童更好地感受和理解音乐。在向学前儿童介绍音乐作品、帮助儿童理解作品内容和培养儿童的音乐记忆力时,常常需要运用语言的方法,具体包括讲解、说明、提问、提示、谈话等。教师在运用语言时,应力求精练、明确,通俗易懂,将音乐的具体形象和儿童的生活经验结合起来。语言在音乐教育活动中只起到辅助作用,不可替代音乐。

(四)运用直观教具和游戏

学前儿童思维具体形象性的特点,决定了运用直观教具的重要性。儿童最喜欢的活动是游戏,运用游戏的方法最能激发儿童参与音乐活动的积极性和自觉性。

以上是组织学前儿童音乐教育活动的基本方法,它们之间相互联系。教师要根据音乐教育活动的目标、内容,结合活动对象的年龄特点及认知水平,认真、细致地选择方法。在组织活动的过程中,要敏锐地观察儿童情绪的变化,并采取相应的措施。总之,教师在运用方法时应灵活、机智和适度,真正做到"教学有法,亦无定法,贵在创新,妙在灵活"。

五　学前儿童音乐教育活动的设计与组织

学前儿童音乐教育活动多种多样,最常见的有幼儿园音乐教育活动、家庭音乐教育活动和社会音乐教育活动。

(一)活动目标的确定

确定活动目标是开展教育活动的首要步骤。确定具体活动目标要和艺术教育的总体目标、分类目标、各年龄阶段目标相吻合,结合具体教育活动内容并充分考虑具体教育对象的年龄特点及音乐能力的发展水平。

对学前儿童的教育是有目的、有计划、有组织的,教育目标指明了教育要达到的要求,是开展教育活动的依据。它不仅对教育内容、教育方法、教育手段和活动形式产生影响,而且直接影响着教育的结果。

学前儿童音乐教育目标包括总体目标、分类目标、各年龄阶段目标、单元目标和具体的教育活动目标。其中总体目标是音乐教育总的任务和要求;分类目标是对歌唱、韵律活动、乐器演奏和音乐欣赏这四个不同方面的内容描述,每种内容的目标都包括认知、情感态度和能力三个方面的具体要求;各年龄阶段目标是分类目标在各个年龄阶段的具体分解和落实;单元目标指一组有关联的活动全部结束后要达到的目标,包括以时间为单元的目标和以主题为单元的目标;具体的教育活动目标是单元目标的具体化和展开,具有可操作性。教师在教育实践中,应努力通过一个一个低层次目标的实现而达到高层次目标的实现,最终真正促进儿童的全面和谐发展。

一般来说,具体的教育活动目标包括认知目标、情感态度目标、能力目标三方面。

1. 认知目标

认知目标指与学前儿童音乐教育中的音乐知识及认知能力有关的要求。

2. 情感态度目标

情感态度目标指在学前儿童音乐教育中对情感体验及培养学前儿童对活动的兴趣爱好等方面的要求。

3. 能力目标

能力目标指在学前儿童音乐教育中与歌唱、舞蹈、乐器演奏、音乐欣赏等相关的能力方面的要求。

(二)活动过程的设计

在多元化的教育背景下,我们对活动过程的设计也应有多样性的思考。程式化的活动设计不再一味受推崇,代之以符合儿童年龄特点的具有实效性的多元化活动设计。基于这样的理念,我们认为,在能够完成活动任务、达到活动目标、实现师幼互动、充分发挥孩子参与活动自主性的前提下,教师应视具体活动内容,灵活选用经典传统的活动设计、现代的发现式活动设计或两者有机融合。

●详见本教材单元二至单元六

(三)制订学前儿童音乐教育活动方案的基本格式

学前儿童音乐教育活动方案应包含以下六项内容。

1. 活动名称(内容)
2. 活动目标(要求)
3. 活动准备(物质材料如教具、学具等辅助材料的准备,知识经验的储备,环境创设等)
4. 活动过程
5. 活动延伸
6. 活动评析(活动反思)

六 学前儿童音乐教育活动的评价

学前儿童音乐教育活动的评价,是针对学前儿童音乐教育活动的特点和各个组成要素,通过收集和分析音乐教育活动各方面的信息,科学地监测和判断音乐教育价值和效益的过程;也是对音乐教育活动目标、活动内容、活动过程的实施状况等方面判断和评定的过程。学前儿童音乐教育活动的评价,在学前儿童音乐教育活动的组织与实施中起着重要的作用。通过评价,教师能了解幼儿音乐能力的发展,从而更好地反思自己教育活动的设计与指导是否科学、有效;通过评价,家长能了解更多的信息,更好地与教师配合,形成合力;通过评价,幼儿能发现自己的进步,充分体验成功,增强自信;通过评价,教育行政管理者及社会人士能更加关注学前儿童音乐教育,并为教育决策部门提供科学而有效的参考资料。总之,对学前儿童音乐教育活动的评价,可以实现以评促教、以评促学、以评促改、以评促建。

(一) 学前儿童音乐教育活动评价的原则

学前儿童音乐教育活动评价的原则是指在进行活动评价时应遵循的基本要求,具体包括以下原则。

1. 全面性原则

学前儿童音乐教育活动评价必须对音乐教育活动的各个组成部分和各个构成要素进行全面的评价,既要对儿童在音乐活动中的表现、学习和发展情况等进行评价,还要对教师在实施音乐教育活动过程中的观念态度、组织形式、活动目标的适宜程度及师幼互动等方面的情况进行全方位的评价。评价收集的信息要全面,力求全面分析音乐教育活动各个方面的价值。

2. 客观性原则

客观性原则是指在进行学前儿童音乐教育活动评价时应以客观、公正、科学、实事求是的态度进行,科学地确定和使用评价标准。特别是对儿童进行评价时,评价者要从客观实际出发,绝不能主观臆断或带有个人感情色彩,必须客观、公正,透过现象,经过一系列的分析、综合、概括、抽象等主观活动,分析、判断事物的本质。

3. 评价与指导相结合的原则

评价是按照一定的标准对被评价对象的行为作出判断,评价结果可使评价对象对自己的教育行为有更明确的认知,并引发进一步的思考。成功的方面继续发扬,并可横向推广,失败的方面则引以为戒,继续加强研究,寻找解决的办法,争取下一步的成功。要做到这一点,就需要将评价与指导结合起来,通过指导把评价的结果上升到一定的理论高度加以认识,帮助评价对象更好地了解自己,扬长避短,争取更大的进步。从评价到指导,再从指导到评价,循环往复,促进教师的成长,提高音乐教育活动的质量。

4. 诊断性原则

对音乐教育活动的评价要有诊断作用,通过评价,不仅要指出现状和评定差异,还要指出造成现状和产生差异的原因。如以儿童的活动表现和活动结果来诊断儿童的音乐发展情况是否达到了音乐教育活动的目标和要求;以儿童在音乐活动中的兴趣、情感及性格等方面的反应来诊断音乐教育活动方法和过程的科学性、适宜性。如某教师在组织幼儿进行音乐活动时,精神饱满,富有激情,个人音乐技巧表现也很娴熟、优美,但是参加活动的幼儿无精打采、注意力不集中、反应迟缓。在活动后进行的诊断性评价中,分析出其中的问题:该教师过于自我表现,组织活动时极少与幼儿视线接触,忽视了与幼儿的交流、互动,造成幼儿与教师之间的距离感,使幼儿失去参与活动的兴趣和积极性。

5. 针对性原则

对学前儿童音乐教育活动评价的针对性是指评价要针对一定的具体问题或课

题进行。可以围绕当前存在的主要问题,也可以针对某一具体的音乐教育内容。如某幼儿园在开展音乐活动时,以往只使用图片、木偶等教具,在"教育现代化"理念渗透于幼教领域的今天,该幼儿园也积极尝试运用多媒体教学课件组织音乐教育活动,为检验教学改革成果,幼儿园近期组织的评价工作就应该围绕多媒体教学课件在音乐教育活动中的应用来进行。

综上所述,只有正确对待学前儿童音乐教育活动的评价,才能使教育评价成为教育工作者不断自我发展的重要促进因素,因此,学前教育工作者必须学会科学地开展这项工作。

(二)学前儿童音乐教育活动评价的内容

1. 活动目标的评价

活动目标是由教师按照一定的教育要求和儿童本身发展的需要制订的一种对活动结果的期望。在活动目标的评价中,可以从三个方面入手:一是评价活动目标与音乐教育的总目标、年龄阶段目标及单元目标是否有紧密的联系;二是评价活动目标是否涵盖了认知、情感态度和能力三方面的要求;三是评价活动目标是否与儿童的实际情况相适应。

学前儿童音乐教育的目标体系是一个完整而有序的统一体,每一个活动目标都是总目标、年龄阶段目标的具体化;每一个活动目标的实现,都是向阶段目标和总目标迈进了一步。因此,在评价音乐教育活动的目标时,有必要从目标体系的统一性出发,分析该目标与其上一级目标的联系,以此评价目标的合理性。如在一个中班的韵律活动中,教师制订的目标之一是"根据音乐的节奏做相应的动作",独立地看,这条目标似乎是合理的,幼儿在音乐活动中也能够完成;但若联系中班的年龄阶段目标和音乐教育的总目标来看,则该条目标没有很好地贯彻和体现年龄阶段目标中对"引导幼儿的创造性动作表现以及引导幼儿合作进行动作表现"的要求,因而显得不够合理和完善。

在评价活动的目标时,还应判断活动目标的构成情况。一般说来,活动目标应体现认知、情感态度和能力三方面的要求,当然,这并不是说教师的每一次活动目标制订都要人为地去凑这三个方面,而是可以根据具体的活动内容和儿童的实际情况,有侧重地制订相应的目标,可以有重点地对目标做主次之分、先后之分。

虽然年龄阶段目标概括的是某一具体年龄阶段儿童一般的发展趋势和教育要求,但是不同的班级、不同的儿童还会存在一定的差异,因此,评价活动目标还必须看教师制订的目标是否与本班儿童的实际水平和发展特点相适应。如中班儿童韵律活动教学目标中的"享受并体验用动作、表情和姿态与他人交流的方法和乐趣"这一目标,教师就要根据班级的实际情况区别对待:若班级儿童音乐能力发展水平相对较低,班级男孩子较多,不善于动作表现的儿童较多,同时大多数儿童没有与同伴合作进行动作表演方面的经验,那么,就不宜盲目地照搬这一目标,而应相应地放低要求或放慢速度,将目标化解为若干个分层递进的分目标来实现。

2. 活动内容的评价

活动内容是实现活动目标的中介。评价音乐教育活动的内容,主要是指对活动内容的选择和设计两方面的评价。

首先,要评价活动内容的选择是否与音乐教育目标相一致,是否与音乐教育所涉及的范围、领域相一致,是否与儿童的能力发展水平相一致。其次,要看音乐材料本身的审美性和艺术性:音乐与其他学科教育活动的重要区别就在于音乐自身独特的审美性。因此,教师为儿童选择的音乐材料应当具备音乐艺术的这一表现特性,使儿童在美的陶冶中获得教育。

另外,还应对活动内容的设计和组织进行评价:评价在一个具体的音乐活动中各部分内容间的比例关系是否合理,评价活动内容与活动形式是否相适应,评价活动内容的组织安排是否突出重点、难点,评价活动内容各个部分之间的过渡衔接是否流畅,等等。

3. 活动方法的评价

活动方法是实现活动目标的手段和途径,它既包括教师的主动引导和教学方法,也包括儿童主体的探索和操作方法。在音乐教育活动中,方法的设计和运用起着举足轻重的作用。

评价活动方法主要体现在以下几个方面:一是方法的选择和运用是否与活动目标和内容相呼应;二是方法的选择和运用是否顾及了儿童的年龄特点和接受水平;三是方法的选择和运用是否强调并体现了儿童的自主性和主体性;四是方法的选择和运用是否注意到了与音乐活动环境和有关设备相联系。

4. 活动过程的评价

音乐活动过程是一个综合而复杂的过程,对活动过程的评价也是一个动态的评价过程,它涉及教师、幼儿及其他方方面面。一般说来,可以从以下几方面着手进行评价。① 评价教师的行为。主要是指对教师在活动过程中的教态、精神面貌作出一定的评价,观察教师在活动中是否亲切自然、精神饱满而有一定的热情;是否能作出正确而清晰地示范讲解;是否善于调动幼儿的积极性;是否能巧妙而熟练地运用角色的变化引导幼儿学习;是否善于设置一定的问题以有效地激发幼儿的独立思考;等等。② 评价教师与幼儿的互动情况。主要是分析与评价教师在活动中是否注意到为幼儿创设一定的活动环境,以引发幼儿的主动学习兴趣;是否注意到充分激发幼儿的兴趣,培养幼儿的意志力、自信心、独立性等良好的心理品质;是否注意到与幼儿的情感交流及为幼儿之间的情感沟通创造机会和条件;等等。③ 评价活动的组织形式。主要是分析和评价在音乐活动的过程中,教师对集体活动、小组活动及个别活动等多种活动组织形式的选用是否灵活适当;是否在活动过程中体现了因材施教;是否注意到了在不同组织形式中幼儿的人际交往;等等。④ 评价活动的结构安排。主要是评价活动的结构安排是否紧凑、有序;是否注意到每一个活动环节和步骤之间的层次性、系列性、递进性;是否体现了结构安排上的动静交替;等等。

5. 活动环境和材料的评价

活动环境和材料与活动目标、内容有着必然的联系。对活动环境和材料的评价主要包括以下方面。① 环境和材料的选择与设计是否能体现活动目标的达成；是否与活动内容相适应。② 环境和材料的选择与设计是否适合幼儿的实际需要和操作能力。③ 提供的活动材料或道具是否适合音乐活动的展开。如提供的活动材料和道具是否具有一定的艺术性和表现性；能否在数量上有所保证；等等。④ 活动过程中，环境和材料是否得到了最大程度的开发和利用，即是否充分发挥了环境和材料的作用。

6. 活动效果的评价

活动效果的评价主要是指从幼儿方面反映出来的教育结果，包括以下几个方面。① 评价幼儿在活动过程中的参与度和学习态度。如注意力是否集中、表现是否积极主动等。② 评价幼儿在活动过程中的情绪情感反应。如精神是否饱满、情绪是否愉快、轻松等。③ 评价幼儿对活动预期目标的达成情况。

（三）学前儿童音乐教育活动评价的方法

学前儿童音乐教育活动评价的方法多种多样，从评价者的角度出发有自我评价和同行评价；从评价过程与结果的记录或交流的角度出发有书面评价和口头评价；从评价内容的全面性角度出发有全面评价和重点评价。教师应根据评价的目的和内容综合运用上述方法，科学地、实事求是地评价学前儿童音乐教育。在评价的过程中，要多元决策、综合评估，从教师、儿童、家长、管理者、同行等多方面收集信息，以此作为评价的有效依据，对学前儿童音乐教育作出客观而科学的评价。学前儿童音乐教育评价的基本方法有观察法、谈话法、问卷法、测试法及综合等级评定法等。

1. 观察法

观察法即有目的、有计划地在幼儿的音乐活动中进行即时的观察，并对观察结果作出一定评价的方法。这种评价方法既有一定的合理性，又便于实施。通过观察，教师可以获取来自儿童多方面的反馈信息，这不仅能使教师真实地了解到每个儿童的音乐发展水平和能力，而且能帮助教师从观察结果中更好地了解到教育活动进程的利和弊，并及时地调整和改进活动的内容、方法和组织形式。

观察法有两种不同的实施途径。

（1）自然观察即教师在幼儿的日常生活中、在幼儿最真实自然的自发音乐活动中进行对幼儿行为表现的观察评价。教师需在观察前明确所要观察的内容，在观察中做好相应的记录。如有这样一段观察记录：某日，甲、乙两个幼儿在自由活动的时间里进行自发的音乐活动。这时，录音机里传出一段欢快、轻松的节奏音乐。甲幼儿非常高兴地手舞足蹈，并尝试着拉乙幼儿一起随音乐舞动，乙幼儿不屑一顾地挣脱开甲幼儿的手，转身离去。从上面的观察记录中，我们可以对甲、乙两个幼儿的音乐兴趣、表现欲望和个性特点作出相应的评价。由于自然观察可以不受时间的限制，随时随地随机地进行，因而具有一定的灵活性，但是由于自然观察到的行为和表现处在不同的环境、时间和空间中，因而也难免影响观察记录的效果。

（2）人为创设一定的环境进行观察。对于在日常活动中难以观察到的情况，教师可以根据评价指标体系的要求,特别设置一个活动、游戏或场景,以促使儿童自然地表现其音乐发展方面的状况。如要评价幼儿对音乐的主动探索能力的发展,可以创设这样一个环境:在录音机里播放一首三拍子的轻柔音乐,提供一些不同小动物的头饰及纱巾、彩带等道具,要求幼儿用这些材料和道具结合身体动作进行自我探索和表现。教师可以通过这一特别的安排,观察到班级每个孩子的表现。由于这样的观察取之于一个具体创设的环境,因而其效果相对令人满意。

2. 谈话法

谈话法即评价者与评价对象进行直接的语言交流,以获取有关信息的方法。谈话的形式可以是提问,也可以是讨论等其他较自由的形式。如在日常生活中,教师有意识地接近一些在平时的音乐教育活动中表现比较消极、对音乐活动没有参与兴趣的幼儿,通过与幼儿平等自由的交谈,了解造成幼儿上述表现的真实原因,究竟是来自幼儿本身,还是来自活动内容,还是来自教师的教学方法等。教师可以此作为参考,及时调整和改进音乐教育活动的目标、内容和方法。这种评价方法不进行科学的定量分析,也没有特别编制和设计的评价指标,可作为一种辅助的音乐教育活动评价方法加以合理的运用。

3. 问卷法

问卷法是指在音乐教育活动中,通过对教师、管理者、同行及家长的书面形式的问题调查,来获取信息的一种评价方法。通过问卷调查,教师既可以清醒地反思其音乐活动的组织和设计,也可以从来自旁观者的信息反馈中了解到幼儿的音乐兴趣爱好、音乐能力发展水平、情感表现特征,以及音乐教育活动内容、形式或方法选择的合理性和可行性,进而逐步加以调整。例如,对于一个刚入园的孩子的父母,教师可以设计这样的问卷调查内容。

(1)您的孩子喜欢唱歌吗?(喜欢、比较喜欢、不喜欢)

(2)您的孩子喜欢节奏欢快的音乐吗?(喜欢、比较喜欢、不喜欢)

(3)您的孩子喜欢随着音乐手舞足蹈吗?(喜欢、比较喜欢、不喜欢)

(4)您的孩子喜欢敲敲打打吗?(喜欢、比较喜欢、不喜欢)

(5)您的孩子喜欢在什么时候听音乐?(睡觉前、吃饭后、边玩边听)

(6)您的孩子在睡觉前喜欢听舒缓的音乐吗?(是、否)

再如,当幼儿学会一首歌曲之后,可请家长和教师填写这样的问卷。

(1)孩子会完整地唱这首歌吗?

(2)在这首歌中,孩子记得最清楚的歌词是哪几句?

(3)在这首歌中,孩子唱得比较熟练的节奏旋律是什么?

(4)在这首歌中,孩子记不清楚的地方在哪里?

以上的问题设计和反馈,可以帮助教师和家长及时了解幼儿对所学内容的掌握情况,了解内容过难还是适中、难点在哪里等,以便教师及时调整教学方法或反思教学内容的适合度。

4. 测试法

测试法是通过标准化的测量工具或自行设计和编制的音乐能力测验,对儿童的音乐能力发展作出科学评价的一种方法。由于测试法多引用权威机构或专家编制的标准化测验项目和试题,因而能比较真实而客观地反映学前儿童的原始情况。这种评价方法的优势在于其科学性较强,效度较高,特别适用于对不同年龄儿童或个别儿童音乐能力发展水平、特点、趋势和差异的评价,以及用来收集儿童音乐教育前后发展变化的资料,从而作出一定的评价。例如,对于刚入园的幼儿可以做如下的测试,以了解幼儿音乐能力发展现状。

(1)出示圆舞板和握铃,让幼儿自由地玩一玩以观察幼儿对音乐的兴趣。

(2)让幼儿模仿教师做一些动作,如有节奏地拍手,了解幼儿的节奏感情况。

(3)放一段节奏欢快的音乐,观察幼儿对音乐的敏感度。

(4)请幼儿跟教师学唱简短而有趣的歌曲,以了解幼儿发声吐字的情况。

5. 综合等级评定法

综合等级评定法是特别针对音乐教育活动而设计的一种应用综合评价指标体系的活动评价方法。综合等级评定,既可以对音乐活动的各个有关因素进行静态的分析和评价,也可以对音乐活动的各种状态进行动态的分析和评价,以此得到综合的评价信息。同时,将评价的结果以一种等级描述的形式来反映,既便于定量分析,也便于定性分析;既适用于上级管理者对音乐教育工作的实地检测或同行教师间的互评,也适用于教师的自我评价。

综上所述,学前儿童音乐教育对学前儿童的全面和谐发展具有重要的意义,应当引起所有学前教育工作者的重视,并根据学前儿童年龄特点,选择恰当的教育内容,全面设计教育活动,运用灵活多样的教育方法,充分调动孩子们参与活动的积极性,认真完成学前儿童音乐教育的任务。

案例评析

案例一 小班韵律活动:快来洗澡

设计意图

随着夏天的到来,天气越来越热,洗澡的次数也越来越多,幼儿对洗澡的认知也越来越深化,无论是语言的表述,还是动作的表现,都有一定的生活经验。而洗澡又是生活中富有极强节奏感的动作,将洗澡动作配上节奏明快的音乐,便形成韵律感较强的歌曲《快来洗澡》,这不仅有利于幼儿感受音乐的节奏速度,而且在"夏天到"的主题活动背景下,能让幼儿充分体验洗澡的乐趣,同时,也为幼儿创造情感表达和体验的空间。

图1-4 幼儿座位图

活动目标

1. 理解歌曲内容,感受音乐速度的变化。
2. 能根据歌曲内容做出相应的身体动作。
3. 体验韵律活动带来的乐趣。

活动准备

1. 经验准备:欣赏不同速度变化的音乐;做游戏"小手拍拍";通过谈话交流"洗澡"。
2. 教具准备:音乐;沐浴球、沐浴露;幼儿围坐成圆圈(图1-4)。

活动过程

1. 游戏导入。

师:小朋友们,我们一起来玩"小手拍拍"的游戏。

小手拍拍,食指伸出来,头发在哪里? 头发在这里。

2. 讨论,引导幼儿按歌曲内容做相应动作。

(1) 出示沐浴球、沐浴露,交流洗澡经验(图1-5)。

师:小朋友们,你们看,这是什么? 做什么用的? 妈妈是怎样给你洗澡的?

(2) 欣赏歌曲,熟悉音乐节奏。

师:我们一起来听一听歌曲里都洗了哪些地方?

(3) 讨论问题,熟悉歌曲内容。

师:歌曲里先洗哪里? 再洗哪里? 接着洗哪里? 又洗哪里? 最后洗哪里?

(4) 随歌曲内容做出相应动作。

师:我们跟着音乐一起来有节奏地洗洗澡吧!

3. 表演,引导幼儿随音乐速度的变化做出相应的动作。

(1) 情境表演,随音乐速度的变化做出相应的动作。

师:我们一起来洗澡吧! 先把身体冲湿了,再来搓搓澡,擦上沐浴露,最后冲洗干净。

(2) 角色表演,体验韵律活动带来的乐趣及帮助他人的快乐(图1-6)。

师:在家里是谁帮你洗澡的?

师:请你找一位朋友互相洗澡,先商量一下,谁先当"妈妈",我们一起跟着音乐速度有节奏地来洗澡。

(3) 生活经验迁移,改编歌曲内容,强化幼儿韵律活动的节奏性。

师:除了头、肩、腰、膝盖、脚外,还要洗哪里?

师:我们把洗头换成洗胳膊,其他部位不变,我们跟着音乐试着洗一次。

4. 与幼儿沟通交流,强调有节奏地做动作,活动结束。

师:我们洗澡的时候,要有节奏地搓洗,这样才能洗干净。

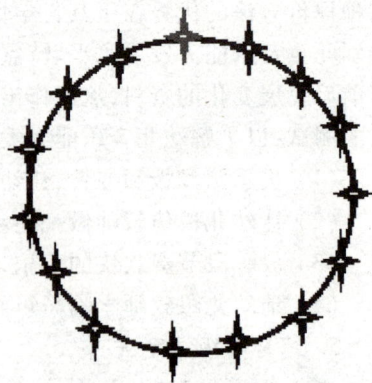

小班韵律活动:快来洗澡

图1-5 交流经验

图1-6 角色表演

师:小朋友们,你们洗干净了吗?闻闻身上香不香?

师:现在,我们一起到外面玩吧!

活动扩展

1. 活动变式。

创编歌表演"快来洗澡",改编歌词,把头、肩、腰、膝盖、脚等部位改编成胳膊、脖子、后背、腿等部位。

2. 区域活动。

将沐浴球、沐浴露、布娃娃放置在音乐区,可自己边演唱边给布娃娃洗澡,或者两人一组,互相表演洗澡。

3. 领域渗透。

讲故事《小猪变干净了》,提醒幼儿养成勤洗澡、讲卫生的好习惯。

4. 家园共育。

提醒家长在与孩子一起洗澡时,可让孩子给自己搓澡、洗背,增进亲情,体验快乐。

活动评析

在该韵律活动中,幼儿都能积极主动地投入其中,身心得到愉悦,能运用自己的生活经验进行讨论、表演、替换歌词,并结合实际,运用语言完整地表述洗澡经验,如妈妈用搓澡巾擦上香皂搓一搓,擦擦身体,再冲干净等。

该活动内容选材贴近幼儿生活,直观形象、易于理解和表现,以游戏、表演为主,贯穿每个环节,充分利用幼儿喜欢玩游戏、爱表演的年龄特点,由浅入深、循序渐进地完成每个活动目标。

该活动也凸显了音乐活动的情感教育功能,为幼儿未来的发展奠定了基础,其中有几个亮点将韵律活动生活化、情趣化。

亮点一:目标设计有一定的实效性,利于幼儿韵律动作的发展。目标设计从幼儿角度出发,既考虑幼儿的发展水平、年龄特点,又为幼儿增加了一定难度。随音乐速度有节奏地做出相应动作,对小班幼儿来说,既要处理好听觉与手脚的协调性,又要有一定的节奏感,因此,幼儿在韵律节奏感上得到一定的提高,对音乐速度的理解也能通过肢体动作表现出来,与同伴的交流、沟通也能较好地进行,能初步感受到大家一起合作游戏的乐趣。

亮点二:活动策略的有效性。幼儿活动时围坐成圆圈,教师也坐在圆圈线上,这样不仅利于幼儿之间观察模仿、讨论交流、相互学习,而且给幼儿一种与教师是平等地位的感觉。这样在活动中,幼儿就比较放松、自然,能与教师面对面地沟通交流,积极与教师进行互动。在歌曲内容的改编上也比较成功,幼儿对歌词的理解与掌握较快,容易刺激幼儿的兴奋点,他们把注意力主要放在对音乐速度的感受与体验上,没有在歌曲内容的理解上过多地使用时间。

亮点三:活动准备生活化,充分调动幼儿的积极性。对活动工具的出示与使用,不仅唤醒了幼儿记忆中的生活经验,而且还充分调动了幼儿参与活动的积极性、主动性,幼儿在各环节中都表现得非常积极与踊跃。

亮点四:活动过程情境化、角色化,为幼儿创造情感表达的空间。成人行为是幼儿模仿的对象,他们也渴望做成人做过的事情。该活动就给幼儿创造了表现自我的空间,尤其是在情境与角色表演中,幼儿尝试着与同伴合作游戏,商量着角色的分配,并能调整好角色的转换,能大胆地表现自己的情感与体验。

亮点五:以引导者与参与者的角色,有的放矢地实施教育。活动中始终以幼儿为主体,教师给予适时的引导与提示,让幼儿在活动中保持积极主动的状态;与幼儿融为一体共同活动,不仅能起到示范引领的作用,而且还营造出了轻松、自然、和谐的活动氛围,形成良好的师幼互动,让幼儿在活动中能够更加大胆地表现自我。

需要注意的是,有的幼儿过于投入表演,做动作时会出现节奏不稳定和动作与歌词内容不符的现象,教师应在鼓励幼儿发挥的基础上进行及时的指导。如教师在请幼儿表演前,可先以较慢的速度清唱,让幼儿随教师的歌声表演,这样幼儿会对表演内容与音乐速度变化有个适应的过程,在随音乐表演的时候,就会较少出现节奏不稳定或是动作与歌词内容不符的现象。总体而言,洗澡是生活中富有极强节奏感的动作,将洗澡动作配上节奏明快的音乐,有利于幼儿感受音乐节奏,同时也为幼儿创造了情感表达和体验的空间。

资源包

快来洗澡

1 = ♭E 4/4

外国童谣

$$\underline{\overset{\cdot}{5}} \mid 1 \quad \underline{1 \ 3} \ 5 \quad \underline{5 \ 5} \mid \overset{\cdot}{1} \quad 7 \ \underline{6 \ 5} \quad \underline{5 \ 3} \mid \underline{4 \ 4} \ \underline{4 \ 3} \ 2 \quad \underline{2 \ 3} \mid \underline{4 \ 4} \ \underline{3 \ 2} \ 1. \parallel$$

快 来 洗洗头,洗洗 肩,洗洗腰,洗洗 膝盖,洗洗脚,洗洗 膝盖,洗洗脚。

动作说明

跟随音乐的节奏做洗头、洗肩、洗腰、洗膝盖和洗脚的动作,一拍一次。

(辽宁大连 李雪勤)

案例二　大班韵律活动:赶海

设计意图

在一次谈话中,一个幼儿说起周末跟父母去海边捡贝壳、抓螃蟹的趣事,激起了全班孩子的共鸣:"我去海边捞过海带""我在海边玩过打水漂"……大连是个海滨城市,孩子们对赶海有着一定的经验和浓厚的兴趣。于是,结合本班幼儿的兴趣和年龄特点,教师创意制作了与之相匹配的音乐,设计了"赶海"这次韵律活动,以满足幼儿的兴趣和审美表现的欲望,让孩子们在音乐中表现生活、抒发感情、创编动作。本次韵律活动以赶海为主线,让幼儿在快乐中随音乐创编各种肢体动作,感受韵律活动的乐趣。

活动目标

1. 能够随着音乐较合拍地做相应动作。
2. 创编抓小鱼、抓螃蟹等赶海动作,表现音乐欢快的情绪。
3. 激发对赶海的喜悦之情及对大海的热爱之情。

活动准备

1. 经验准备:了解赶海过程。
2. 教具准备:与赶海有关的音频、赶海的视频、电视机、音视频播放器、小筐。

活动过程

1. 通过谈话回忆已有经验,使幼儿了解赶海的过程。
(1) 播放海浪声,引出主题——大海。
师:听,是什么声音?
幼:海浪声。
师:小朋友们都知道,我们大连是美丽的海滨城市,大连外边的海可大了,沙滩也非常美丽。
师:你们看过大海吗?
幼:看过。
师:大海是什么样子的?
幼1:蓝蓝的。
幼2:有沙滩,踩上去软软的。
师:小朋友们说得很棒,大海是蓝蓝的,非常美丽,而且光着脚踩在沙滩上软软的,也非常的舒服。
(2) 回忆赶海经验。
师:你们去过海边赶海吗?
幼:去过。
师:你赶海的时候都做了什么有趣的事?

幼1:到海边抓过螃蟹。

幼2:和爸爸去捞过海蚬子。

幼3:去海边捡过贝壳。

师:海里有很多生物,有小鱼、小虾、螃蟹还有海螺。有的小朋友说他赶海的时候抓了许多小鱼,有的说抓了许多螃蟹,还有的说挖了许多海螺。说得都很好,海边可真好玩!

(此环节的目的是让幼儿回忆已有经验,引导幼儿说出自己对于赶海的体验,为表演作铺垫。)

2. 播放录像,感受赶海时的快乐心情。

(教师提出问题请幼儿边看录像边观察。)

师:今天老师给你们带来了一段关于赶海的录像,让我们一起来看一看。

看之前,教师提出两个问题。第一个问题是:小女孩在赶海的时候抓了什么,是怎么抓的?第二个问题是:如果你去赶海,会用什么方法去抓这些东西?

这一环节,以完整的音乐旋律为背景,教师有意识地将情节的变化与乐曲中的音乐元素相匹配,帮助幼儿梳理赶海过程。

3. 创编抓小鱼、抓螃蟹等赶海动作。

(1)师:看完了录像,现在我要问第一个问题了。小女孩在赶海的时候抓了什么,是怎么抓的?

幼1:抓螃蟹。

师:你能用动作表现一下吗?(幼儿用肢体动作表现抓螃蟹的样子,教师哼唱乐曲。)

幼2:捡贝壳。

师:你能用动作表现一下吗?(幼儿用肢体动作表现捡贝壳的样子,教师哼唱乐曲。)

(2)师:如果你去赶海,会用什么方法去抓这些东西?

幼1:用小铲子铲贝壳。

师:能用动作表现一下吗?(幼儿用肢体动作表现铲贝壳的样子,教师哼唱乐曲。)

师:谁还想到了和他不一样的动作?

幼2:用手捞。(同上。)

幼3:跳起来去抓。(同上。)

教师通过提问引导幼儿做出不一样的动作。

(3)师:抓到小鱼、小虾后,要放到哪里呢?

幼:小筐。

教师表演送小虾的动作,幼儿模仿。(教师哼唱乐曲。)

在表演前,由于教师已经示范表演了送小虾的动作,幼儿有了直观的印象。所以,指导的侧重点是引导幼儿学会倾听音乐,教师哼唱时利用声音强弱的变化使幼儿感受音乐和理解音乐,最终达到音乐与动作的结合。

(4)师:现在我们来听音乐做一遍。(幼儿随音乐做动作。)

此环节,幼儿在教师的引导下,进行创意性模仿学习。教师在指导幼儿表现赶海情节的过程中,将旋律与动作巧妙结合,通过哼唱,暗示幼儿要按照节奏来做动作,启发幼儿,突破难点。

4. 完整欣赏乐曲,初步感知音乐结构。

师:今天老师还给你们带来了一段非常好听的音乐。这段音乐讲的就是一群小朋友高高兴兴地在海边赶海的事,他们光着脚,迈着不同的步伐欢快地来到沙滩上,然后在海边玩水,看到了许多小鱼、螃蟹,于是在海边抓小鱼、抓螃蟹,他们玩得非常开心!(幼儿倾听音乐的同时,教师简单地用动作和语言来梳理情节。)

这一环节,主要是让幼儿学会倾听音乐,通过教师的语言提示,能够在头脑中使音乐中的变化与情节中的变化相匹配,感受和理解完整的音乐形象,为下一步的表演奠定基础。

5. 分段创编音乐。

(1)师:你们想不想到沙滩上玩?

幼:想!

师:那你们会用什么样的欢快步伐来到沙滩上呢?我们听音乐想一想!

(2)师:谁想到了用什么样的欢快步伐去沙滩上玩?

幼儿自由表现各种步伐。请幼儿模仿教师指定的其中一位幼儿的动作。

(3)师:谁还想到了和他不一样的步伐?

引导幼儿运用不同步伐欢快地来到沙滩上。

(4)师:你们想出了这么多欢快的步伐呀,真棒!老师就把你们想出来的欢快的步伐串在一起,听音乐表现一下欢快的情绪好不好?

(教师播放第一段音乐,引导幼儿运用不同步伐欢快地来到沙滩上。)

此环节,教师观察幼儿的不同动作,及时对幼儿的有创意的动作给予回应。

(5)师:小朋友们先到凉亭的椅子上休息休息看看海景吧。(教师指着椅子说。)

(6)师:来到海边看到这么蓝的水,小朋友想不想玩一玩水啊?

幼:想!

师:好,我们来听听下一段音乐。

师:来到海边了,小朋友们高兴地玩起了水,你撩我一下,我撩你一下,我挡一下,你挡一下,好玩极了。(教师边播放音乐边讲故事情节。)

(7)师:来到海边非常高兴,先玩一玩水吧,你想怎么撩水?

幼儿自由表现,其余幼儿模仿。(教师哼唱。)

(8)师:除了单手撩水,还可以怎样撩水玩?

幼:双手。(教师哼唱。)

(引导幼儿运用手、脚的不同动作来表现撩水玩的情境。)

(9)师:真的太好玩了,想不想叫伙伴们一起来玩呀?

幼:想。

师:用什么动作来叫伙伴呢?(幼儿回应做动作。)

师:还可以怎样招呼?

一个幼儿做出动作,其余幼儿模仿。(教师哼唱。)

这一环节,教师主要通过哼唱,将旋律与动作巧妙地结合,暗示幼儿要按照节奏来表演。

(10)师:除了一个人玩水外,还可以两个人玩,现在我们就请相邻的两个小朋友组成一组,面对面找空的地方站好,不要与别人相撞。准备好了吗?

幼:准备好了。

在此过程中,培养幼儿的自主合作意识,减少等待时间,提高教学实效。

(教师播放第二段音乐,引导幼儿在海边自由地嬉戏。)

（11）师：小朋友说到海边赶海开不开心啊？

幼：开心。

师：好，现在我们就把赶海的过程完整地表演一遍。好不好？

幼：好！

播放完整音乐，幼儿随音乐表现。

（幼儿在表演时，教师在音乐转换时适当地提示幼儿角色的变化，并提醒幼儿不能自己到海边玩，赶海要和家里的大人一起去，要注意安全。）

（12）师：太阳要下山了，我们拿着自己的战利品和大海说再见吧。

活动自然结束。

活动评析

优点：

1. 活动的选材具有地方特点，通过赶海这一幼儿感兴趣而又喜闻乐见的活动内容，创设情境，配上节奏欢快的音乐，激发幼儿创编动作的热情及热爱家乡的情感。

2. 在教学活动中，教师能尊重幼儿的个体差异和不同感受，鼓励他们大胆表达自己的"所见""所闻""所感"，接纳幼儿独特的审美感受，在引导幼儿分享已有的感知经验过程中激起幼儿表现的愿望。

从活动可以看出，每个幼儿的经验不同，认识和体验的角度不同，教师利用各种形式帮助幼儿把已有知识经验迁移到活动中，鼓励幼儿不简单地重复别人的动作，大胆地把自己的想法以自己独特的方式表现出来。同时，教师要善于发现幼儿虽不完善但不一般的点滴创造，通过个别交流、集体分享等形式鼓励幼儿相互交流、积极互动，满足幼儿的多种心理需要，使幼儿获得情感上的支持。

3. 教师注重幼儿自然的即兴舞蹈表演，引导幼儿主动地探索、发现、理解和体验音乐，提高幼儿对音乐的敏感性，充分发挥幼儿的创造力。在创编的过程中，教师注重哼唱，引导幼儿按音乐节奏进行动作的创编。

不足及建议：

1. 在这一活动中，教师还没有完全从活动的主宰地位上退下来，在一定程度上限制了幼儿的创造。建议教师把舞台交还给幼儿，为他们创设一个自由、宽松、便于交流和共享的音乐学习环境。一个让幼儿自主探索、体验并创造的音乐环境能够很好地促进幼儿的主体发展。

2. 在教学过程中，教师没能充分挖掘和体验音乐作品所传达的情绪、情感，并将其转化为自己的情感，再用自己的情感去感染幼儿，创设一种与作品相协调的、带有整体审美情境的教学情绪场。建议教师使自己的神态、体态、语言、动作等和作品所要传达的思想感情达到和谐统一。只有这样，教师的教学艺术才能与作品的思想及幼儿的情绪体验达到同一频率，师幼之间才会产生认识、思维、情感上的共鸣。

3. 教师没能给予幼儿充分聆听音乐的时间。建议教师在幼儿初次感受音乐后让幼儿表达对音乐的感受，之后鼓励幼儿用自己的方式表现音乐。

4. 建议教师通过粘贴海浪、海星等形式创设大海的情境，为幼儿准备小背篓等道具来进一步增强体验赶海的乐趣。

资源包

赶海的小姑娘

1＝C 2/4

稍快 活泼地

马金星 词
刘诗召 曲

(3̲5̲3̲5̲ 2̲5̲2̲5̲ | 3̲5̲3̲5̲ 1̲5̲1̲5̲ | 3̲5̲6̲5̲ 3̲5̲3̲1̲ | 3̲1̲6̲5̲ 1̲6̲5̲3̲ | 1̲ 5̲ 5 | 5̣ 5 5)

mf

3̲ 3̲4̲ 3̲2̲ | 1̲ 1̲ 5̣ | 7̣̲ 7̣̲1̲ 2̲3̲ | 2 - | 5̣ 2̲4̲ | 3̲2̲ 1 |

1.松 软 软的 海滩 哟 金黄 黄的 沙， 赶海的 小姑娘
2.腥 咸 咸的 海风 哟 清爽 爽地 刮， 吹乱了 小姑娘

2̲5̲ 7̲6̲ | 5 - | *mp* 1̲ 1̲ 1̲2̲ | 3̲3̲0̲7̲ | 6̲ 6̲7̲ 6̲5̲ | 6 - |

光着 小脚 丫。 珊瑚 礁上 拣起 了 一枚 海 螺，
缕缕 黑头 发。 姑娘 轻轻 唱起 了 一支 渔 歌，

5̲5̲ 3 | 2̲2̲ 6 | 7̲6̲7̲ 6̲5̲ | 1 - | *f* 3̲ 5̲ 3̲ | 5̣. 3̲ |

抓住 了 水洼 里 一只 对 虾。 找 呀 找 呀
羞红 了 远方 的 一抹 晚 霞。 唱 呀 唱 呀

5̣. 6̲6̲ 3̲ | 5 - | 1̲ 2̲1̲ | 2̣. 1̲ | 2̣. 3̲3̲ 1̲ | 2 - | *mp* 5̣ 5̣6̲ 5̣5̣ |

找 呀找呀 找， 挖 呀挖 呀挖 呀挖呀 挖， 一只 小篓
唱 呀唱呀 唱， 跳 呀跳 呀跳 呀跳呀 跳， 姑娘 提篓

3̲2̲ 1 | 2̲2̲ 3̲7̲ | 6̲. 7̲6̲5̲ | 2̣5̲ 7̲6̲ | 5̣ 0 ‖ 5 - | 5̣ 6̣. 3̲ |

装不下， 装呀 装不 下 呀， 装呀 装不 下。 哎， 罗罗
跑回家， 跑呀 跑回 家 呀， 跑呀 跑回 家。

5 - | 5̣ 6̣. 3̲ | 5 - | 5 - | 5 - | 5̣ - | 5̣ 0 ‖

哎， 罗罗 哎。

（辽宁大连 岳英男）

岗位对接

● 项目一 设计学前儿童音乐教育活动方案

成立学习小组,每组5～6人,自由组合。以小组为单位,分析教学案例"快来洗澡",对照课堂所学内容,试着制订学前儿童音乐教育活动方案。

● 项目二 设计学前儿童音乐教育活动目标

自主学习,深入探讨学前儿童音乐教育的目标,明确目标的层次结构,练习为音乐活动设计具体活动目标(结合各地区幼儿园教材选择内容进行练习)。

● 项目三 自主学习世界流行的儿童音乐教育流派

自主学习,了解国外有关儿童音乐教育的基本思想和方法,拓宽教育视野,为教学活动设计与指导积累理论素养。

● 项目四 教学观摩后对学前儿童音乐教育活动进行评价

观摩幼儿园教学活动或教学录像,进一步理解学前音乐活动的组织过程,并练习对活动进行评价,写出评价报告。

拓展阅读

1. 名人与音乐
2. 学前儿童音乐教育目标
3. 世界流行的儿童音乐教育流派介绍

● 阅读一 名人与音乐

泰戈尔是印度杰出的诗人、作家和社会活动家。他虽曾在英国伦敦大学学法律,但却把主要精力倾注在学习英国文学和西洋音乐上。作为第一位获得诺贝尔文学奖的东方作家,他多才多艺,一生创作了两千多首歌曲,他创作的歌曲《人民的意志》,1950年被定为印度国歌。

苏联大文豪高尔基一生热爱音乐。少年时期,他是一位出色的歌手;流浪期间,他曾参加过歌剧院的合唱队;他学过小提琴……他不仅喜爱音乐,还有深厚的音乐素养,写过不少音乐评论文章。

我国唐代著名诗人白居易,6岁开始学诗,9岁便能辨声韵。他的《琵琶行》是反映乐器题材的典型诗作。"大弦嘈嘈如急雨,小弦切切如私语。嘈嘈切切错杂弹,大珠小珠落玉盘。"这一连串的比喻和象声词把难以捉摸的乐声化为一组活生生的漂亮画面。

三国时期的诸葛亮,在音乐方面也有着很全面的修养和很高的艺术成就。他既长于声乐——会吟唱;又长于器乐——善操琴;同时他还进行乐曲和歌词的创作,而且还会制作乐器——制七弦琴和石琴。不仅如此,他还写有一部音乐理论专著——《琴经》。

● 阅读二　学前儿童音乐教育目标

（一）学前儿童音乐教育的总目标

（1）引导学前儿童感受周围环境和音乐作品中的美,培养学前儿童对音乐美的敏感性和审美能力。

（2）引导学前儿童初步学会使用一些简单的材料和道具;通过歌唱、韵律活动、欣赏音乐和乐器演奏等音乐活动,培养学前儿童语言的和非语言的思维能力、想象能力和创造力。

（3）通过集体音乐活动中的自我表达和人际沟通、协调,引导学前儿童体验音乐活动的乐趣,培养学前儿童健全、和谐的人格。

（二）学前儿童音乐教育的分类目标

1. 歌唱

（1）能够感知、理解歌曲的歌词和曲调所表现的内容、情感及意义,并知道如何进行创造性的歌唱表现。

（2）能够体验并努力追求参与各种歌唱活动的快乐,在集体歌唱活动中不仅能与他人声音和谐,还能达到情感默契。

（3）能够正确再现歌曲的歌词和曲调,正确地运用声音表情、脸部表情和身体动作表情与他人交往。

2. 韵律活动

（1）能够感知、理解韵律动作所表现的内容、情感和意义;理解音乐、道具在韵律活动中的作用;知道如何运用空间因素进行创造性的动作表现。

（2）能够体验并努力争取做出与音乐相协调的韵律动作;喜欢探索和运用道具及空间知识,并在与他人合作的动作表演活动中获得交往和合作的快乐。

（3）能够自如地运用自己的身体动作进行再现性和创造性表现,并在合作的韵律活动中自然地运用动作、表情与他人交往和合作。

3. 乐器演奏

（1）能够辨别各种常见打击乐器的音色,掌握一些常见的节奏型,在集体奏乐活动中,理解指挥手势和含义,知道如何与指挥者相配合。

（2）喜欢探索乐器的演奏方法和音色变化之间的关系,并运用已掌握的节奏型进行创造性表现。能够注意并努力追求集体奏乐活动中的声音和谐与情感默契,以及与音乐相协调。

（3）能够比较熟练地运用乐器进行再现性和创造性表现,奏出和谐、美好、有表现力的音响,在集体奏乐活动中,能使自己的演奏与集体相协调。

4. 欣赏

（1）能够形成初步的音乐舞蹈概念,知道如何从音乐、舞蹈活动中获取各种艺术和非艺术的经验。

（2）对各种不同的音乐、舞蹈的形式和内容有广泛的爱好,且喜欢与他人分享倾听音乐及观赏舞蹈表演的快乐。

（3）能够运用语言文字、美术造型、动作表演等各种不同的艺术表现手段来表达自己对音乐、舞蹈作品的理解认识、想象联想和情感体验。

总之,音乐教育的目标是让学前儿童在既美好又有趣的音乐活动中,对音乐作品进行学习、创作、表达和欣赏,以此获得身体、精神、个性、社会性的良好发展。

（三）学前儿童音乐教育各年龄阶段的目标

1. 小班

（1）能用正确的姿势、自然的声音一句一句地歌唱，初步理解和表现歌曲的形象、内容和情感。在教师的帮助下，能够并且喜欢为自己熟悉的短小、工整、多重复的简单歌曲增编新的歌词。

（2）基本上能按照音乐的节奏做上肢或下肢的简单基本动作和模仿动作，学会一些简单的集体舞，初步体验用表情、动作、姿态与他人沟通的方法和乐趣。

（3）学会几种打击乐器的基本奏法，能独立伴随熟悉的歌曲或乐曲有节奏地演奏，初步学会看指挥开始和结束演奏。

（4）能感受性质鲜明单纯、结构短小的歌曲或乐曲的形象、内容、情感，并能在感受过程中产生较积极的外部反应，初步了解进行曲、摇篮曲、舞曲和劳动音乐的特点。

2. 中班

（1）能用不同的速度、力度、音色变化来表现歌曲的形象、内容和情感；能唱出 $\frac{2}{4}$ 拍和 $\frac{3}{4}$ 拍歌曲的不同节拍感觉，学会在歌唱过程中等待及正确地表现出歌曲的前奏、间奏和尾奏，初步学会独立地接唱和与他人对唱。

（2）能按音乐的节奏做简单的上下肢联合的基本动作、模仿动作和舞蹈动作；能随音乐的改变而改变动作的力度、速度等，学会一些创造性地改变熟悉节奏型的方法，初步了解一些创编韵律动作组合的规律。

（3）能独立使用某一种固定节奏型随熟悉的歌曲或乐曲演奏，能在集体演奏中始终保持自己的演奏速度和节奏型，养成集中注意力看指挥和对指挥的要求作出积极反应的习惯。

（4）在有对比的情况下，能分辨差别较明显的乐曲的高低、快慢、强弱特征，能正确区分 $\frac{2}{4}$ 拍和 $\frac{3}{4}$ 拍的音乐，初步掌握前奏、间奏、尾奏、乐段、乐句的开始和结束，初步知道什么是音乐结构中的重复，能在一定时间内注意力比较集中地倾听、欣赏音乐和舞蹈作品。

3. 大班

（1）能够根据不同的合唱要求来控制、调节自己的歌声，初步学会领唱、齐唱、两声部轮唱、简单的两声部合唱等歌唱表演形式。在集体歌唱活动中，能够产生初步的默契感，初步学会用连贯的和顿、跳的唱法来表现歌曲的不同意境，学会唱弱拍起唱的歌曲。

（2）能够比较准确地按音乐的节奏做各种稍复杂的基本动作、模仿动作和舞蹈动作的组合。进一步丰富舞蹈动作语汇，了解创编韵律动作组合的规律，学会跳一些含有创造性成分的稍复杂的集体舞。能够使用已掌握的空间知识创造性地进行动作表演，并喜欢为不同的韵律活动选择不同的道具。

（3）进一步学习更多种类的打击乐器的基本奏法，学习探索音色的分类，并在教师指导下学习制作简单的打击乐器，初步体会各种演奏方案中音色、音量和节奏型配置的表现规律。在集体演奏活动中，能按指挥的手势迅速、正确地作出反应。

（4）能对歌曲、乐曲的音区、速度、力度、节拍等的性质和变化作出直接判断，进一步掌握音乐的结构，能分辨乐段、乐句中明显的重复和变化关系。喜欢并较自信地使用不同艺术手段来表达欣赏音乐和舞蹈作品的感受,能比较自觉地从音乐、舞蹈欣赏中获取各种艺术和非艺术的经验。

● 阅读三　世界流行的儿童音乐教育流派介绍

音乐教育是学前教育的重要组成部分,对儿童的成长和发展都具有重要的影响。

随着日益繁荣的国际文化交流,世界上较有影响的几种主要音乐教学体系通过各种传播媒介传入我国,这对于我国正在进行的音乐教学改革无疑是有益的。它开拓了我们的改革思路,促进了我国的音乐教学改革,为我们开展学前儿童音乐教育提供了更多元化的选择。当前国际上较有影响的音乐教学体系及教学法主要有:奥尔夫教学法、达尔克罗兹教学法、柯达伊教学法、铃木教学法等。

（一）奥尔夫教学法

奥尔夫教学法是德国作曲家、音乐教育家卡尔·奥尔夫（Carl Orff, 1895—1982）创立的音乐教育体系和教学法。他强调节奏在音乐教育中的重要性。在其建立的儿童音乐教育体系中,他提出"节奏第一"的观点,认为"音乐构成的第一要素是节奏,不是旋律"。他主张把音乐、语言和动作的节奏结合起来训练,培养儿童的节奏感。

1. 奥尔夫音乐教育体系

奥尔夫音乐教育的核心思想是使原本性音乐得以充分体现。原本性音乐在教育行为上是将语言、动作（声势）和音乐融为一体,注重人对音乐的最基本的感受、体验。他的思想建立在人类学的基础上,并以儿童的生理特点为出发点,在教师的指导下,由儿童亲自参与,甚至自行设计,即兴地去表现。人人都可以在轻松愉快的情绪中,在没有困难的压力下,学习和掌握原本性音乐。

在奥尔夫音乐教育体系中最突出、重要的原则是即兴性原则,以即兴活动形式发展儿童的音乐体验,发展他们尝试创造音乐的能力。即兴活动重视儿童在"做"的过程中的主动学习,以及想象性编创的发挥,因此,做不做是关键。

奥尔夫音乐教育的原理除即兴性原则外,还包括综合性、亲自参与、诉诸感性、适宜开端、从本土文化出发、多元化教育、为全体儿童等。

2. 奥尔夫教学法的真谛

以节奏作为连接各种艺术表演形式的纽带,将音乐、舞蹈、话剧、美术等科目联系起来,结合语言、动作（声势）、舞蹈进行音乐教学,形成一种综合的艺术教学手段,相互联系、层层递进,从而使儿童建立起宏观的艺术概念,并使之学到艺术的基础知识。奥尔夫认为:"音乐活动是人类最自然、最原始的行为",音乐是人人生而有之的本能,是一种人类表达情感和情绪的自我流露的方式。人表达情感最原始、最简单的方式,也许就是各种声调的呼叫,加上肢体动作,这就是音乐,即"以身体奏乐,并把音乐移置于躯体之中"。他认为,儿童自发的韵律活动,也表现出这些方面是一个"不可分离开来的领域"。因此,奥尔夫致力于重建它们之间的天然联系。奥尔夫所编《学校音乐教材》大多取材于民谣、歌曲、器乐曲、舞蹈等。他的教材与教法符合儿童的心理待征,从儿童出发,让儿童参与音乐活动,有利于调动和发挥他们的主动性和积极性。

奥尔夫特别强调从节奏入手进行音乐教学,他在教材的每一进程中都列入许多"节奏、旋律练习",把培养节奏感作为提高儿童音乐素质的中心环节。他认为,在音乐中节奏是比旋律更为基础的元素。节奏可以离开旋律而存在,而旋律则不能脱离节奏。因此,节奏是音乐的生命,是音乐的动力与源泉。

节奏训练主要是通过语言的节奏和动作的节奏来培养儿童的节奏感。首先,从有节奏的语言朗诵练习入手,让儿童通过语言来掌握节奏,从儿童生活中的顺口溜、名字称呼中派生出最短小的节奏单元作为"节奏基石"。同时,还可用拍手、拍腿、跺脚、捻指等动作进行节奏训练。拍手、拍腿、跺脚、捻指等动作在奥尔夫教学法中称为"声势",这些动作不仅讲究节奏感,同时也是对不同音色的感受。

用拍手或加入其他声势的方式,可以进行变换速度和力度的练习。在练习时,可以作单一的速度变化或力度变化,也可结合力度的变换而改变速度,还可作突然的变换力度的练习。这些一般通过即兴的方式练习,以锻炼儿童的反应能力。

在奥尔夫教学法中还经常进行"回声"演奏,即教师先拍一二小节或几小节,然后儿童准确地按教师的节奏加以反复。在此基础上,还可拍出各种力度进行回声练习,也可加入其他声势练习。"回声"演奏有助于训练精确的听觉、敏捷的反应及形象记忆的能力。

以上声势还可配上旋律或打击乐器同时练习。如果由两个节奏的声势 A、B 连接,当再现 A 时,即成为 ABA,如继续展开 C,并再现 A,这样就成为回旋曲式即 ABACA。如果陆续地进入同一声势,即成为轮奏。

除了用声势动作培养节奏感外,通过基本的形体动作训练,更有利于儿童节奏感的培养,同时反过来又能促进其音乐能力的增长。空间的动作大致有走、跑、跳、摆动等,以及这些动作的结合与变奏。

奥尔夫设计了一套乐器,包括音准精确、音色优美、有固定音高的音条乐器,以及无固定音高仅起节奏作用和音色效果的打击乐器,还有竖笛、定音鼓等。

音条乐器有木琴、钟琴、钢片琴。根据其音域细分为低音木琴、中音木琴、高音木琴,中音钟琴、高音钟琴,中音钢片琴、高音钢片琴。音条安置在一个具有加强音量作用的共鸣箱上,并且可以随意取下、装上。无固定音高的打击乐器包括三角铁、串铃、钹、响板、沙球、鼓等。

由于这些乐器(除竖笛外)均采用打击的方法,没有指法上的困难,没有技术上的负担,儿童很容易操作。同时,它们也最容易突出节奏的特点,利于节奏感的培养。优美的音色包含丰富的色彩,能激起儿童的想象,因此,提高了儿童学习的兴趣,取得了较好的教学效果。

奥尔夫教学法往往采用多声部结构。声势通常是多声部的节奏。在多声部的编配上,往往采用一个固定不变的低音或不断反复同一音型的手法,为歌曲、乐曲和朗诵伴奏,或进行合奏、重奏。这些多声部结构层次分明,手法简便,易记易奏,便于即兴表演。奥尔夫教材中有大量的奥尔夫本人为这套乐器编写的具有德国民歌、童谣风格的包含极高艺术价值的作品。

创造性是奥尔夫教学法的重要特征之一。奥尔夫教学法第一步往往从模仿开始,如回声、基本形体动作。模仿是创造的准备,是创造的前提。如在节奏回声演奏的基础上,紧接着是开展创造性的"回声变体""节奏问答""节奏变奏"等一系列培养儿童创造力的练习,是发挥儿童想象力的手法。基本形体的学习,也是为了更好地发挥儿童的创造性。当儿童学会了走、跑以后,就让他们听着音乐自由地走、跑,发挥每个人的个性。音条乐器的学习也是如此,当儿童掌握了同一音型的反复时,就可以让他们自由地为歌唱伴奏,参加合奏。

奥尔夫教学活动中,往往是儿童边唱、边拍、边奏、边动作(舞蹈),这些都是建立在儿童个性充分发挥的基础上的,不是由教师的意志去强制儿童完成的,因此儿童的聪明才智和创造力获得了极大的发展。

在奥尔夫教学法中,非常强调即兴性。奥尔夫认为即兴是最古老、最自然的形式,也是最容易表露情感的过程。所以,他经常说他的教材仅仅是实例,而不是样本。给儿童留下大量的余地去进行即兴创造,这正是奥尔夫教育思想的本质。无论是节奏声势、形体动作,还是打击乐器的奏乐,往往都是即兴的活动。当然,奥尔夫教学法的即兴创造活动,使儿童在音乐、动作、舞蹈、语言的元素性、综合性教学活动体验过程中的创造性思维活动得以展示和体现。

奥尔夫的教育思想,可以用他自己的语言来说明。他说:"音乐应该同其他学科一样成为学校教育的重要组成部分,因为音乐能够培养学生的情感、想象力和个性。"他还多次说过:"这体系绝不是单纯音乐的形式,它是动作、语言与音乐的一体化。儿童在其中不是被动的听众,而是音乐创造的积极参与者。它简单易行,没有人为的附加物,没有繁赘的结构,近于生活、自然及儿童才是其目的。它是通过童谣、民歌、游戏、律动、歌唱、奏乐、舞蹈、神话、寓言、民间传说、童话等内容进行教学,去激发儿童学习的兴趣,并以低技术高艺术的手段,让孩子们参与音乐活动实践,在实践中感受、体验、创造。"

（二）达尔克罗兹教学法

爱米尔·雅克－达尔克罗兹(Emile Jaques–Dalcroze,1865—1950)是瑞士音乐家兼教育家,瑞士日内瓦音乐学院教授。他毕生探索音乐课程的改革,创立了以他的名字命名的音乐教学体系(或称教学法)。"体态律动"是其中最著名、最有成效的一部分,广泛应用于世界各国的音乐教学中。其教学法主要包括三部分内容:体态律动、视唱练耳、即兴表现。达尔克罗兹音乐教学体系又被称作"体态律动学"。

1. 达尔克罗兹教学法的形成、发展及其影响

体态律动又称和乐动作,就是让学生通过身体来体验节奏感,从而激发学生的想象力、创造性,使学生们在课堂上保持注意力的高度集中,训练学生耳聪目明,反应敏捷。

首先,达尔克罗兹设计了各种新的练习,把视唱练耳和读写乐谱的活动与肌体的反应及动作结合起来。如运用手和臂的动作,表达大音阶中各音级之间的音高、倾向和进行的关系。在任教一年以后,他开设了集视唱练耳、理论、表演和即兴演奏为一体的综合性课程和高级视唱课程,并于1894年出版了两本教科书——《实用音准练习》和《附词声乐练习曲》。这些为他创立教学体系奠定了基础。

达尔克罗兹感到听力训练并不能保证学生对音乐的深刻体会和把握。他认为这些练习还应训练学生把握介于振动与感觉、情感与思维、控制与本能反应、想象与意志等因素之间内在联系的内容(而这些正是音乐家所必须具备的)。他认识到,人体本身正是音乐表现媒体的有机组成部分。音乐的节奏和力度的表现可以依赖身体的运动来实现,人体运动与音乐之间存在着内在的、紧密的联系。基于这个认识,他通过一系列听的活动与身体反应相结合的训练实践,发现了音乐教育需要"动感",并在此基础上创建了"体态律动学"。

2. 达尔克罗兹教学法的基本内容与方法

体态律动、视唱练耳和即兴表现,是构成达尔克罗兹教学法的三个组成部分。这三个方面互相联系,又各有侧重,以培养学生的内心听觉、运动感觉和创造性的表现能力。

（1）体态律动。体态律动是达尔克罗兹教学法中最重要、影响最大的组成部分。它集中体现了达尔克罗兹的音乐教育思想。达尔克罗兹认为:"人类的情感是音乐的来源,而情感通常是由身体动作表现出来的,人的身体包含感受和分析音乐与感情的各种能力。因此,音乐学习的起点不应该是钢琴、长笛等乐器,而应是人的体态活动。"

节奏训练(节奏反应)是体态律动的中心内容。根据达尔克罗兹的理论,体态律动的目的

就是"借助节奏来引起大脑与身体之间迅速而有规律的交流"。通过这种交流,达到情感与思想、本能与控制、想象与意志的协调发展。为了训练、培养学生的节奏意识,达尔克罗兹归纳了30余种基本节奏因素,并以"时间—空间—能量—重量—平衡"作为基本定律和要求,这些节奏因素包括速度、力度、重量、节拍、休止、时值、节奏型、切分、复合节奏,等等。

在体态律动教学过程的开始阶段主要使用即兴音乐材料。在学生对音乐的要素有了较深的了解之后,再用经典音乐作品。此后,再通过律动语汇来学习。律动语汇有两种类型:一种为原地类型,包括拍掌、摇摆、转动、指挥、弯腰、旋转、语言、唱歌等;另一种为空间类型,包括走、跑、爬、跳、滑、蹦、快跳等。这两种类型可以任意结合,组成各种形式。如在律动中,可以用脚和身体的动作表示时值,用手臂表现节拍等。

进行上述学习后,教师就可敦促学生把声音的内在性与运动结合在一起,拓展内部听觉和动觉、动觉的想象与记忆力等。

(2)视唱练耳。达尔克罗兹教学法的视唱练耳教学包括了数千种练习,其主要目的是学习音阶、调式、音程、旋律、和声、转调、对位等。正如体态律动把耳朵和身体作为学习节奏的"乐器"一样,视唱练耳教学是将口、耳与身体,并加上语言与歌唱等形式来作为理想的学习工具的。

达尔克罗兹将其体态律动教学法也运用于视唱练耳教学中。为此,他设计了一系列学习来训练学生的音高、音准和调性。此方法还通过练习呼吸、姿态平衡和肌肉放松来实现快速读谱所需的技巧。

在视唱练耳教学中,学生首先要学习"一线谱"(下加一线)。这种学习,要求学生记住音的位置及与其他音在线上或间上所构成的各种可能性,并按上行或下行的顺序把它唱(说)出来。开始练习时,这些音符可以是同样的时值,待学生熟悉后,可逐渐加上不同节奏。教师可以采用改变读谱方向、省略一些音符等方式。视唱—节奏视唱是将体态律动的原则和技巧用于视唱,以进一步学习音阶、调式、音程、旋律、和声、转调、对位等理论与实践。它将培养绝对音感、准确听觉与音准的练习与心理上的音乐敏感、记忆练习结合起来,以提高学生的读谱能力和拓展读谱技巧。

(3)即兴表现。达尔克罗兹教学法的即兴表现教学,其目的是以一种想象的、自发的和个性表现的方式,发展使用律动材料(节奏)和声音材料(音高、音阶、和声)的技能,培养学生创作音乐、表现音乐的能力。

即兴表现是以动作、语言、故事、歌曲、打击乐、弦乐、管乐、钢琴等为工具,运用节奏、音高、音阶、和声等材料,形成富于想象的、有个性的组合,即兴进行音乐创作。

即兴表现有很多手段,包括律动、言语、故事、歌唱及乐器演奏。最初的即兴表现课可以把一个故事改编为律动、音乐。教师让学生自己去发现,并随时根据学生的反应而改变原来的节奏和音响材料。律动课和视唱练耳课的内容也可以用于即兴表现课的学习,如让学生即兴表现或弹奏带有各种休止符的音乐等。

体态律动学除非常重视节奏、速度的训练外,对读谱、节拍与重音(包括规则与不规则的重音)、乐句的构成及构思、唱歌、听辨大小调及三和弦、装饰音等都有一套有效的教法。如颤音是一个急转,波音是双脚轻快地一跳,回音是腕和手向外一个轻快的旋转,而这些动作往往是学生们提出建议,教师与他们一起讨论,商定怎样表达各种音的。如训练认识音乐中的大调与小调的不同,可以是向前走代表大调,倒着走代表小调。他们歌唱时往往是无伴奏的,学生们更多地依靠自己。所有的训练都是与练耳结合起来的,这种对声音的敏感度和所做动作的正确入门是一起发展的。因此达尔克罗兹的体态律动学是音乐—听觉—身体—感情—头脑之间建立起的相互协作与反应。

3. 达尔克罗兹教学法的基本原则

达尔克罗兹教学法有以下四个基本原则。这些原则适合于不同年龄的学生和不同的活动方式。

（1）培养学生对音乐的感知能力和反应能力。

（2）拓展学生的内在音乐感觉。

（3）培养学生耳、眼、身体和脑之间迅速交流的能力。

（4）培养学生大量储存由听觉和动觉所获得的信息的能力。

达尔克罗兹体态律动学所涉及的教学内容与基本乐理、视唱练耳大致相同，但在教学手段上有很大区别。该教学法不以讲授为主，而是以让学生直接通过身体动作体验音乐为主。达尔克罗兹的训练方法就是：当人的听觉接受了音乐的信号产生感觉后，用动作来表现音乐，也就是用身体动作把音乐的音响与音乐的符号联系起来，从而达到理解，化为理性认识。

（三）柯达伊教学法

柯达伊教学法是由匈牙利著名作曲家、民族音乐家和音乐教育家柯达伊·佐尔坦（Kodaly Zoltan，1882—1967）倡导和建立的音乐教学体系和教学法。该体系以集体歌唱为主要教学形式，内容大多取材于匈牙利民歌或以本民族风格创作的多声部合唱，以五声音阶为视唱教学的支柱，采用首调唱名法及柯尔文手势等教法，有着高度严谨的结构和系统性。

柯达伊的教学体系从整体上说是建立在早期音乐教育基础上的。他在 1941 年发表的《音乐在幼儿园》的文章中说，现代心理学的研究令人信服地证实了 3—7 岁的年龄段是最重要的受教育阶段，他认为音乐教育应从幼儿园开始，以便使幼儿尽早获得音乐体验。他主张对儿童的音乐教育应从他们创作自己的音乐开始。

在幼儿教育改革之初，柯达伊就提出民间歌曲和歌唱游戏曲应该成为幼儿园的主要音乐材料。匈牙利幼儿音乐教育中认为游戏是幼儿园儿童最重要的活动，音乐教学中也非常重视歌唱游戏的作用。柯达伊认为儿童歌唱游戏中，歌唱联系着动作和活动，更符合儿童的天性，儿童在其中比在单纯的歌唱活动中可以获得更多的音乐体验，特别是儿童在这样的歌唱中积极参与，和小朋友、教师分享快乐，培育了对音乐的热爱。柯达伊教学法的基本手段主要有三个。

1. 使用首调唱名法

柯达伊认为，使用首调唱名法比使用固定唱名法能帮助儿童更快地学会读谱。因为唱名不仅表示了音高，而且建立了音级的倾向感觉和调式基础。首调唱名体系中注重音级之间的相对关系，各音级的倾向明确（如 Ti_Do）、调式感觉清楚，在各个不同音级上建立的大小调，统统归结为 Do 是大调和 La 是小调两种形式，使调式关系、概念简单化。

2. 采用节奏时值读法进行节奏训练

柯达伊认为，节奏训练应采用多声部形式尽早进行。训练时通过口读、手拍，直接与节奏时值相联系。初学阶段，教学中不进行"四分音符、八分音符、全音符"等抽象概念的讲授，而是通过音节的声音使儿童首先从感性上体验、识别。教学中又配合以丰富多彩的训练形式，使儿童不但不觉得节奏训练枯燥乏味，反而在欢愉的情绪中加深了对节奏的感觉和理解。

初学阶段使用节奏音节标记和读法，对节奏中的不同时值给以一个相应的音节发音，经过反复练习，会逐渐在音节符号、发音与相应时值之间建立稳定的认知联系，形成记忆，有助于学生建立节奏感觉、准确掌握节奏。采用这种方法使节奏时值"符号化"，具有可读性，改变了通常教学中节奏只有在联系了音高时才能听到时值的情况。训练可以通过口读、手拍进行，可以进行单项的节奏练习。

节奏音节标记可以使用带符头或单纯符干的记法，举例如下。

音值	柯达伊教学中采用的符号	节奏读音
全音符		ta – a – a – a
二分音符		ta – a
四分音符		ta
八分音符		ti – ti
十六分音符		ti – ri – ti – ri
切分音		ti – ta – ti
附点音符		ta – m – ti

四分音符读作"ta"。

八分音符读作"ti"。教学中常常把一拍中的两个八分音符连写在一起，读作"ti – ti"。

二分音符读作"ta – a"。用手拍击二分音符时值时，常常采用双手合拢，从左侧移向右侧，延长元音保持时值。

十六分音符读作"ti – ri – ti – ri"。

切分节奏读作"ti – ta – ti"。

附点音符采用增加一个字母发音、占据附点时值的读法。读作"ta – m – ti"或读作"ti – m – ri"。

四分休止符常读作"嘘"，或读作"嘶"。

"嘘""嘶"的发音并不是固定读法，但是在实际教学中常常使用。对于初学者在休止节奏上给一个相应的时值读音，有利于理解和感觉休止节奏的准确性。

3. 使用字母标记与手势

字母标记类似数字简谱,使用唱名的辅音字头,如:d r m f s l t,字母只能标记音高唱名,不能表示节奏。表示高八度时在右上角加一短撇,如 d'r'm'。

字母标记主要用于辅助五线谱的学习,在后来的多声部视唱、音程听唱、和弦分析等教学中也仍然有使用意义。使用字母标记的方法如下。

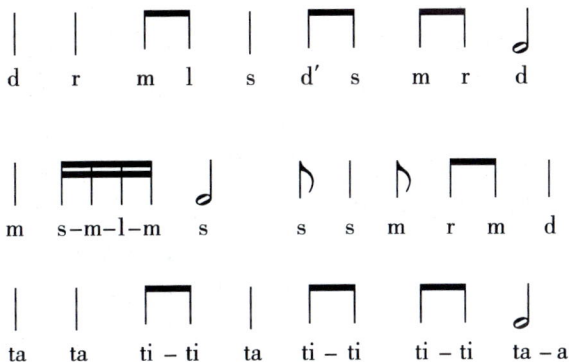

手势唱名是由约翰·柯尔文于 1870 年首创的,视唱时使用手势,对加强音程感起提示作用。手势唱名具体如图 1-7 所示。

（四）铃木教学法

铃木教学法是日本小提琴演奏家、音乐教育家铃木镇一博士创造的。铃木镇一 1899 年生于日本名古屋市,父亲铃木政吉是乐器制作家,经营小提琴厂。铃木镇一在 17 岁开始学习小提琴,1920 年去德国留学,1944 年通过教幼儿演奏小提琴,开展其"才能教育活动"。20 世纪 60 年代,在日本接受其"才能教育"的儿童已超过 20 万人,3—4 岁的幼儿就能出色演奏巴赫、莫扎特的名作。1975 年"铃木教学法国际研究大会"在美国召开。这一教学法形成于 20 世纪 30 年代,到五六十年代其重要价值才逐渐被人们所认识。早在 20 世纪 30 年代,铃木就注意到了一个现实:全日本的儿童既会讲日本话,也会讲地方方言,世界上每个孩子都能学会本国语言,受此启发,铃木开始研究本国语言教育法。他从幼儿的语言学习过程受到启发而创立了幼儿提琴教学法。铃木教学法又称"本国语言教育法"。

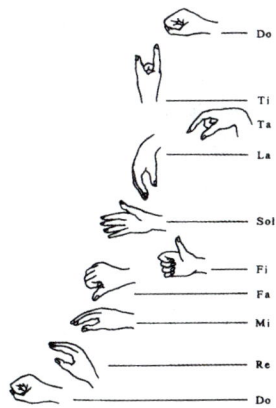

图 1-7　柯尔文手势图

铃木教学法注重早期教育和创设良好的学习环境,这是这一教学法的核心。铃木说:"如果爱因斯坦、歌德、贝多芬生长在石器时代,他们的文化水平及所受的教育不也就是石器时代的吗？以此类推,如果我现在教育一个石器时代的乳婴,不久他也会像今天的青年人一样,能演奏贝多芬的小提琴奏鸣曲。"铃木在儿童能掌握本国语言的启示下,坚信如果使儿童从小就像学本国语言那样学习音乐,也同样会充分发展其音乐方面非凡的才能。早期教育就和学习语言、吃饭一样,毫无干扰和紧张,会很自然地使乐器学习成为他们生活的一部分。儿童 2 岁左右在游戏中接触小提琴,耐心诱发他们学习的愿望;在 3 岁左右通过比赛激发其好胜的心理,使之努力学习奋发向上。

1. 铃木教学过程的主要步骤

（1）接触。创造良好的环境，从听觉训练入手，让孩子生活在良好的音乐环境之中。尤其是听觉训练，他认为"音乐的耳朵"可以在听力训练中得到，而不是天赋或固有的，多练习就多出效果。它是人类的适应性在听力训练上的发展。

（2）模仿。铃木教学法重视选择最优秀的教师和教材来教孩子。铃木十分重视教师的素质。教师必须具备对孩子极大的爱，并有高度的耐心。当然，也必须具有渊博的学识、精湛的专业技能、敏锐的感觉和严格的精神。他说："要使小黄莺学会美妙的鸣啭，在生下的一个月内，就要给它找个好老师。这只黄莺的未来，实际上是由那个老师的声音和调子的好坏决定的。"

铃木教学法还十分重视选择优秀的教材。铃木让孩子们一开始就听世界音乐大师演奏、演唱的名曲，使孩子们的听觉始终环绕在优质的音响之中，以培养他们的感觉水平、思维水平和想象力。他从不让孩子们听格调不高的音乐，孩子们练习的教材也都选自世界名曲。

（3）鼓励。爱孩子，父母、教师对孩子要循循善诱。要大声地夸奖孩子，欣赏孩子，母亲要在自己的反省中教育孩子。在孩子有能力拉一首小曲子时，就让他有机会当众表演，鼓励孩子努力和进步。铃木主张不断"诱导孩子，激励孩子的学习欲望"。对孩子首先要学会讲"真好"这句话。

（4）重复。使孩子在鼓励之中不断重复地练习，当然，被重复的必须是精华。通过这些强化训练，达到艺术上、技术上的精益求精。在教学时，对幼小的孩子，要求他们反复模仿、背谱练习，使之集中注意力于声音和动作的模仿，直至孩子能识字时，才开始学习识谱。

（5）增加。强化训练的另一点，是在学习新曲的同时，不断地回到练习的出发点。开始时选择的教材简单易学，适时增加难度。在增添新曲子时，总是要重复老曲子，不断反复，熟能生巧，以提高音乐表现能力。这样的办法不只是在培养卓越的演奏，也是培养耐力、韧性，这种学新练旧、不断增加难度的办法，是为了培养更高的能力与修养。

（6）完善。强化训练特别注意养成良好的习惯。铃木说："经过五千次养成的坏习惯，要用六千次矫正。"为此，应该停止那种每错一次、矫正一次的方法，代之以重新开始训练方法，让孩子学习新的行为方式，养成新的行为习惯。

铃木的教学形式提倡个别课与集体课相结合，每周一次个别课、一次集体课，并定期举行音乐会，使每个孩子都有独奏与合奏的机会，使每个孩子都有自由表现音乐的机会，并要求家长陪同上课、练琴，规定家长每天为孩子放送指定乐曲的录音。

2. 铃木的才能教育思想

（1）培养孩子成为优秀的人是铃木教育思想的出发点和归宿。铃木强调才能教育的主要目的是培养人，音乐教育重在培养人类真正优美的心灵和感觉。

（2）铃木强调音乐教育潜移默化的作用及早期教育的特殊意义。他认为，才能不是天生就有的，任何孩子都可以被培养成为有才能的人，才能教育越早越好，因为内在的音乐熏陶可为日后的音乐教育奠定良好的基础。

（3）环境对孩子的成长发展具有重要的作用，父母要尽量给孩子提供适宜的、美好的环境。

（4）各种能力之间是有关联的，一种能力的形成，会对某些其他能力产生迁移效应。

（5）直觉或灵感也是一种能力，这种直觉在不断重复训练中被自然地掌握。

（6）铃木祈望世界和平，希望能对地球上所有的孩子进行教育，把他们培养成才，并且把这一理想看成是自己终生不懈的追求。

（邓芷晴.浅谈铃木教学法以及该教学法对我国音乐教育的启示[J].北方音乐，2016(11)：118.）

以上四种是目前世界范围内比较有影响的儿童音乐教育流派。我们在对我国学前儿童进行音乐教育时，要密切结合教育实际及学前儿童学习音乐的特点，取其精华，灵活运用，用多元化、国际化的教育视野，丰富我们的学前儿童音乐教育理论及实践，同时关注这些教学法中所暗示的教育哲学、教育社会学、教育心理学等方面的研究动向，创建适合我国国情的科学的学前儿童音乐教育体系。

> 音乐教育并不是音乐家的教育，而首先是人的教育。
>
> ——苏霍姆林斯基

单元二
学前儿童唱歌活动的设计与指导

学习目标

● 了解学前儿童唱歌能力发展的特点。
● 能针对不同年龄阶段幼儿的特点选择唱歌教材。
● 能设计教学活动方案并实施教学活动。
● 能初步评估教学效果。
● 树立正确的教学观、儿童观、课程观,增强团队合作意识和竞争意识。

匈牙利音乐教育家柯达伊曾经说过:"你的喉咙里就有一样'乐器',只要你愿意使用它,它的乐音比世界上任何小提琴都美",这说的其实就是唱歌。

唱歌是人类音乐活动的重要领域之一,也是人类表达和交流感情的最自然的手段之一。没有歌声就没有生活,有人类生活的地方,就一定有歌声。

唱歌是人们表达自己喜怒哀乐等各种情绪的方式,也是人的童年生活不可缺少的一个重要组成部分。学前儿童用他们甜美、清脆的童声来表达自己欢快、喜悦等各种各样的心情。唱歌也是学前儿童展示自己能力,获得成功体验的重要途径(图2-1)。

图2-1 幼儿唱歌活动

基础理论

唱歌活动是学前儿童音乐启蒙教育的一个重要手段,是学前儿童音乐教育的核心内容之一,是学前儿童进入音乐天地的最自然的途径。根据学前儿童的年龄特点,结合学前儿童音乐教育活动的实际,探索学前儿童唱歌教学的科学途径和方法,探索如何在唱歌活动中培养学前儿童唱歌的兴趣、唱歌的基本技能以及创新能力,使每一个学前儿童都能享受到唱歌所带来的欢欣和愉悦,这是每一位学前教育工作者都必须关注的问题。

唱歌活动具有重要的教育价值。一方面它可以锻炼身心、陶冶情操、启迪智慧、活跃思想、完善品格,如学前儿童在唱歌时能受到内容美和曲调美的感染和熏陶,呼吸器官和发音器官能得到活动和锻炼,心理活动过程能处于良好的开放调节状态,等等;另一方面,它还包含了多种音乐知识和唱歌技能,在唱歌中音乐欣赏能力也可以得到提高。总之,唱歌是培养学前儿童音乐感受能力、表现能力和鉴赏能力的重要方式和途径。

学前儿童唱歌领域的教育内容主要有:歌曲(含节奏朗诵),歌唱的表演形式,理解歌曲和表现歌曲的简单知识、技能,保护嗓子的知识等。富有感染力的歌曲可以激发学前儿童积极向上的精神面貌,启发他们重新思考和体验已经熟悉的事物的积极意义和价值,如友爱、分享和宽容,勇敢、勤劳和公正等。多种多样的歌曲可让学前儿童有机会接触世界各民族的音乐文化,开阔他们的眼界。同时,真正优秀的歌曲还可以诱发学前儿童的想象和联想,培养他们的创造能力。

歌唱形式是唱歌活动中参加者的数量、全体参加者的合作方式以及伴随的表演方式等的总和。在学前阶段,儿童可以掌握的歌唱形式(包括节奏朗诵形式)主要有:独唱、齐唱、对唱、领唱齐唱、轮唱、合唱和歌表演。结合学前儿童音乐学习的特点,这些歌唱形式的实际含义可表述为:① 独唱:一个人独立地唱歌或独自唱歌。② 齐唱:两个或两个以上的人一起整齐地唱同一首歌曲。③ 对唱:两个或两组人的对答式歌唱。④ 领唱齐唱:一个人或几个人唱歌曲中比较主要的部分,集体唱歌曲中配合的部分。⑤ 轮唱:由两个、三个或四个声部唱同一个旋律,但不是同时开始的齐唱,而是先后相距一拍或一小节出现,形成此起彼落、连续不断的模仿效果。⑥ 合唱:包括一个声部唱歌词,另一个声部用同一旋律唱衬词;一个声部用哼鸣的方式唱旋律,另一个声部按节奏朗诵歌词;一个声部唱歌词,另一个声部唱固定音型或延长音等。⑦ 表演唱:一边唱一边做动作表演。

一　学前儿童唱歌水平的发展特点

孩子从学说话起,就把语言当作有旋律、有音色、有节奏的声音来记忆,并根据对它的感受,理解成人语言的意义。如温和、高兴的语言代表赞扬;大声、严肃的语气意味着责备。美国夏威夷大学的林伯格教授认为,儿童唱歌能力的发展是与说话能力的发展平行的,在儿童语言的咿呀学语期,唱歌能力也相应地发展到咿呀学唱期,而后逐渐从近似唱歌,发展到能唱音域合适的歌曲。

(一)歌词

3岁前,幼儿已经能够部分地再现歌曲的片段。但是他们对歌词含义的理解十分有限,往往只是把歌词当作一种声音来重复。尤其是对他们不熟悉不理解的歌词,发音错误的频率会大大增高。4—6岁的儿童一般已经可以比较完整准确地再现熟悉歌曲的歌词,唱错字、发错音的情况会大大减少。当然,儿童面对不理解的词意(特别是抽象词)时,唱错歌词的情况还是会经常发生的。

(二)音域

3—4岁的儿童,一般可以唱出5~6个音(c^1—a^1),其中听起来最舒服的声音是d^1—g^1。4—6岁儿童的音域会稍有扩展。向上一般可以达到b^1或者c^2,向下一般可以达到b或者a。在幼儿园的集体音乐教育活动中,应着重注意帮助儿童唱好从c^1—c^2这个音域范围内的音。

(三)节奏

到了小班末期,约90%的儿童能比较合拍地唱歌。4—6岁的中、大班儿童对歌曲中的二分音符、四分音符、八分音符的节奏已掌握得较好,甚至也能够较好地掌握带附点的节奏和切分节奏。到了大班末期,大多数儿童能比较自如地把握常见的幼儿歌曲的节奏,唱歌的速度稍快或者稍慢时也不会影响他们表现节奏的准确性。

(四)音准

3岁儿童在没有乐器伴奏的情况下,独立歌唱时的"走音"现象相当严重。4—6岁儿童如有琴声伴奏,唱的歌曲难度又较适宜,一般能基本唱准音高。但在无伴奏一个人独立唱歌时,尚有部分儿童不能较好地把握音准。在适宜的音域范围内,儿童比较容易掌握的音程首先是小三度、大二度,其次是大三度、纯四度、纯五度,他们对小二度音程和六度以上的大音程比较难于掌握。另外,下行音程一般来说要比上行音程容易掌握。

(五)呼吸

3岁以后,儿童能够逐步学会使用较长气息,一字一顿或者唱两三个字就换气的情况逐步消失。但他们常常会根据自己使用气息的情况来换气,因此,因换气而中断句子、中断词意的情况也会时有发生。4—6岁儿童,一般能够学会呼吸时自然而迅速,不耸肩,不发出很响的吸气声,能有节制地消耗气息,能按照音乐的意思来换气,不中断音乐的句子。但是,即使到了6岁,儿童的肺活量和控制气息能力还是很有限的。

(六)表情

进入小班以后,儿童能够养成初步的表现意识,表现技能也会获得一定的发展。3 岁末期,儿童在唱他们所熟悉和理解的歌曲时,可能做到:用速度、力度、音色的明显变化来表现歌曲中的不同形象、情绪。4—6 岁儿童,已具备一定的表现意识,已能较熟练地应用一些简单的表现技能。同时,他们对歌曲的形象、内容、情感的体验和理解能力也在一定程度上增强了。他们能较好地唱出速度、力度的逐渐变化——能较好地唱出中等的速度、力度。儿童也可能养成一些不正确的表现观念和习惯。如过分夸张地唱下滑音,过分夸张地使用气声,过分剧烈地晃动身体或头部,做出不自然的脸部表情和身体姿态等。

(七)独立唱歌

进入幼儿园以后,大多数 3 岁儿童愿意在集体中跟着大家一起唱歌。如果得到机会并受到鼓励,少数开朗、大胆的儿童也会愿意几个人一起面对大家唱歌。在班级气氛比较宽松的情况下,到 5 岁末期,大多数儿童愿意独自面对大家唱歌。

(八)合作协调

儿童在 3 岁末期基本上能做到在音量、音色、音高和速度上与集体相一致,能够与集体同时开始和结束,不使自己的歌声突出出来。小班儿童还可能掌握简单的对唱和接唱,并能从合作唱歌活动中初步体会到协调一致的快乐。4—6 岁儿童,已经积累了一定的合作唱歌的经验;已经发展起较强的合作协调意识和技能;已能从合作唱歌中体会到更多的愉快感。

(九)创造性表现

3 岁儿童进入幼儿园以后,能逐步形成较明确的创造性表现的意识,创造性表现的技能也会获得一定的发展。3 岁末期,儿童能学会为短小、多重复的歌曲编填新的歌词。如果仅是改换句子中的某些部分,大多数儿童能做到。4—6 岁儿童,已经积累了一定的创造性歌唱表达的经验,发展起了一定的创造性表现意识,能较熟练地应用一些简单的创造性表现技能,创造性表现的兴趣和自信心也逐步增强。

对点案例

一个 2 岁半的男孩在看了动画片《三只小猪》以后,模仿另一个大孩子唱该片的主题歌。大孩子唱的是唱名,而他却在不好唱的地方唱"登登登登",在好唱的地方反复唱"唐老鸭"。一个大人听了觉得有趣就逗他说:"什么唐老鸭?还有米老鼠呢!"于是,在接连几天中,这个男孩一直反复地唱这首歌,并把"米老鼠"也作为歌词加了进去。再如一个 2 岁多的女孩,在父母的鼓励下,即兴编唱了一个关于小熊猫的故事,内容实际上是她所熟悉的一日生活活动。从晚饭后一直唱到上床睡觉时,还说:"还没有唱完呢!"

二 学前儿童歌曲的选择和设计

（一）选择歌曲

1. 歌词方面

歌词的内容和文字应该是学前儿童能理解并且生动有趣的,如歌曲《大母鸡》中的歌词:"大母鸡呀嘿,咯嗒嗒呀嘿,我爱它呀它爱我呀嘿,我捉虫呀嘿,来喂它呀嘿,它下蛋呀来给我呀嘿,咯咯嗒,咯咯嗒,咯嗒咯咯嗒,咯咯嗒,咯咯嗒,咯嗒咯咯嗒。"歌词要有重复和发展余地,便于学前儿童记忆和掌握,如《我爱我的小动物》,可以引导幼儿增编歌词"我爱我的小狗,小狗怎样叫?汪汪汪,汪汪汪,汪汪汪汪汪。我爱我的小羊,小羊怎样叫?咩咩咩,咩咩咩,咩咩咩咩咩"等。可以多选用第一人称的歌曲,如《我的好妈妈》《我要上学了》等,这类歌词能使学前儿童感到亲切,能够自然、真实地表达情感。

学前儿童歌曲的内容一般为动植物和自然现象、节日和学前儿童的日常生活,以及一些无意义的音节、象声词等。《太阳喜欢》《小兔子乖乖》《小海军》等都是学前儿童喜欢的歌曲。

学前儿童歌曲的选择和设计

资源包

我爱我的小动物

佚 名 词曲

1=C 4/4

5 6 5 4 3 1 | 2 1 2 3 5 - | 3 3 3 5 5 5 | 3 3 2 2 1 - ‖

1.我爱我的小 鸡, 小鸡怎样叫? 叽叽叽,叽叽叽, 叽叽叽叽叽。
2.我爱我的小 猫, 小猫怎样叫? 喵喵喵,喵喵喵, 喵喵喵喵喵。

太阳喜欢

孙 愚 词
金月苓 曲

1=♭D或C 2/4

3 5 5 5 | 5 3 | 2 3 2 1 | 1 - | 7 1 2 2 | 3 4 5 | 4 4 3 2 | 2 - |

太阳喜欢 苹果, 给它红色, 太阳喜欢 橘 子, 给它黄色,

3 4 5 5 | 5 3 | 4 4 5 6 | 6 - | 2 6 5 4 | 3 2 | 7 7 7 2 | 1 - ‖

太阳喜欢 田 野, 给它金色, 太阳喜欢 彩虹, 给它七色。

小兔子乖乖

民间儿歌

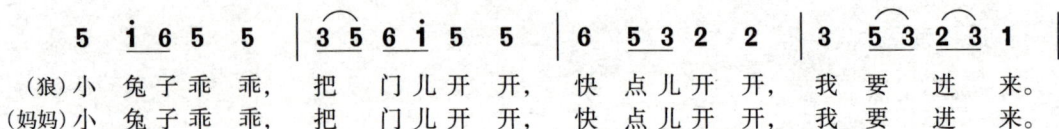

(狼)小 兔子乖 乖, 把 门儿开开, 快点儿开开, 我 要 进 来。
(妈妈)小 兔子乖 乖, 把 门儿开开, 快点儿开开, 我 要 进 来。

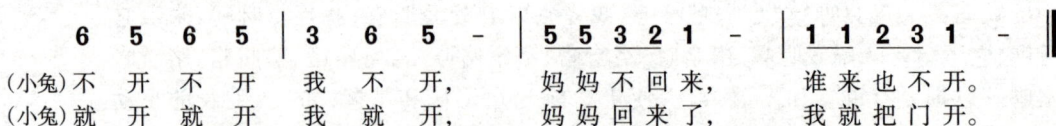

(小兔)不 开 不 开 我 不 开, 妈妈不回来, 谁来也不开。
(小兔)就 开 就 开 我 就 开, 妈妈回来了, 我就把门开。

2. 曲调方面

学前儿童不宜唱音域较宽的歌曲,适合幼儿的音域是:

小班 d^1—a^1[$1=C$,2—6];

中班 c^1—b^1(c^2) [$1=C$,1—7 (高音 $\dot{1}$)];

大班(b) c^1—c^2(d^2) [$1=C$,(低音 7) 1—高音 $\dot{1}$(高音 $\dot{2}$)]。

为幼儿选择的歌曲的音域范围应符合幼儿的适合音域,同时注意不能机械、绝对地处理音乐问题,要因歌而异,体现灵活性。如有的歌曲音域只有八度,但旋律主要在高音区内,学前儿童感到难唱,此类歌曲就不宜选用。有的歌曲音域为七度,但主要旋律在学前儿童最感舒适的音区内(d^1—b^1),则中班儿童能唱好,小班儿童也可适当学唱。对于一些优秀的儿童歌曲我们还可以通过升降调的方式让儿童学唱。学前儿童歌曲的速度一般为中速。中班、大班可以选择偏快或偏慢的中速,以及其他多种速度的歌曲。在节奏和节拍方面,小班初期多选用 $\frac{2}{4}$ 拍、$\frac{4}{4}$ 拍,以后逐渐增加 $\frac{3}{4}$ 拍、$\frac{3}{8}$ 拍。旋律中常用音符为四分音符、八分音符、十六分音符、附点四分音符和附点八分音符等。其中四分音符、八分音符用得最多。如歌曲《你好你好》《雪花飘飘》均为 $\frac{2}{4}$ 拍,旋律中音符均为四分音符和八分音符。

资源包

你 好 你 好

$1=C$ $\frac{2}{4}$

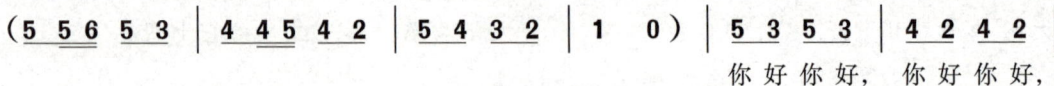

你好你好, 你好你好,

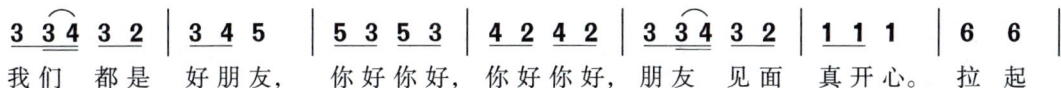

我们 都是 好朋友, 你好你好, 你好你好, 朋友 见面 真开心。 拉起

小小手, 我们一起 来唱歌, 拉起 小小手, 我们一起 来跳舞。

雪花飘飘

佚 名 词曲

1＝D 2/4

雪花 雪花 飘呀 飘, 落下来 落下来, 我是 小雪 花。

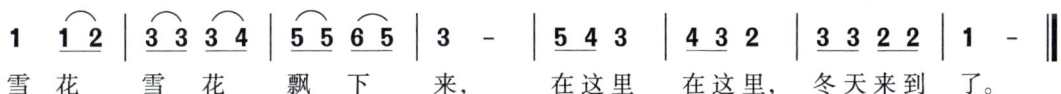

雪花 雪花 飘下 来, 在这里 在这里, 冬天来到 了。

总之,在为学前儿童选择歌曲时,要充分考虑学前儿童的年龄特点,注意歌曲的艺术性、思想性,同时,要注意歌曲题材、体裁、风格的多样化。

(二)设计教师对歌曲的处理

教师在处理歌曲时,通常要从三个方面来分析歌曲,即:歌曲的主题思想和教育意义;歌曲的基本情绪;歌曲的节拍节奏、旋律、结构等表现手段所起的作用。在对歌曲进行分析之后,根据教学要求及幼儿歌唱能力的发展水平,设计歌曲演唱的速度、力度、音色等,使歌曲形象鲜明,富有表现力,并能激发儿童学习兴趣,调动其学唱歌曲的积极性、主动性。例如,中班歌曲《拍手唱歌笑呵呵》反映了学前儿童和父母、和同伴、和教师在一起时开心快乐的生活,歌曲的情绪欢快而生动,旋律平稳而有起伏。教师在设计范唱时,应用偏快的中速,总基调优美、流畅,音色宜明亮。第一、第二乐句抒情而悠扬。第三、第四乐句,速度稍快,体现学前儿童快乐的游戏生活。

`资源包`

拍手唱歌笑呵呵

寒 枫 词
王正荣 曲

1＝C 4/4

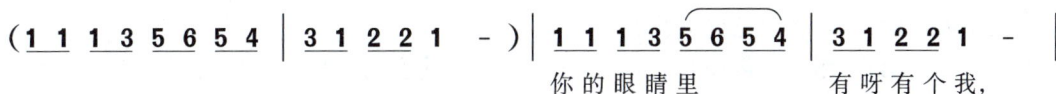

你的眼睛里 有呀有个我,

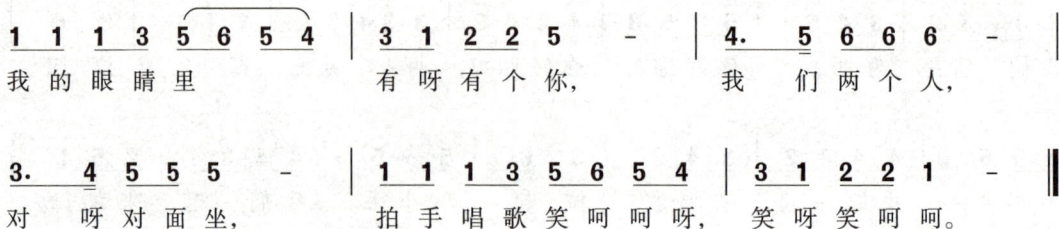

（三）设计学前儿童歌曲的伴奏和前奏

1. 伴奏

在学前儿童学唱新歌时,伴奏要突出旋律,音量不能盖过歌声,一般宜淡不宜浓。应尽量选用艺术性强而又简单的伴奏型。注意经常让学前儿童不用伴奏演唱,减少学前儿童对伴奏的依赖性,培养他们的音准。

资源包

月亮婆婆喜欢我

1＝F ²⁄₄

中速稍快　活泼地

佚 名 词
王爱华 曲

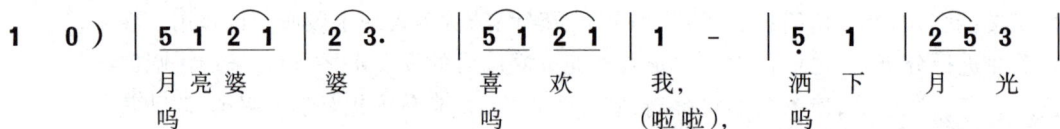

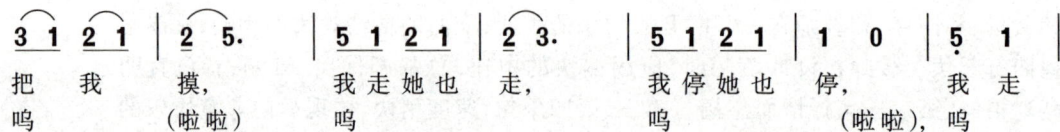

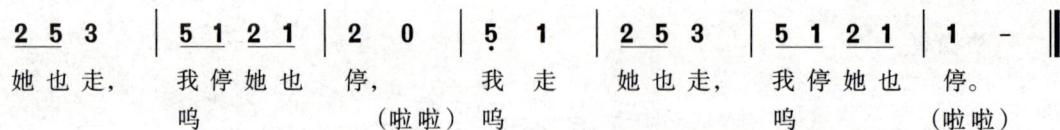

2. 前奏

歌曲的前奏提示了歌曲的情绪、速度和音高,教师不能随意变化前奏。在运用前奏时,教师要注意以下几点。

第一,用前奏帮助学前儿童齐唱,可以在前奏的最后一拍加上"唱"字,在学前儿童学会接前奏后去掉"唱"字。如教唱《我来当老师》时,教师可在前奏最后一拍倚音处加"唱"字,提示小朋友们接唱"我教猫咪来弹琴"。

我来当老师

雨　珠　词
潘振声　曲

1=F 2/4

$(5\underline{\,\overset{3}{\underline{5}}}\ 5\underline{\,\overset{3}{\underline{5}}}\ |\ 5\underline{\,\overset{3}{\underline{5}}}\ 5\,5\ |\ \underline{6\,5}\,\underline{3\,5}\,\underline{2\,2}\ |\ \underline{1\,2}\,\underline{3\,5}\,\underline{2\,2}\ |\ \underline{6\,1}\,\underline{5\,6}\,\underline{3\,2}\ |\ 1\,\overset{7}{\underline{1}}\,0)\ |\ 5\,5\,\widehat{6\,5}\ |$
　　　　　　　　　　　　　　　　　　　　　　　　　　　　　　　　我教猫咪

$\underline{3\ 3}\,\underline{2\,1}\,0\ |\ 3\,\underline{\overset{\frown}{2\,3}}\ 5\,1\ |\ 2\,2\,0\ |\ 5\,5\,\widehat{6\,5}\ |\ \underline{3\ 3}\,\underline{2\,1}\,0\ |\ \underline{7\,7}\,\widehat{6\,5\,6}\ |\ 1\,1\,0\ |$
来弹　琴，　猫咪　伸爪　爪呀；　我教小狗　来画画，　小狗摇尾　巴呀；

$\underline{1\,\overset{\frown}{1\,6}}\,\underline{1\,2}\ |\ \underline{3\,3}\,\underline{2\,3}\,0\ |\ \underline{5\,5}\,\underline{6\,5}\,2\ |\ 3\,3\,3\,0\ |\ \underline{2\,2}\,\underline{1\,2}\,3\ |\ 5\,6\,5\ |\ (\underline{5\,6}\,\underline{5\,6}\,5)\ |$
我教　小鸟　来唱　歌，　小鸟　乐得　叫喳喳；　我教　小羊　来说话，（哈哈!）

$\underline{6\,\overset{\frown}{6\,1}}\,\underline{6\,5}\ |\ 3\,3\,3\ |\ 2\,2\,2\ |\ 5\,3\,2\,5\ |\ 1\ -\ (\underline{7\,7}\,7\ |\ 7\ -\ |\ 6\,5\ |\ \dot{1}\ -)\ ‖$
小羊　学会　咩咩咩，　咩咩咩，　叫呀叫妈　妈。

第二，没有前奏的歌曲，可以用歌曲的最后一句做前奏。如教唱歌曲《小熊找家》，可用最后一句"$\underline{5\,\overset{\frown}{1\,1}}\,\underline{2\,3}\ |\ 1\ -\ |$"做前奏。
　　　　　　　　　　　　　　　　　　　小熊　就是　它（唱）

第三，不用伴奏唱歌时，教师可唱歌曲的第一句，再用呼拍的方式指示学前儿童唱歌。二拍子的歌曲呼："预备，唱"；三拍子的歌曲呼："一、二、唱"；四拍子的歌曲呼："一、二、三、唱"。呼拍要遵守"强拍起唱弱拍呼，弱拍起唱强拍呼"的规则。

小熊找家

1=F 2/4

$\underline{3.\ \overset{\frown}{5}}\,\underline{3.\ \overset{\frown}{5}}\ |\ 5\,1\,2\ |\ \underline{6.\ \overset{\frown}{1}}\,\underline{6.\ \overset{\frown}{1}}\ |\ 2\,2\,2\ |\ X\,X\,X\,X\ |\ X\ -\ |\ (\underline{3\,5}\,\underline{6\,5}\,\underline{\dot{1}\,5}\,\underline{6\,5}\ |$
一　个娃　娃　一个家，　小　熊小　熊　没有家。　（旁白）小熊是谁呀？　（教师弹奏）

$\underline{3\,5}\,\underline{6\,5}\,\underline{\dot{1}\,5}\,\underline{6\,5}\ |\ \dot{1}\ \dot{1})\ |\ (旁白)\,X\,X\,X\,X\ |\ X\ -\ |\ \underline{5\,\overset{\frown}{1\,1}}\,\underline{2\,3}\ |\ 1\ -\ ‖$
　　　　　　　　　　（教师）小熊是谁　呀？　（幼儿）小熊　就是　它。

三 学前儿童唱歌活动的设计与指导

(一) 导入新歌,介绍歌曲

在开始学习一首新歌前,一般先有导入新歌的过程,通常是由教师的启发引导及和幼儿的谈话交流来完成的。

导入新歌的任务是把幼儿的注意力吸引到新歌的题材和意境中去,做学歌前思想和情绪上的准备,为感受音乐、表现音乐打下基础。

1. 练声导入

唱歌时的呼吸不同于一般的呼吸,由于学前儿童肺活量小,呼吸短浅,控制气息的能力弱,所以发声练习是歌唱教学的一个必要过程。幼儿的嗓音处于童声发育期,声带娇嫩,在正式开始唱歌活动之前,做做发声练习,让处于休息状态的声带运动起来,便于更好地进行唱歌活动。以发声练习作为唱歌活动的导入环节,可以培养幼儿正确的发声方法、呼吸方法,提高音准。

(1) 借助肢体语言开展练声活动。卡洛琳·爱德华兹等在《儿童的一百种语言》一书中提出,儿童的语言表达方式有多种,其中包括一种特殊的语言——儿童的肢体艺术语言,也称无声语言。它以灵活多变的表情、动作、体姿来交流信息,具有鲜明的形象直观性。教师在组织练声活动时,运用富有童趣、诙谐幽默、夸张的肢体语言去吸引儿童,会使活动生动有趣,让学前儿童在整个活动中始终保持高度的积极性和主动性。

> 📖 **对点案例**
>
> #### 练声活动"大猫小猫"
>
> 在练声活动"大猫小猫"中,教师张大嘴巴、双手张开在双颊大弧度摆动,做夸张的"大胡须"状,以表现歌词"我是一只大猫,我的声音很大,喵喵喵喵喵",当儿童看到教师夸张的动作就很自然地唱得很大声;而在唱"我是一只小猫,我的声音很小,喵喵喵喵喵"时,教师的嘴巴动作变小,双手在双颊小弧度摆动,做"小胡须"状,不需要教师的语言提示,儿童就唱得很小声。整个练声环节儿童始终保持着很高的积极性,能主动参与到练声活动中来。

教师也可以引导学前儿童伸展双臂边做打哈欠的动作边发"啊"音;通过手指和手臂的伸缩来引导学前儿童控制气息的呼与吸;引导学前儿童通过拍脸、头、胸等身体不同部位,相应地发不同音高的"喔";双手的两个食指在胸前进行绕圈,引导学前儿童跟着绕圈的快慢相应地发出不同节奏的"喔"……恰当运用肢体语言,将枯燥无味的练声活动变成生动有趣的练声游戏,既符合学前儿童的年龄特点,提高唱歌教学中的趣味性和有效性,又能让学前儿童练习正确地发声,提高学前儿童的唱歌技能。

（2）借助儿歌开展练声活动。儿歌具有优美的旋律、明朗的节奏、真挚的情感、生动的语言。学前儿童朗诵儿歌，能得到美的享受，他们的情感得到抒发，他们的情绪得到调节，他们学习的积极性得到激发。教师可结合儿歌的特点，让学前儿童在朗朗上口的儿歌朗诵中进行呼吸练习。教师可引导学前儿童分别用快吸慢呼和快呼慢吸等方法朗诵儿歌，使学前儿童愉快地进行发声练习。在幼儿学过的喜欢的儿歌中加入一些象声词，进行气息的控制练习，可以此作为唱歌活动的练声环节来开展。

📖 **对点案例**

练 声 活 动

师幼朗诵儿歌《郊游》："走，走，走走走，走，走，走走走，咦……（快快呼气）啊……（慢慢吸气）"或"走，走，走走走，走，走，走走走，啊哟（快快吸气）。嗯……（慢慢呼气）"。

师幼朗诵儿歌《小汽车》："我们一起来开车，嘟、嘟、嘟、嘟、嘟……（忽快忽慢地呼气）"。

师幼朗诵儿歌《喝开水》："小杯子，装清水，插根吸管我来吸（慢慢吸气）哈哈哈……（慢慢呼气）"。

（3）借助实物开展练声活动。生活中有着取之不尽的材料，一个小皮球、一根绳子、一个小木偶等都是随手可见的东西。教师可以巧用这些材料作为练声活动的辅助工具。如取一根橡皮筋，将橡皮筋摆在腹部—胸前—口前—前额—头顶，根据橡皮筋放置的不同高度发出不同音高的"喔、咦、哇"音。有了直观的视觉呈现，学前儿童能很快地根据橡皮筋放置的位置，正确发出"喔、咦、哇"等音，进行从低至高或从高至低的发声练习。也可以利用小猴手偶让学前儿童根据小猴跳的不同高度发出不同音高的"喔、咦、哇"音。面对形象可爱的小猴手偶，学前儿童会很感兴趣地跟随着教师手中小猴的跳跃发出正确的音，从而达到练声的目的。

教师可以引导学前儿童玩"吹蜡烛""吹纸片""发长音"等具有竞争性的控制气息的游戏，让学前儿童在愉快的竞争游戏中锻炼肺活量，提高控制气息的能力，逐步掌握唱歌的呼吸技能。

（4）"三层楼"练声法。

第一层楼：小嘴巴做运动。张张嘴、动动下巴、伸伸小舌头、叫妈妈、花花等（口腔共鸣）。

第二层楼：哼鸣练习。小蜜蜂跳舞：嗡——（鼻腔共鸣）。

第三层楼：头声练习。小火车开动：呜——（头腔共鸣）。

（5）情趣模仿练发声。幼儿对自然界的一草一木都有感情，尤其对小猫、小狗之类的小动物关怀备至，根据幼儿这一心理特点设计模仿发声练习效果很好。

例如，1 2 3 4 ｜5 - ｜5 4 3 2 ｜1-‖

（师）小猫怎样　叫　（幼）喵喵 喵喵喵

（师）小狗怎样　叫　（幼）汪汪 汪汪汪

（师）小鸭怎样　叫　（幼）嘎嘎 嘎嘎 嘎

在此基础上将小猫人格化，设计富有情趣的发声练习曲，边唱边提问边引导。

例如，师：小猫饿了怎么叫？幼：特别没精神，叫声很可怜。

师：谁能学一学？（幼儿轻声练习，幼儿轻轻地唱出小猫有气无力的叫声。）

幼儿在进行发声练习时，应注意：身体的姿态要正直，收腹，两肩放松，眼睛平视前方，双腿保持与肩同宽。发声时，教师要强调幼儿轻声唱歌，要求幼儿微笑、声音集中地唱歌，切忌大喊大叫。要根据幼儿的心理特点，激发幼儿的兴趣，让幼儿主动参与发声练习，以幼儿乐于接受的灵活多样的方式，让幼儿快乐地达到练声的效果。

2. 故事导入

听故事是幼儿喜爱的活动。有些歌词含有相对完整的故事情节，内容和结构较复杂，含有难以用动作表现的时间、地点、人物对话和情境描述。对于这些歌曲，为了帮助幼儿理解、体验和记忆，教师可以在图片的帮助下，采用故事导入的方法。这种方法所要解决的问题的核心是帮助幼儿记住歌词、弄清语法结构和内容的逻辑顺序。

如《蝴蝶花》这首歌曲，教师出示挂图，请幼儿观察，并指着挂图讲故事，然后总结：这个小朋友看到草地上"有一只小小的花蝴蝶"，他"轻轻地走过去想要捉住它"，可是一直走到蝴蝶跟前，蝴蝶都没有飞走，小朋友很奇怪，为什么蝴蝶不害怕他呢？教师请幼儿猜想，最后教师揭出谜底："呦！原来是一朵美丽的蝴蝶花"。教师配合动作演唱歌曲。

3. 情境导入

幼儿对周围事物的认识是直观形象的。有些歌词内容所反映的是一些简单的、幼儿可以一目了然的事件或情境，并且这些事件或情境是幼儿可以用自己的语言来表达的，对于这些歌曲，教师在教学中最宜采用情境表演的方式。情境表演根据歌曲内容，由教师或者师幼共同完成，可以是现场表演，也可以是在电视或投影屏幕上播放表演的视频资料。

如《我怎样长大》，教师用事先排练好的短剧（有旁白、有对话、有动作表演）来表现歌词的内容。"一棵小树从睡梦中醒来，他抖了抖枝叶，发现自己和旁边的大树比起来还是那么小。他抬头看着蓝天，对蓝天说：'蓝天啊蓝天，我怎样才能长大？'蓝天笑盈盈，他轻声来回答：'不怕风沙，不怕雨打，越过春、夏、秋、冬，这样就会长大。'小树点点头：'不怕风沙，不怕雨打，越过春、夏、秋、冬，这样就会长大。'"师幼观看短剧后，共同讨论表演的内容，并初步欣赏歌曲，跟随歌曲做动作。

4. 创编歌词导入

对于一些词曲内容简单且多重复、歌词语法结构单纯、具有某些语言游戏性质的歌曲,宜从歌词创编开始。教师提供歌曲第一段的歌词,并且用边做动作边演唱的方式引起幼儿的兴趣,让幼儿熟悉、理解歌词的语法结构,然后引导幼儿创造性地提出新的内容,教师用幼儿创编的内容替换原歌词,并且演唱出来,这一环节多次重复。

如《胡说歌》,歌词只有一句"你把袜子穿在耳朵上了吗"(重复五遍)。教师演唱歌曲,请幼儿听清歌词,然后讨论:生活中还有什么非正常的穿戴方式?帮助幼儿将这些方式用与歌词语法结构相似的语言进行表达,(如你把鞋子穿在头顶上了吗?)并且编成歌词唱出来,还可以随着歌声做动作。

5. 游戏导入

游戏是幼儿最喜爱的活动形式,是幼儿认识世界的途径。对于歌曲简单多重复,特别是对于歌词内容直接指向动作的过程或富于动作性的歌曲的教学,游戏导入是最适合的方法。好动是幼儿的天性,幼儿常常以动作来表达自己的意思。根据幼儿这一特点,教师以游戏的形式,用肢体动作来表现对歌曲歌词内容的想象,吸引幼儿的好奇心,带领幼儿从游戏走进歌曲,从而让幼儿在学习歌曲时更好地理解歌词,达到更好的效果。

例如,《幸福拍手歌》是一首活泼欢快的歌曲,深受幼儿的喜爱。在导入活动的环节,为了调动幼儿的兴趣,教师可以利用一段节奏性稍强的音乐,引导幼儿有节奏地做身体的律动,做一些拍手、跺脚、伸腰、拍肩等与歌词内容对应的动作,这样便于幼儿更快地投入活动,在接下来的学习歌曲的环节,幼儿也能很快理解,这样就使律动导入起到了为理解歌曲服务的作用。

如歌曲《头肩膀膝盖脚》,活泼欢快,歌词内容直接指向身体部位。教师在教学的导入环节,可以以游戏的形式进行:教师说出身体某一部位的名称时,幼儿以最快的速度将双手移动到该部位上。教师从随意地喊身体部位,到有节奏、有规律地喊,让幼儿发现重复的规律,再用歌唱的方式发出指令,逐步让幼儿熟悉歌曲的整体形象。这样也为歌曲下一个环节的教学做好了铺垫。

综上所述,导入环节是唱歌活动的开端,良好的导入是活动成功的一半。在开展唱歌活动时,我们要根据歌曲的内容选择适合的导入方式,以有效地激发幼儿学习的兴趣,更好地为接下来的教学环节做铺垫。

在介绍歌曲时,教师要选用多种方法使幼儿对歌曲感兴趣,能够理解歌曲内容。教师可根据歌曲特点和幼儿水平,灵活选用适宜的语言或教具、教法。

(二) 引导幼儿倾听感受

音乐是听觉的艺术,唱歌活动任务的完成有赖于幼儿敏锐的听觉能力。倾听感受是让幼儿在初步聆听歌曲旋律、节奏、歌词内容等的基础上感知和初步了解歌曲。歌曲表现的是什么样的情绪,什么样的风格,是优美抒情的舞曲风格,还是强劲有力的进行曲风格,都要幼儿通过倾听来感知。

1. 对歌曲内容和情绪的感受

对歌曲内容和情绪的感受宜采用提问的方式进行引导。教师可以提出一系列启发性的问题,如"你觉得这首歌听上去怎么样?""听到这首歌曲你有什么感觉?"

"听了这首歌,你的心情怎么样?""在歌曲中你听到了什么?"以了解幼儿对歌曲情绪的感受和引导幼儿关注歌曲的内容。

2. 对歌曲旋律和节奏的感受

教师宜采用律动的方式,通过身体感受歌曲音乐的旋律和节奏,引导幼儿在倾听歌曲的同时随着音乐的旋律有节奏地运用身体的律动,了解歌曲内容。如《小白船》是一首优美的朝鲜族歌曲,在引导幼儿倾听时,教师可以让幼儿随乐律动,以感受歌曲所传达的优美舒缓的情绪和歌曲童趣、梦幻的意境。

3. 对歌曲意境的感受

要引导幼儿大胆想象,感受音乐带来的美感。根据欣赏歌曲的内容,可以把歌曲想象成一幅美丽的图画、一个动人的故事、一个有趣的游戏、一段优美的舞蹈等,从而发展幼儿的想象力。

如在欣赏歌曲之前,教师可以问:"听到这首歌曲你会想到什么?"来引导幼儿根据听到的内容大胆想象。或者教师也可以问:"听到这首歌曲你想做什么?"幼儿就会带着问题想象并体验歌曲带来的感受。对歌曲的倾听感受是幼儿充分运用听觉、想象等方面的能力,感知、理解歌曲所表达的内容和情感的过程。

通过对歌曲的倾听感受,使幼儿获得相应的情绪体验,激发幼儿对歌曲的兴趣,同时促进其音乐的感受力、理解力和想象力的发展,是这一环节的主要任务。正确地引导幼儿倾听感受歌曲对激发幼儿兴趣非常重要。在此环节中教师要给予幼儿安静倾听和想象的空间,要让幼儿对音乐的风格、情绪,所表达的意境和情感有一个自我感受的机会,要鼓励幼儿创造想象并大胆表达自己对音乐的初步理解和感受,提高幼儿对音乐的审美能力,感受能力和想象力,切忌对幼儿的感知做先入为主的评价。

在欣赏歌曲时可采用教师范唱、播放视频、音频等多种形式。让幼儿对歌曲有初步的整体感知。

教师范唱非常重要。教师要为幼儿提供具有准确的音调、正确的吐字发音和带有正面情绪的范唱。教师范唱决定着幼儿学唱歌曲的水平,所以教师的范唱要富有感情,精神饱满,以激发幼儿唱歌的兴趣和唱歌时的情感,教师以情感染幼儿,起到给幼儿以示范的作用。在一次教学活动中,教师的范唱一般是三次左右。约翰·费尔拉班德教授的研究表明:中等难度的歌曲,幼儿在倾听五遍以后才能形成比较清晰的听觉表象,在紧接下来的学唱中,能够用这些准确、清晰的听觉表象来监控自己的发音器官唱出正确的旋律,学唱的效果比较好。范唱的方式可以有清唱、操作教具唱和配上伴奏唱等。

(三) 帮助理解歌词与熟悉歌曲的节奏、旋律

1. 理解歌词

歌词是歌曲的重要组成部分,学习歌词是学习唱歌的基础。运用多种形式,帮助幼儿在理解的基础上,轻松愉快地记忆歌词内容,是这一环节的重要任务。切忌一遍遍地机械记忆,不仅占用大量的时间,而且不能让幼儿体验到唱歌活动的乐趣,甚至会让幼儿产生抵抗情绪。

（1）动作表演法。对于幼儿来说,无论是音乐还是语言,都能够引起他们做动作的情绪,而通过做动作也可以加深幼儿对歌词的理解。特别是对于歌曲内容形象生动、适合动作表现的歌曲,教师可以创编一些简单形象的动作,借助动作让幼儿理解记忆歌词。幼儿在动作体验的过程中,理解了歌词内容,增强了节奏感,促进了动作的发展,并且提高了对歌曲学习的兴趣。

（2）游戏法。游戏是幼儿最喜欢的活动形式,寓教育于游戏之中也是幼儿园教育活动的主要形式。对于歌词内容游戏性较强的歌曲,教师可以通过游戏的形式,把歌词内容融于游戏之中,让幼儿在做游戏的同时理解歌词内容,使幼儿在游戏中学习,在游戏中记忆。

如《套圈》这首歌,教师可以让幼儿先学习游戏,边游戏边念歌词,用游戏来帮助幼儿记忆歌词。幼儿在游戏中自觉自愿地、不知不觉地理解歌词、记忆歌词,在唱唱、玩玩之中去感知音乐、记住歌词,从而学会唱歌。

（3）故事表演法。故事性的歌曲是幼儿最喜欢的,对于这类歌曲的学习,教师可以把歌词内容编成故事,用讲故事的方式,帮助幼儿理解和记忆歌词,感受歌词的情境。

如《迷路的小花鸭》的歌词内容有很明显的故事情节:"小花鸭出门玩,不小心迷了路。它蹲在池塘边伤心地哭啊,哭啊。一个小朋友看见了,连忙抱起小花鸭,把它送回家。鸭妈妈找到了鸭宝宝,高兴地连声向小朋友道谢。"这个故事是幼儿平时可能遇到的,贴近生活,利于幼儿接受和参与表演。因此,可以根据歌词内容进行故事表演。请几个小朋友扮演歌词中的角色。在活动中,教师引导幼儿先观看表演,再通过提问"谁在哭? 为什么哭?"帮助幼儿理解歌词,然后通过故事的小结帮助幼儿规范、完整地学习、记忆歌词。这样不仅将歌词赋予情节,便于幼儿记忆,更重要的是使幼儿感受歌词的情境,演唱中尽情表现对歌曲的理解。

（4）节奏诵读法。对于歌词内容故事性、情境性不强,难于记忆的歌曲,教师可以用朗诵儿歌的方法进行教学,帮助幼儿理解和记忆歌词,激发幼儿对歌曲的兴趣。幼儿只有在理解、记忆歌词的基础上,才能更好地掌握歌曲的旋律。

（5）图谱法。有些歌曲的歌词没有一定的规律,而且相对较长,上下句子没有一定的联系。对于这类歌曲,幼儿在学唱时对词的先后顺序难以掌握,教师可以采用图谱法,即利用图片的直观性帮助幼儿理解、记忆歌词。在进行图谱制作时,画面可以相对简单,一方面可以节省不必要的时间,另一方面可以使幼儿观看到的内容简单、明了。

如《农家乐》的歌词是幼儿学习的难点,教师可以按照歌词的顺序,画上相应的、简单的图画,通过逐图讲述、小结每图的内容、按顺序连接歌词的方法帮助幼儿理解、记忆歌词。

2. 熟悉歌曲的节奏和旋律

儿童歌曲一般节奏鲜明、歌词朗朗上口、旋律流畅优美,教师可以采用熟悉歌曲节奏—熟练掌握节奏—按节奏伸展手臂等动作进行节奏训练的方法,让幼儿轻松愉快地掌握、巩固节奏,进而达到记忆歌曲旋律的目的。

两只小象

1=F 2/4

活泼地

常 瑞词
汪 玲曲

(1 3 3 1 5 1 | 1 3 3 1 5 1 | 1 5 5 1 5 3 | 1 5 1 —) |

1 3 5 1 | 3 3 3 0 | 1 5 5 6 | 2 2 2 0 |

两只 小 象 哟啰 啰, 河边 走呀 哟啰 啰,
就像 一 对 哟啰 啰, 好朋 友呀 哟啰 啰,

3 1 3 1 | 6 6 6 0 | 2 5 2 3·2 | 1 1 1 0 ‖

扬起 鼻 子 哟啰 啰, 勾一 勾 手 哟啰 啰。
见面 握握 手 哟啰 啰, 见面 握握 手 哟啰 啰。

（1）运用儿歌,训练歌曲节奏。儿歌节奏鲜明,富有韵律,很接近歌曲。当新授歌曲出现新的节奏时,教师可以为歌曲节奏难点配上一个朗朗上口的儿歌,使幼儿通过朗诵儿歌掌握节奏。如歌曲《合拢放开》里出现了多个切分节奏,是幼儿较难掌握的,教师可以对幼儿进行《摘果果》儿歌的节奏训练。教师有目的的训练,幼儿生动活泼、饶有兴趣的朗读,使幼儿既提高了学习兴趣,又掌握了节奏难点,发展了音乐节奏感。

（2）运用身体动作,训练歌曲节奏。教师运用奥尔夫音乐教学的理念,用身体动作表现节奏,让幼儿在无音乐、无伴奏的情况下,把自己对节奏的感受和理解用优美的动作表现出来,而不是教师一招一式地教,但教师要启发、引导、循序渐进地帮助幼儿用他自己的动作来解释节奏,表达对节奏的认识。教师可以先出示一张歌曲节奏图谱,请幼儿用多种动作反复进行节奏练习,如拍手、拍腿、跺脚等,节奏练习要与节奏难点相结合,使节奏练习顺利进行。教师还可以对幼儿提出更高的要求,请幼儿用拍手、拍腿、跺脚的动作练习几次后,再鼓励幼儿创编其他动作,如扭腰、对拍等,提高幼儿练习兴趣,培养幼儿的创造力和迁移能力。

（3）运用歌词,训练歌曲节奏。一首歌曲中的歌词,实际上也是一首好听的儿歌。幼儿在掌握歌曲节奏后,教师出歌词,要求幼儿自己将歌词填入节奏。这是节奏与歌词的同步训练。幼儿运用已掌握的节奏,通过尝试,成功地将歌词与节奏恰当配合,歌曲学习也完成了大部分。

节奏是音乐的表现要素,是歌曲赖以生存的基础,是培养和发展幼儿音乐才能的主要内容之一,因此,应重视幼儿节奏感的培养。教师可以在幼儿日常活动中,在拍拍、走走、跑跑、跳跳等简单的动作中自然地加入节奏的练习,为唱歌时掌握

节奏打下良好的基础。

（四）教（学）唱新歌

1. 整体教唱法

教师范唱后,幼儿从头至尾学唱整首歌曲。这种教唱方法使幼儿能够感受歌曲完整的艺术形象。运用这一方法时,教师应注意多向幼儿提供欣赏歌曲的机会,在此基础上,教师和幼儿一起唱。这种唱法要求幼儿的记忆、思维处于一种积极状态,以促进幼儿学唱的主动性。

2. 分句教唱法

教师范唱一句,幼儿跟学一句。这种形式比较容易学唱,常用于歌曲中的重点和难点乐句。

在实践中,两种方法一般结合运用。小班幼儿理解力较弱,教唱的歌曲比较短小,宜以整体教唱法为主。中、大班幼儿学唱新歌时,教师可以综合运用两种方法,在分句教唱后,再将一首歌曲整体教给幼儿,以使幼儿准确把握歌曲所表达的思想感情。

（五）复习歌曲

在教唱新歌的过程中有反复练习的成分,在复习歌曲的过程中,也有继续学习、不断提高、增加新要求的成分。教师要使幼儿在愉快、有兴趣的状态下复习,避免单调重复。

1. 复习歌曲的组织形式

（1）全体唱。齐声欢唱能够营造一种欢乐的气氛,提高唱歌的兴趣。

（2）部分幼儿唱。组织部分幼儿唱可以使幼儿轮流得到休息,并养成仔细倾听别人唱歌的好习惯。

（3）单独唱。教师应有意识地请幼儿单独唱,逐步使每个幼儿都具有大胆在别人面前唱歌的能力。

2. 复习歌曲的方法

（1）边唱边表演。边唱边表演是幼儿歌唱时最常见的现象,也是幼儿年龄特点的集中表现。让幼儿边唱边表演,可以帮助幼儿记忆歌词、增强节奏感、促进动作的协调、提高表现力,并能引起复习的兴趣。

对点案例

歌曲《小娃娃跌倒了》富于动作感和表现性,歌词为:"路边有个小娃娃跌倒了,哇啦哇啦哭着喊妈妈。我赶快地跑过去,抱起小娃娃呀,高高兴兴送他回了家。"教师在组织幼儿复习这首歌时,鼓励幼儿自己设计动作表现小娃娃跌倒、哭喊的样子,及歌曲中的小朋友快跑过去抱起小娃娃、送娃娃回家的情境。幼儿按顺序做出"跌""哭""跑""抱""送"等动作的同时,进一步熟悉了歌曲的内容。

（2）变换歌唱形式。不同的歌唱形式可以达到不同的歌唱效果,并能增进幼儿唱歌的兴趣。

对点案例

歌曲《小猫你别吵》,歌词为:"喵喵小猫叫,喵喵小猫叫,小猫小猫,你别吵,阿姨昨天上夜班,正在睡觉。小猫点点头,轻轻地轻轻地走开了。"这首歌曲开始可由两组接唱,熟练后可由四人接唱,最后还可由八人接唱,接唱时要求要接得好,像一个人从头到尾唱的一样。

（3）边用教具边唱。在歌唱活动中可运用一些色彩鲜明、形象可爱又便于使用的教具。幼儿边使用教具边唱歌,激发幼儿歌唱的积极性。

对点案例

复习《摇啊摇》这首歌时,教师可拿出一些幼儿喜爱的娃娃,将小椅子当床,当唱第一段歌词时,边唱边抱娃娃摇动。唱第二段歌词时,将娃娃放到小椅子上,用毛巾将娃娃盖好。唱第三段歌词时,轻轻推动当床的小椅子,哄娃娃睡觉。小班幼儿非常喜欢用这种方法来复习这首歌。他们唱时充分体现出对娃娃的关心。盖毛巾时尽量把娃娃放好,不让毛巾遮住娃娃的脸,推动小椅子的动作也很轻,不把娃娃吵醒,像个好爸爸、好妈妈的样子。

（4）玩游戏唱歌曲。在幼儿学会歌曲后,玩游戏唱歌曲可以提高幼儿复习歌曲的兴趣,让幼儿在玩中学,学中玩。

对点案例

歌曲《月亮婆婆喜欢我》,歌词具有情境性,内容为:"月亮婆婆喜欢我,洒下月光把我摸,我走她也走,我停她也停,我走她也走,我停她也停。"教师可以让幼儿扮演月亮婆婆与孩子做游戏,孩子走,月亮婆婆也走,孩子停,月亮婆婆也停。

（5）边唱边画。对于形象鲜明、生动,具有很强的视觉联想效果的歌曲,可通过绘画的方式复习。

（6）为歌曲伴奏。在复习歌曲的过程中,教师可以引导幼儿用拍手、说白、乐器演奏等方式为学过的歌曲伴奏,达到复习、巩固及提高歌曲表现力的效果。

总之,教师要善于观察幼儿的表现,及时总结,并在音准、节奏、感情处理、速度和力度等方面对幼儿提出恰当的要求。

（六）创造性地演唱歌曲

1. 创编歌词

引导幼儿为部分歌曲增编新歌词或改编部分歌词，既能提高幼儿唱歌的兴趣，发展唱歌能力，也利于对其创造力的培养。创编歌词的难度在于新编歌词和原有歌词应基本对韵、对称，内容相对吻合，字数大致相同。教师应选择那些歌词结构整齐、重复较多的歌曲进行练习，由易到难，由少到多，逐步培养幼儿创编歌词的能力。

📖 **对点案例**

如在《我爱我的小动物》这首歌曲中，教师通过引导幼儿创编自己喜欢的小动物的名称及叫声来创编歌词。

《我爱我的小动物》歌词	《我爱我的小动物》创编歌词
我爱我的小鸭，小鸭怎样叫？ 嘎嘎嘎，嘎嘎嘎，嘎嘎嘎嘎嘎。	我爱我的小羊，小羊怎样叫？ 咩咩咩，咩咩咩，咩咩咩咩咩。
我爱我的小猫，小猫怎样叫？ 喵喵喵，喵喵喵，喵喵喵喵喵。	我爱我的小牛，小牛怎样叫？ 哞哞哞，哞哞哞，哞哞哞哞哞。
我爱我的小鸡，小鸡怎样叫？ 唧唧唧，唧唧唧，唧唧唧唧唧。	我爱我的小猪，小猪怎样叫？ 呼噜噜，呼噜噜，呼噜噜噜噜。
我爱我的小狗，小狗怎样叫？ 汪汪汪，汪汪汪，汪汪汪汪汪。	我爱我的小鸟，小鸟怎样叫？ 唧唧唧，唧唧唧，唧唧唧唧唧。

小班歌词创编活动中的注意事项如下。

（1）所选歌曲的音域一般应在六度以内；词曲的结合方式，应一字对一音；曲调的节奏一般应以二分音符、四分音符、八分音符为主；每个乐句，在长度上一般应相等；整首歌曲的长度，一般不应超过八小节，以减轻幼儿学习、掌握的负担。

（2）歌曲的旋律、节奏、歌词中应含有较多的重复成分，每段中最好只含有一种形象或动作，以减轻幼儿记忆、表现的负担。

（3）歌词中所含的词汇，一般应多为名词、动词或象声词，句子的结构应相对简单；创编时，只需幼儿用少数"替换词"来替代原歌词中相应位置上的词汇；一般无须幼儿重新组织句子，以减轻幼儿语言表达的负担。

（4）最初学习时，应多采用在教师的具体帮助下，由某一个幼儿想出相应的形象或词句，集体一起唱出的方法，待比较熟练后，再鼓励幼儿学习独立地唱出新词，以减轻幼儿情绪方面的负担。

（5）教师应特别注意鼓励"参与"精神，对反应较慢、发展暂时滞后的幼儿，教师应给予平等的机会和更加具体的帮助，一般不宜催促，也不应漠视或放弃，以减轻幼儿在自尊、自信成长方面的压力。

中班歌词创编活动中的注意事项如下。

（1）为中班幼儿选择的歌曲音域可以稍宽一些，一般在七到八度之间。

（2）在节奏方面，可以允许有少量的附点音符和十六分音符；在词曲结合的方式上，也可以允许有少量一字两音甚至一字多音的情况。但总的来讲，新因素增加的速度不宜过快，大部分的情况还是应该与小班接近。

（3）在歌词内容方面，可以比小班加入更多的新知识或间接经验。句子中所要求改变的成分也可以比小班稍多，改变的方式也可以比小班稍复杂。

大班歌词创编活动中的注意事项如下。

（1）在材料选择和学习要求上都可以比中班稍难，但仍应谨慎地保持尺度。

（2）教师在新授歌曲时应该尽量教得扎实，以使后面的学习和创编能够在比较完善的审美情境中进行。

（3）在有基础的班级可以考虑逐步加快编唱的速度和提高编唱的独立性要求，以便对能力逐步增长起来的幼儿产生更有力的挑战。

（4）在有合作基础的班级还可以逐步增加合作性的创编活动，以锻炼幼儿的合作能力。如采用中班难度的歌曲，但在学习反应上则要求：教师在弹歌曲的前奏时允许小组讨论、协商，前奏结束时整个小组全体成员必须整齐地一起唱出新编出的歌词等。

2. 创编动作

为歌曲创编动作是唱歌活动中一种常见的创造性的表达方式。好动是幼儿的天性，他们喜欢在唱歌的同时，用动作来补充歌曲的内容和情感。随着音乐的律动，或者是将歌词内容用动作来表达。为歌曲创编动作可以增强幼儿的节奏感、促进幼儿动作的协调能力、丰富歌曲的表现力，并能引起幼儿参与、表现、创造的强烈兴趣。教师在平时的活动中，应该有意识地启发幼儿在平时的生活和学习中多观察、多感受，积累感性经验，帮助幼儿学会用动作表达事物及情感，并且在音乐活动中适当地进行一些基本动作的练习，帮助幼儿积累动作语汇，以使幼儿在创编动作时能充分发挥创造力。

📖 **对点案例**

抓关键词，巧设提问，发挥联想，合理地创编动作

每首歌曲都是一首优美的诗歌，每首歌曲都蕴含着一个深刻的含义。儿童歌曲也是如此，它们尽管短小，作者却凭借着对中华汉字、词语的精辟运用，点石成金，与音乐完美地结合，创作出了一首首经典的儿童歌曲。而这些精辟的、起到画龙点睛作用的词便称为关键词或者重点词。在创编律动时,教师可巧用提问的方式,抓住歌曲中的关键词,引导幼儿创编丰富的动作。

中班歌曲《国旗飘飘》就是一首深受教师和幼儿喜爱并广为传唱的儿童歌曲,歌曲中的关键词是"太阳照照""国旗飘飘""星星闪耀""红花开""小朋友欢笑"等。确定了关键词后,教师再巧设提问加以引导。如"太阳在哪里?——天上。""怎样用动作表现?"幼儿就会情不自禁地双手上举或斜上举。"太阳是什么动态呢?——照照。""怎样表现'照'呢?"幼儿可以自由发挥,如可以手指抓握或颤动手腕表现照耀,可以手臂波浪从上位或斜上位滑至旁平位或下位,也可以双手抱肩表现沐浴阳光,等等。"怎样表现'欢笑'呢?"幼儿可以通过实际的观察生动地表现平时欢笑的神态、表情和动作,也可以利用舞蹈动作如跑跳、踏步摆臂、甩头等表现"欢笑"。贴近幼儿生活的创编活动,使创编出来的律动合情合理、丰富多彩,同时也提高了幼儿自主创编动作的积极性和主动性,使动作的创编在本质上有了提高。

创编动作的注意事项如下。

(1)日常生活中注重积累幼儿的感性经验。

(2)有意识地让幼儿积累动作表象。

(3)给幼儿自主创编的机会。

3. 创编伴奏

在幼儿的音乐学习中,歌曲配器是指由教师引导、组织幼儿用集体讨论的方式,选择适当的节奏型及合适的乐器,为幼儿熟悉的歌曲或乐曲设计伴奏的一种活动形式。教师也可以引导幼儿用身体乐器如拍手、跺脚、拍腿、拍肩等为歌曲创编伴奏,丰富和提高幼儿对歌曲的艺术表现力。在创编伴奏的过程中,幼儿在讨论选择适合的乐器和节奏型的时候,合作能力不断增强、思维能力不断拓展。

如在大班幼儿歌唱《我心爱的小马车》时,教师可以让幼儿运用小乐器为歌曲配器,以此丰富幼儿对歌曲内容和情绪的进一步理解,如用双响筒表现马蹄声,用串铃表达愉快的心情等。幼儿通过配器演奏,更加感受到歌曲欢快热烈的情绪及配器带来的愉悦的气氛。

案例评析

案例一 中班唱歌活动：小树叶

设计意图

秋天是一个充满诗意的季节，在这个季节里，孩子们感受最深的就是秋风吹起时飞舞的树叶。为了让孩子们更好地感知秋天树叶的变化，教师开展了以"秋天的树叶"为主题的一系列活动，其中包括捡落叶。孩子们对小树叶为什么会落下来充满了好奇，不少孩子会问："小树叶离开了妈妈它会哭吗？会很伤心吗？"由此教师组织开展了音乐活动"小树叶"。用声音的轻重和节奏的快慢表现歌曲是唱歌的基本技巧之一。歌曲《小树叶》有两段歌词，分别表现小树叶离开树妈妈和明年再来打扮树妈妈的不同情感，正好可以运用这些唱歌技巧来表现歌曲。对于中班上学期的幼儿来说，如果只利用听觉学习这样的技巧，可能会比较单一，所以在教学中教师使用了哭脸和笑脸的树叶指偶向幼儿传达不同的歌唱声音，从而帮助他们学习控制声音轻重和节奏快慢。

活动目标

1. 学唱歌曲《小树叶》，理解歌词内容。
2. 能利用声音的轻重和节奏的快慢来表现歌曲。
3. 感受小树叶爱妈妈的情感。

活动准备

钢琴伴奏、CD 或 MP3 播放器；秋天挂图、小树叶贴纸若干、树叶指偶、大树头饰。

活动过程

1. 熟悉歌曲旋律。
听《小树叶》歌曲，幼儿随音乐旋律模仿树叶飘落的动作慢慢走进教室。
2. 讲故事，理解歌曲内容。
（1）出示背景图、手偶，创设拟人的故事情境，以"配音乐、讲故事"的形式引导幼儿完整感受歌曲旋律，熟悉歌词（图 2−2）。
师：秋风起来啦，秋风起来啦，小树叶离开了妈妈，飘呀飘呀飘向哪里？心里可害怕？
师：小树叶是怎样回答的？我们一起来听一听。
小树叶沙沙沙沙沙沙沙，好像勇敢地说话，春天春天我会回来，打扮树妈妈。

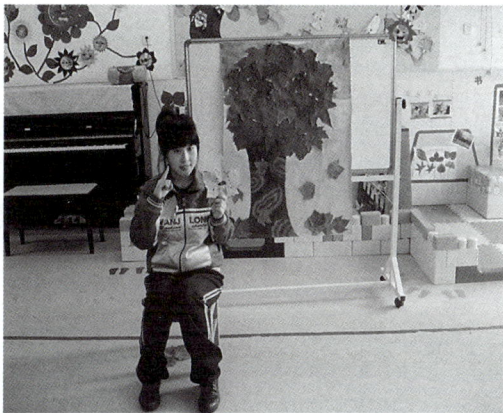

图 2-2 配音乐、讲故事

中班唱歌活动：小树叶

（2）提问。

师：秋天到了，秋风一吹，小树叶怎么了？（① 飘呀飘呀飘向哪里？② 心里可害怕？）

师：秋风一吹，小树叶会发出什么样的声音？（沙沙沙。）

小树叶都说了些什么话？

（3）引导幼儿完整有节奏地说歌词。

师：我们一起当小树叶来讲一讲这个故事。

师：我们拍着小手再来说一次，听听哪片小树叶讲的故事最动听。

3. 学唱歌曲。

（1）教师轻声范唱，帮助幼儿进一步理解歌曲内容。

师：故事里还藏了一首好听的歌，一起来听一听歌里都唱了些什么？

师：刚才你听到歌里都唱了什么？

（2）幼儿完整跟唱歌曲。

师：我们一起来当小树叶，来唱唱这首歌。（引导幼儿分段演唱，用不同歌声表达两段歌词的不同情感。）

组织幼儿讨论怎样处理两段歌词的不同情感，如第一段要轻柔，表现小树叶离开妈妈时悲伤的情感；第二段要快而有力，表现小树叶的勇敢、高兴（图 2-3 至图 2-5）。

图 2-3 表现高兴

图 2-4 表现悲伤

师：当小树叶离开妈妈时，心情是怎样的？（悲伤、不高兴、难过。）我们要用什么样的声音来演唱？（轻柔、悲伤。）

师：到了明年春天，小树叶又可以来打扮树妈妈时，是什么心情？（勇敢、高兴、开心。）用什么样的声音来表现？（快而有力的，高兴的。）

师：我们一起再来完整演唱一次《小树叶》，注意要用不同的声音来表现。

（3）男孩、女孩分组演唱。

4. 音乐游戏"小树叶"。

（1）表演唱歌曲《小树叶》。

师：老师来扮演大树妈妈，你们来扮演小树叶，一边唱歌一边来表演，看看哪一片小树叶表演得最棒，声音最好听！

（2）再次表演唱歌曲《小树叶》（图2-6）。

图2-5　幼儿表现

图2-6　表演、唱歌

师：小树叶刚才表演得很棒，可是大树妈妈都没有听见小树叶唱歌时那好听的声音，这一次小树叶要大声地唱出来，让大树妈妈听到。

5. 自然结束。

师：请小树叶一片跟着一片，到外面来打扮大树妈妈。

活动评析

本次活动设计以"小树叶"的心情转化为主线。在引出歌曲时，教师问："一片小树叶从大树上落下来，离开了树妈妈。它现在的心情怎样？"有的幼儿说："它会哭。"有的说："它很伤心。"有的说："它很害怕。"……小朋友们纷纷说出了小树叶离开妈妈时的悲伤心情。教师再次引导："我们还学小树叶伤心地唱歌呢。小树叶现在那么伤心，你想对它说什么呢？"为了引起幼儿的共鸣，表达对小树叶的关心和同情，请每个幼儿对小树叶说一句好听的话："你要加油！""要勇敢！""别哭，我和你做好朋友。"……教师说："在我们的关心和爱护下小树叶真的变勇敢了，让我们一起跟着小树叶勇敢地唱歌。听，歌声那么有力、动听！"

亮点一：《小树叶》是一首优美的歌曲。教师把情感目标定位在"感受小树叶爱妈妈的情感"上，为了让幼儿感受这一情感，教师采用的方法是配合曲调所进行的肢体动作表演和根据歌词内容展示的丰富表情。在教师的带动下,幼儿表现积极,以热情饱满的情绪表现"小树叶"爱妈妈的情感。从最后的"造型"上看,教师的引导取得了积极的效果。

　　亮点二:教师没有刻意地去教幼儿学唱歌曲,而是自己有感情地演唱,在唱了两遍之后,幼儿自己就能区分出这首歌可以划分为两段,当时一个幼儿抢着说:"老师,分两段。""为什么呢?""第一段比较害怕,第二段比较高兴。"可见,通过教师的示范,幼儿获得了最直观的认识。教师和幼儿边唱边游戏,幼儿在玩耍中就掌握了歌曲,而且他们还乐此不疲,并且在表演时并不乱,这说明这一过程设计得符合幼儿的特点。

　　亮点三:歌曲《小树叶》唱起来很美,幼儿非常喜欢,因此教师把它用到了"一日活动组织音乐"中,幼儿显得特别高兴。在户外游戏和做早操时,捡小树叶成了孩子们的一大爱好,他们都愿意让教师分享他们的快乐:"老师,你看小树叶,我和小树叶做游戏啦!""老师,小树叶要找妈妈了!"说着跑了起来。可以看出"小树叶"在影响着孩子们,相信他们会比"小树叶"做得更好。

　　但在整个活动过程中,对难点问题,教师应注意解释和引导。歌曲《小树叶》中有一个难点:"明年春天我会回来,打扮树妈妈。"如何帮助幼儿理解这句歌词呢?小树叶落下来化作了肥料,树妈妈从中吸取了养料,明年春天又长出了新的叶子……这是一种抽象的知识,而幼儿的思维是具体形象的,那如何帮助幼儿理解这句歌词,使幼儿投入感情来演唱呢?教师通常会采用比较简单的做法,即只用一种比较欢快的情绪带动幼儿的情绪,这会导致幼儿在演唱歌曲时有所疑惑。为解决这一问题,可以带幼儿到户外做实验:请幼儿捡落叶,并将落叶埋在树下,过一段时间再去观察那腐烂的树叶,来理解肥料,理解"打扮树妈妈"这句歌词。我们相信,幼儿在理解的基础上再唱这首歌曲,一定会唱得声情并茂。

资源包

为此活动制作的教具(图2-7至图2-11)。

图2-7　"大树妈妈"背景

图2-8　"小树叶"贴纸

图 2-9　"大树"头饰　　　图 2-10　"小树叶"指偶(开心)　　　图 2-11　"小树叶"指偶(难过)

(辽宁大连　王帅)

案例二　中班唱歌活动:买菜

设计意图

《纲要》指出:要为幼儿"提供自由表现的机会,鼓励幼儿用不同艺术形式大胆地表达自己的情感、理想和想象,尊重每个幼儿的想法和创造,肯定和接纳他们独特的审美感受和表示方式,分享他们创造的快乐"。幼儿平时在唱歌时总愿意带动作表演,而且还和其他小朋友一起来创编动作造型。4—5 岁的幼儿对创编、合作表演是非常感兴趣的。因此,教师设计了"买菜"这一活动,目的是先让幼儿运用不同的打节奏的方法熟练歌曲,再让幼儿根据歌曲的内容来合作创编动作,体验合作创编的乐趣。

活动目标

1. 复习歌曲《买菜》。
2. 能根据歌曲内容合作创编动作。
3. 体验合作创编的乐趣。

中班唱歌活动:买菜

活动准备

鸡蛋、青菜、母鸡、鱼、萝卜、黄瓜、西红柿、蚕豆、毛豆、小豌豆的图片;各种打击乐器人手一份;《买菜》歌曲光盘或 MP3,音乐播放器。

活动过程

1. 复习歌曲《买菜》。

(1) 幼儿随音乐拍手打节奏演唱歌曲。

师:前两天,我们一起学习了一首歌曲《买菜》,我们一起来唱好吗?

（2）引导幼儿用身体其他部位拍打节奏进行演唱。

师：小朋友,刚才我们拍手打着节奏演唱歌曲,想一想,还可以拍哪儿?

师：除了拍自己的腿,还可以拍谁的腿?

（3）用打击乐器给歌曲伴奏(图2－12)。

师：老师请小朋友选一种自己喜欢的乐器来给歌曲伴奏。

2. 引导幼儿边唱歌曲边做动作。

（1）引导幼儿说出歌曲内容并出示图片。

师：小朋友,谁能说说歌曲里都唱的什么菜?可以用什么动作来表示?

图2－12　用打击乐器伴奏

（2）幼儿随音乐带动作演唱歌曲。

3. 幼儿根据歌曲内容,分三组合作创编动作演唱歌曲。

（1）每组选一种菜,一起创编这种菜的动作造型。

师：小朋友,你们随意选一种菜,做出这种菜的样子。

（2）分组演唱歌曲。

师：现在,咱们要分组演唱歌曲,老师唱前面,各种菜由小朋友来唱,轮到唱哪种菜,那一组的小朋友就合作摆出这种菜的动作造型,并把它唱出来,最后一段合唱。

（3）幼儿重新选择一种菜继续合作演唱。

4. 经验梳理:体验合作的乐趣。

师：小朋友在今天的合作中表现得非常好,一起合作高兴吗? 回家后也可以和家人一起合作表演。

活动评析

"买菜"是一次音乐活动,为了让幼儿能根据歌曲的内容创编出相应的动作,在此活动之前,教师让幼儿学会唱这首歌曲并掌握歌曲的内容,并将本次活动的目标定为:

1. 复习歌曲《买菜》。

2. 能根据歌曲内容合作创编动作。

3. 体验合作创编的乐趣。

在活动的准备上,教师为幼儿准备了打击乐器,歌曲中各种菜的图片等。在活动开始时,教师引导幼儿用自己的身体作乐器来给歌曲配伴奏。第一遍演唱歌曲,教师让幼儿用平时常用的拍手来打节奏,在此基础之上启发幼儿还可以利用身体的其他部位打出节奏,幼儿能开动自己的脑筋,说出可以拍自己的腿、拍旁边小朋友的腿、拍肩膀、拍肚子等。下一个环节,教师让幼儿尝试用自己想出的各种拍节奏的方法尝试演唱歌曲,并让幼儿选择自己喜欢的乐器为歌曲伴奏。幼儿对此非常感兴趣,热情极高,能够有节奏地进行唱歌活动。然后,教师让幼儿说出歌曲里有什么菜,幼儿说出一种,教师就展示一张相对应的图片,并让幼儿做出这张图片的动作造型。这样每个幼儿都可随音乐边唱歌曲边做动作,充分发挥了想象力,并创编出了与别人不同的动作。本次活动的目标之二是幼儿能根据歌曲内容合作创编动作。为此,教师将幼儿分为三组,每一组选一种菜,并合作做出这种菜的动作造型。在这个环节中,幼儿富有想象力,有的趴,有的蹲,有的站,各种姿势都有,并能随音乐分组演唱歌曲,唱到哪种菜,该组的小朋友就做出这种菜的动作造型,并把它唱出来。之后每一组再换一种菜继续分组演唱,最后幼儿做的动作越来越形象,幼儿非常高兴。

本次活动,幼儿积极性很高,对音乐的理解加深了许多,达成了活动目标。活动中需要注意的是,在开始环节,教师应适时地引导幼儿拍打不同的节奏型,这样在幼儿用身体不同部位拍打节奏时,会随着节奏拍打,取得较好的效果,幼儿在教师的提示之下,能够随着自己拍打的节奏来唱歌。

幼儿学会唱歌固然重要,更重要的是通过一次活动让幼儿体验到音乐带给他们的乐趣,让幼儿在活动中充分地感受音乐,并体验到创编合作带来的乐趣。

(辽宁大连　徐景)

案例三　大班唱歌活动:小黑眼儿和小白眼儿

设计意图

先前有一次叫作"奇妙的叶子"的主题活动,涉及了有关茶文化和茶馆文化的内容。一位茶艺师为孩子们深入浅出地讲解了工夫茶,孩子们认识了茶具,并实地泡茶、品茶,觉得很新奇,也非常感兴趣。四川的茶文化历史悠久,具有浓郁的地方特色,作为四川本地人应该责无旁贷地传扬四川的文化,因此,以《小黑眼儿和小白眼儿》这首歌曲为载体,根据大班幼儿的年龄特点及该年龄阶段幼儿对打击乐器的理解和掌握程度,教师设计出本次以音乐为主线的多元智能综合发展的活动。借此,希望孩子们既加深对四川茶馆文化的了解,又能够认识和运用四川民间乐器"四川盘子",从听、说、看、动手操作、表演等方面体会音乐的魅力,获得情绪上的满足,完善个人性格中轻松幽默的一面。

活动目标

1. 理解歌曲内容,尝试用四川方言说衬词,熟悉后可进行创编。

2. 认识四川特有的民间乐器——四川盘子。学习运用不同的乐器打出节奏"××""×××",理解齐奏和独奏。

3. 初步了解四川茶馆文化,感受音乐表现出的诙谐幽默。

活动准备

打击乐器:玻璃杯、盖碗、陶瓷杯、四川盘子、镲、串铃、筷子、塑料搅拌棍等;各种类型茶馆的照片、四川特色老茶馆的视频片段。

活动过程

1. 活动引入:节奏的训练。

通过做游戏调动幼儿的积极性。

（1）师:小朋友喜欢吃水果吗? 你们喜欢吃什么水果呀?

师:我们用一个"拍手接龙"的小游戏来说出自己喜欢吃的水果,好吗? (引出第一个节奏型"×××",要求在拍出节奏后说出两个字的水果名。)

教师和几个幼儿示范(你喜欢吃什么水果? ××苹果,××橘子,××香蕉……)

大家一起做游戏。

（2）师:在班上你们有没有非常好的朋友? 他叫什么名字?

师:我们一起用拍手接龙的游戏说出好朋友的名字,好吗? (引出第二个节奏型"×××",要求在拍出节奏后说出三个字的幼儿名字。)

教师和几个幼儿示范。(你的好朋友/是哪位? ×××朱子轩,×××陈逸男,×××刘可凡……)

大家一起做游戏。

2. 欣赏《小黑眼儿和小白眼儿》。

此环节的意义在于与幼儿一起探寻、体会茶馆文化,帮助幼儿梳理以往的经验。其次是引导幼儿体会歌曲中人物情绪的变化,体会社会交往中不同人的不同情绪表现,帮助幼儿树立正确地看待问题的观念,教师要强调积极的、正面的情绪感受。

（1）播放《小黑眼儿和小白眼儿》的音乐,幼儿欣赏一遍。

教师介绍歌曲背景,与幼儿探讨喝茶的文化。

师:这首歌里面也有一对好朋友,他们可不是去买水果吃,他们去哪儿啦?

幼:茶馆。

师:小朋友去过茶馆没有? 你去的茶馆是用什么杯子喝茶的?

幼:玻璃杯,盖碗,陶瓷杯……

出示各种茶馆的照片及不同的茶具,丰富幼儿的具象认知。

师:歌曲里面的那对好朋友本来是高高兴兴去喝茶的,后来遇见了一件麻烦事,是什么事呢?

幼:打碎了人家的茶碗。

师:如果你们打碎了人家的茶碗,心里会怎么想呀? 会做出什么表情呢? 后来应该怎么办呢?

幼:(回答)。

（2）通过解析,幼儿再欣赏一遍音乐。

3. 进行打击乐练习。

这一环节主要是在上一环节用手拍节奏的基础上,结合本次活动的内容运用乐器进行分合奏,并打破以往常规,运用各种器皿进行打击乐训练,给幼儿展现一种富有创新的模式。同时,引导幼儿认识四川民间乐器——四川盘子。

（1）出示乐器:四川盘子、玻璃杯、陶瓷杯、盖碗、镲、串铃、筷子。

介绍以上乐器及其用法。四川盘子是四川特有的一种民间乐器,杯子是结合本次主题活动的特定设置。

（2）分配角色。运用打击乐器将幼儿分为"小黑眼儿""小白眼儿"两部分,说白分为"顾客""老板"两部分。

①"小黑眼儿"使用四川盘子,节奏为××,第1、2小节。

②"小白眼儿"使用玻璃杯、陶瓷杯、盖碗,节奏为×××,第3、4小节。

③ 齐奏,第5—8小节。

④ "顾客"使用镲后,用四川话说"老板,喝茶哦!"

⑤ "老板"使用串铃后,用四川话说"哎,来咯!"

⑥ 齐奏,第9—12小节。

⑦ "小白眼儿"使用玻璃杯、陶瓷杯、盖碗,节奏为×××,第13、14小节。

⑧ "小黑眼儿"使用四川盘子,节奏为××,第15、16小节。

⑨ "顾客"使用镲后,说白:"嘟个办喃?"

⑩ "小黑眼儿"使用四川盘子,节奏为××,第17、18小节。

⑪ "小白眼儿"使用玻璃杯、陶瓷杯、盖碗,节奏为×××,第19、20小节。

⑫ "小黑眼儿"使用四川盘子,节奏为××,第21、22小节。

⑬ "老板"使用串铃后,说白:"哼!赔茶碗儿哦!"

⑭ 齐奏,最后一个小节。

4. 结束部分。

该环节旨在激发幼儿创编说白部分的灵感,以创编作为延伸活动。

教师小结,播放在四川老茶馆进门—落座—吆喝—点茶—上茶—喝茶过程的视频,重点关注顾客与老板之间的对话。

资源包

小黑眼儿和小白眼儿

(四川绵阳 项玲)

岗位对接

● 项目一 活动方案设计与模拟试讲

以行动学习小组为单位,分别选择不同年龄阶段唱歌教学内容,设计活动方案,准备玩教具,在班级进行模拟试讲。

● 项目二 教学评价能力训练

针对各组模拟教学,以小组为单位,练习评价课程。为学生准备好白板、卡片等,采用头脑风暴式教学,分享学习成果。最后教师点评。

国考聚焦

笔试部分：活动设计

1. 题目:围绕"过新年",为中班幼儿设计主题活动,应包含三个子活动。(考试时不提供素材,为便于学生结合岗位实际进行训练,本教材提供相关素材。)

2. 要求:

(1) 写出主题活动的总目标。

(2) 写出一个子活动的具体活动方案,包含活动的名称、目标、准备和主要环节。

(3) 写出另外两个子活动的名称、目标。

素材

中班主题活动:过新年

1. 主题背景介绍

春节是我国最盛大的传统节日,它承载着人们"团圆、关爱、希望、幸福"等美好愿望。春节过后,孩子们一个个身穿崭新的衣服来到幼儿园,也带来了对于春节的许多感受和疑问。"我有许多红包。""春节妈妈买了许多好吃的东西。""为什么要拜年?""为什么见面时要说祝贺语?""为什么过年到处都是红色的?"等等。开展"过春节"这一主题活动,不仅可以让幼儿交流过春节的经验,还可以对其进行传统文化教育。

2. 小资料"春节的风俗"

春节,顾名思义就是春天的节日。春天来临,万象更新,新一轮播种的季节又要开始,人们有足够的理由载歌载舞来迎接这个节日。在千百年的历史发展中,形成了一些较为固定的风俗习惯,有许多传习至今,如扫尘、贴春联、贴窗花和倒贴"福"字、守岁、爆竹、拜年等。

在农业社会里,大约自腊月初八以后,一家人就要忙着张罗过年的食品了。因为腌制腊味所需的时间较长,所以必须尽早准备。我国许多省份都有腌制腊味的习俗,其中又以广东省的腊味最为著名。蒸年糕也是较为常见的过年习俗。年糕因为谐音"年高",再加上有着变化多端的口味,几乎成了家家必备的应景食品。年糕的式样有方块状的黄、白年糕,象征着黄金、白银,寄寓新年发财的意思。

真正过年的前一夜叫团圆夜,离家在外的游子不远万里赶回家来,全家人围坐在一起包饺子过年。饺子的做法是先和面做成饺子皮,再包上馅儿,因为和面的"和"字就是"合"的意思;饺子的"饺"和"交"谐音,"合"和"交"又有相聚之意,所以用饺子象征团聚合欢;又取更岁交子之意,非常吉利;此外,饺子因为形似元宝,也带有"招财进宝"的吉祥含义。一家大小聚在一起包饺子,话新春,其乐融融。

3. 童谣《过年》

小孩,小孩,你别馋,过了腊八就是年。腊八粥过几天,哩哩啦啦二十三。二十三,糖瓜粘,二十四,扫房子,二十五,做豆腐,二十六,去割肉,二十七,宰年鸡,二十八,把面发,二十九,蒸馒头,三十晚上熬一宿,大年初一扭一扭。

4. 歌曲《新年好》

新 年 好
HAPPY NEW YEAR

参考教案

活动名称

中班艺术领域唱歌活动:新年好

新年好

活动目标

1. 喜欢参加唱歌活动,感受新年幸福快乐的氛围。(情感)

2. 在理解歌词的基础上学唱歌曲,初步感受$\frac{3}{4}$拍的节拍特点。(认知)

3. 结合歌曲内容用自己喜欢的方式创造性地表现歌曲。(能力)

重点难点

活动重点:学唱歌曲,理解歌词内容并初步感受$\frac{3}{4}$拍的节拍特点。

活动难点:能用自己喜欢的方式创造性地表现歌曲。

活动准备

1. 物质准备:歌曲音乐;雪花形状节奏图谱。
2. 经验准备:幼儿提前了解新年的含义,积累不同方式表现歌曲的经验。
3. 环境准备:师幼共同布置的"过新年"主题环境。

主要环节

1. 经验导入,发声练习。(谈话法,练习法。约5分钟。)

(1)幼儿观察活动室环境布置,说说自己都是怎样过新年的。

师:小朋友们看一看我们的教室和平时有什么不同?为什么?原来是要过新年了。你在过新年的时候会做些什么呢?

(2)结合儿歌《放鞭炮》进行发声练习。

2. 倾听音乐,感知歌曲节奏。(练习法、多感官参与法、节奏朗诵法,约10分钟。)

(1)倾听音乐,初步了解歌曲内容。

(2)教师出示雪花形状节奏图谱,运用奥尔夫声势教学法引导幼儿初步感知$\frac{3}{4}$拍的节拍特点。

(说、拍手、踩脚、扭屁股等。)

(3)幼儿有节奏地朗诵歌词并尝试改编歌词,感受$\frac{3}{4}$拍乐曲的活泼、欢快。

师:过新年时唱歌跳舞是什么心情?我们可以用什么样的声音和表情来表现这种心情?除了唱歌跳舞,你能试着把其他庆祝新年的方式也用这样的节拍说出来吗?

3. 多种形式学唱歌曲。（示范法、练习法，约 8 分钟。）

（1）教师范唱，引导幼儿一边打节奏一边跟唱。

（2）幼儿跟随音乐尝试边打节奏边唱。

（3）幼儿用多种形式练唱歌曲，感受新年幸福快乐的氛围。

① 一领众合演唱。② 幼儿分组演唱。③ 全体演唱。

4. 创编动作，创造性地表现歌曲。（表演法，约 8 分钟。）

幼儿自由分组，两两配对为歌曲创编动作，用自己喜欢的方式创造性地表现歌曲，互送新年祝福。

活动延伸

1. 延伸至语言活动：说说我的新年愿望。

2. 延伸至美工区：制作新年礼物。

3. 延伸至亲子活动：和爸爸妈妈一起继续改编和表演歌曲。

子活动（略）

（辽宁大连　黎诩　韩凤媛）

拓展练习：说课训练

根据设计的上述教案，就活动内容、目标、方法、过程设计等进行说课，要求语言规范，条理清晰，逻辑性强，表达流畅。

说课参考：

本次活动为中班艺术领域唱歌活动"新年好"，接下来我将从活动内容、目标及重点难点、过程及方法等方面进行说课。

首先，说活动内容。

主题活动"过新年"适合中班。幼儿喜欢过年，所以今天我综合幼儿园的五大领域，以及教学、游戏、生活三大活动类型设计了三级主题网络图，其中包括三个子主题：1. 我长大了；2. 快乐过新年；3. 新年新气象。在主题开展的过程中我还将结合幼儿的兴趣需要生成相应的活动。今天我选择"快乐过新年"中的唱歌活动"新年好"来展开以艺术领域为主、社会领域为辅的综合教学活动。

艺术是人类感受美、发现美、创造美的重要形式，中班幼儿喜欢唱唱跳跳，对音乐的节拍、节奏较为敏感，愿意参加唱歌、律动、表演等活动，教师应引导幼儿多接触各类音乐作品，并鼓励幼儿用自己的方式感受和表达。本首歌曲为 $\frac{3}{4}$ 拍，表现的是新年到来之际的欢乐场景，旋律简单，节奏鲜明，情感朴实真挚，具有生活化、趣味性的特点，适合幼儿进行节奏练习、歌唱和表演，有助于提升幼儿的艺术感知能力和艺术表现能力。综上，我设计了本次活动。

其次，说活动目标及重点难点。

根据《指南》《纲要》、本次活动的内容及中班幼儿的知识经验，我确定了三个维度的目标。

1. 喜欢参加唱歌活动,感受新年幸福快乐的氛围。

2. 在理解歌词的基础上学唱歌曲,初步感受$\frac{3}{4}$拍的节拍特点。(这是本次活动的重点,依据音乐的特点制订。)

3. 结合歌曲内容用自己喜欢的方式创造性地表现歌曲。(这是本次活动的难点,依据幼儿音乐感知和表现水平制订。)

接下来,说活动准备。

为了达成活动目标,最大程度地支持幼儿的学习,满足幼儿音乐感知、艺术表现等活动的需要,我做了以下准备。

1. 物质准备:歌曲音乐;雪花形状节奏图谱;新年相关图片。

2. 经验准备:幼儿提前了解新年的含义,有用不同方式表现歌曲的经验。

3. 环境准备:师幼共同布置的"过新年"主题环境。

接下来,说活动过程及方法。

为确保三维目标的立体推进,结合歌曲及中班幼儿特点,我将情境化教学理念融入其中,设计了四个环节。

环节一,经验导入,发声练习。

"小朋友们看一看我们的教室和平时有什么不同?为什么?原来是要过新年了。你在过新年的时候会做些什么呢?"

教师通过提问引出幼儿关于过年的经验,并结合儿歌《放鞭炮》的发声练习引导幼儿快速进入情境,激发幼儿对唱歌活动的兴趣。主要运用谈话法、练习法,用时约 5 分钟。

环节二,倾听音乐,感知歌曲节奏。分为三个步骤。

步骤一,倾听音乐,初步了解歌曲内容。教师播放歌曲音乐,请幼儿说说都听到了什么。

步骤二,教师出示雪花形状节奏图谱,运用奥尔夫声势教学法引导幼儿初步感知$\frac{3}{4}$拍的节拍特点。(示范)教师通过奥尔夫声势教学法中"回声"的策略与幼儿进行互动,带领幼儿用说、拍手、跺脚、扭屁股等不同方式,在玩儿的过程中逐步熟悉$\frac{3}{4}$拍的节拍特点。这一步骤中运用了视、听、说、动等多种方式,提升了活动的趣味性。

步骤三,幼儿有节奏地朗诵歌词并尝试改编歌词,感受$\frac{3}{4}$拍乐曲的活泼、欢快。"过新年时唱歌跳舞是什么心情?我们可以用什么样的声音和表情来表现这种心情?除了唱歌跳舞,你能把其他庆祝新年的方式也用这样的节拍说出来吗?"结合歌曲内容,教师鼓励幼儿自主发现$\frac{3}{4}$拍乐曲活泼、欢快的风格,并尝试简单改编,使幼儿在熟悉歌词的同时进一步把握节奏特点,为后续演唱及用多种方式表现歌曲做好铺垫。

本环节主要运用练习法、多感官参与法、节奏朗诵法,初步突破重点和难点,时间大约为 10 分钟。

环节三,多种形式学唱歌曲。分为三个步骤。

步骤一,教师范唱,引导幼儿一边打节奏一边跟唱。

步骤二,幼儿跟随音乐尝试边打节奏边唱。在这里,幼儿尝试将歌词、旋律、节奏、强弱等音乐要素结合起来,在完整演唱歌曲的同时更全面地感知歌曲。

步骤三,幼儿用多种形式练唱歌曲。教师针对幼儿的个体差异和实际情况提出不同的要求,如一领众合演唱、分组演唱、全体演唱等。

这一环节运用了多种歌唱形式,在情境中围绕着活动目标依难度层层递进,具有趣味性和灵活性,同时满足了不同水平幼儿的学习需求,体现了幼儿的主体性。这一环节主要通过示范法、练习法等进一步突破重点,时间大约为 8 分钟。

环节四,创编动作,创造性地表现歌曲。

幼儿自由分组,两两配对为歌曲创编动作,用自己喜欢的方式创造性地表现歌曲,互送新年祝福。教师鼓励幼儿将表情、单人动作、双人配合动作等融入表演当中,有能力的幼儿还可以为刚刚改编的歌词创编动作,教师不做过多的干预,在欢乐自由的氛围中自然结束本次活动。

本环节引导幼儿在与同伴互动的过程中有创造性地表现歌曲,体会新年幸福快乐的氛围,达成情感目标,并进一步突破难点。主要运用表演法,用时约 8 分钟。

最后,说活动延伸。

1. 延伸至语言活动:说说我的新年愿望。

2. 延伸至美工区:制作新年礼物。

3. 延伸至亲子活动:和爸爸妈妈一起继续改编和表演歌曲。

《纲要》中指出,教师是幼儿的支持者、合作者、引导者,本次活动我真正做到了以幼儿为主体,在情境中开展教学,通过奥尔夫声势教学法突破了活动的重点难点,通过师幼互动,幼幼互动很好地实现了活动目标。

（辽宁大连　黎诩　韩凤媛）

面试部分

1. 题目:《国旗多美丽》

2. 内容:

（1）弹唱歌曲。

（2）模拟面对幼儿教唱歌曲。

3. 基本要求:

（1）弹唱歌曲。

① 完整、流畅地弹奏,节奏准确。

② 有表情地歌唱,吐字清晰,把握音准音高。

（2）模拟面对幼儿教唱歌曲。

教唱的方法基本契合 5—6 岁幼儿的特点,能激发幼儿的兴趣,适合幼儿的能力水平。

（3）请在 10 分钟以内完成上述任务。

国旗多美丽

常 瑞词
谢白倩曲

1 = D 2/4

(13 55 | 6 5 | 6 23 | 1 -) | 5 i | 5 3 | 1.2 34 |

1. 国旗　国旗　多美
1. 国旗　国旗　多美

5 － | 5 i | 5 3 | 4 31 | 2 － | 3. 4 | 56 5 |

丽，　　天天　升在　朝霞　里，　小 朋 友 们
丽，　　五颗　星星　照大　地，　祖 国 前 进

6 65 | 3 － | 1.3 55 | 6 5 | 6 23 | 1 － ‖

爱 祖 国，　　向着国旗 敬 礼，敬 个 礼。
我 长 大，　　我 向国旗 敬 礼，敬 个 礼。

主要考核目标：

主要考核考生弹唱的基本技能、了解幼儿组织教育活动的能力等。

参考答案与评分说明：

基本要求(2)，如能表情亲和自然地范唱；通过表情、语言、动作、图片等带动幼儿理解歌曲内容，注重师幼互动；在难点(学习附点节奏，把握音准，如第3小节，第9小节，第12小节)处能重复教唱，分句示范等。

拓展阅读

● 阅读一　学前儿童唱歌活动的年龄阶段目标

(一)小班

(1) 学习用正确的姿势、自然的声音唱歌，并基本做到吐字清楚、唱准曲调和节奏(音域在 C^1—a^1 之间)。

(2) 能跟着歌曲的前奏整齐地开始和结束。

(3) 在有伴奏的情况下，能独立地、基本完整地演唱熟悉的歌曲。

(4) 能初步理解和表现歌曲的形象、内容和情感。

（5）在教师的帮助、引导下，能够为熟悉、短小、工整而多重复的简单歌曲增编新的歌词。

（6）喜欢自己唱歌，也喜欢与同伴一起唱歌，并能注意使自己的歌声与集体相一致。

（二）中班

（1）能用正确的姿势、自然的声音唱歌，并做到吐字清楚、唱准曲调和节奏（音域在 C^1—b^1 之间）。

（2）在有伴奏的情况下，能独立而完整地唱歌，并初步学会接唱和对唱。

（3）在集体唱歌活动中能够注意控制自己的音色，使自己的歌声与集体的声音相协调。

（4）能学习用不同的速度、力度和音色变化来表现歌曲的形象、内容和情感。

（5）能够为熟悉、短小、工整而多重复的简单歌曲增编新的歌词，并能尝试独立地将新编的歌词填入曲调中唱出。

（6）喜欢自己唱歌，也喜欢在集体中唱歌，并能大胆地、独立地在集体面前表演。

（三）大班

（1）能用正确的姿势、自然美好的声音歌唱，并能正确地表现歌曲的节奏、旋律和歌词（音域在 C^1—C^2 之间）。

（2）在没有伴奏的情况下，也能独立而完整地演唱，并初步学会领唱、齐唱、轮唱和简单的两声部合唱。

（3）能用不同的速度、力度和音色变化来表现歌曲的形象、内容和情感，能注意到歌曲的字、词及乐句的变化，较恰当地表现不同性质、风格的歌曲的意境。

（4）能够为熟悉而多重复的歌曲增编新的歌词，并能即兴地独立地将新编的歌词填入曲调中唱出。

（5）喜欢歌唱，能大胆地、独立地在集体面前演唱，并能在集体中尝试用不同的合作表演形式歌唱。

● 阅读二 幼儿园歌唱教学常见问题与应对策略

近年来，个别幼儿园有意无意地缩减了唱歌、律动、舞蹈、欣赏等能力培养的时间。针对歌唱教学中的实际问题，我们研究、总结、提炼出以下对策。

（一）歌唱教学常见问题

（1）用录音代替范唱，幼儿难以听辨歌词。

（2）教师清唱时要么速度过快，要么吐字不清。

（3）教师的范唱缺乏美感，不能以情动人。

（4）分句教唱，割裂了歌词的连贯性和整体性。

（二）应对策略

（1）教师应培养自己歌唱的兴趣，掌握歌唱技巧和节奏。

（2）把握歌曲的性质，尽量准确地表现歌曲。

（3）教师要养成唱歌不喊叫的习惯，并潜移默化地感染幼儿。

（4）教师要随时提醒幼儿轻声歌唱，因为轻声唱易发头声，而且轻声唱只是声带边缘振动，不易疲劳；大声唱易发胸声，而且幼儿的注意力不容易集中在学习上。

（5）尽量采用整体跟唱的方法，对于重点、难点的乐句，教师要适当地范唱或教唱。

（6）不唱幼儿已喊叫成习惯的歌。

（7）教师应会为幼儿歌唱正确地定调。

（8）歌唱前节奏应稳定地拍击四次再进入歌唱,以便使幼儿有充分的思想准备。

（9）组织声乐活动前,要拖湿地板,开窗通风。

（10）不要在户外唱歌,以免呛风或气管受到刺激直接影响到声带健康。

● 阅读三　幼儿英语亲子音乐活动教案

幼儿英语亲子音乐活动教案一

活动名称

Hello!（哈喽!）

活动目标

1. 锻炼幼儿能够运用简单对话和外界交流,培养幼儿的交往能力。
2. 使幼儿会用英文"Hello"问好。

活动准备

音乐、卡片"Hello"。

活动过程

妈妈用手指着电话,告诉幼儿这是一部电话。妈妈让电话的铃声响起,吸引幼儿的注意力。

妈妈拿起听筒说:"喂,Hello!"把听筒放到幼儿嘴边和对方打招呼。

妈妈可以说:"你找谁? Who is speaking? 你找××（宝宝的名字）啊?"把听筒放到幼儿耳边让幼儿说话。

妈妈和幼儿一起学唱歌曲《Hello!（哈喽!）》

资源包

Hello!
（哈喽!）

1＝C 2/4

```
5 │ 5 3 5 │ 5 3 5 │ 6 5 4 3 │ 2. 4 │ 2. 4 │ 2. 5 │ 6 5 4 2 │ 1 - ‖
Hel-lo!  Hel-lo!  Hel-lo! How are you? I'm fine  I'm fine,  I hope that you are, too.
哈 喽!   哈 喽!   哈 喽! 你好 吗?  我很好  我很好,  我 希望 你也 好。
```

幼儿英语亲子音乐活动教案二

活动名称

This is the way（就是这样）

活动目标

1. 能够根据歌词做动作。
2. 喜欢玩音乐游戏。

活动准备

音乐《This is the way》。

活动过程

1. 和幼儿玩游戏,当妈妈说"wash my face"时,做洗脸的动作,让幼儿模仿。以此类推(刷刷牙、梳梳头等)。

2. 妈妈演唱歌曲并带上动作让幼儿模仿。

3. 游戏反复进行,可以有不同的动作。

资源包

This is the way
（就 是 这 样）

1=C 6/8

| 1 1 1 1 | 3 | 5 | 3 | 1. | 2 2 2 2 | 2. | 7 | 6 | 5. |

This is the way I wash my face, wash my face, wash my face.
就 是 这 样 我 洗 洗 脸, 洗 洗 脸, 洗 洗 脸。

| 1 1 1 1 | 3 | 5 | 3 | 1 | 1 | 2 | 2 | 5 6 7 | 1. | 1. |

This is the way I wash my face, so ear—ly in the morning.
就 是 这 样 我 洗 洗 脸, 早 点 起 床 不 偷 懒。

幼儿英语亲子音乐活动教案三

活动名称

Are you sleeping?（你还在睡觉吗?）

活动目标

喜欢做音乐游戏。

活动准备

音乐《Are you sleeping?》。

活动过程

1. 幼儿仰卧在地板上,可闭上眼睛(close the eyes)。

2. 爸爸、妈妈与幼儿一边欣赏音乐《Are you sleeping?（你还在睡觉吗?）》一边抬高幼儿的双手,上下左右摇动幼儿数次。妈妈抬高幼儿的双脚,前后左右摇动幼儿数次。

资源包

Are You Sleeping?
（你还在睡觉吗?）

$1 = C$ $\frac{4}{4}$

1	2	3	1	1	2	3	1	3	4	5	–	3	4	5	–
Are	you	sleep–ing,		are	you	sleep–ing,		Broth–er	John,			Broth–er	John?		
还	在	睡	觉,	还	在	睡	觉,	小	约	翰,		小	约	翰?	

5	6	5	4 3	1	5	6	5	4 3	1	1	5̣	1	–	1	5̣	1	–
Morn–ing	bells	are	ring–ing.		Morn–ing	bells	are	ring–ing.		Ding,	dong,	ding.		Ding,	dong	ding.	
晨	钟	已	经 敲	响.	晨	钟	已	经 敲	响.	叮	当	叮.		叮	当	叮!	

幼儿英语亲子音乐活动教案四

活动名称

My little baby（我的小宝宝）。

活动目标

能够听音乐,模仿做一些动作。

活动准备

音乐《My little baby》。

活动过程

和幼儿面对面坐,唱英文歌曲《My little baby》。在这个过程中,用幼儿的名字代替歌曲中的宝宝,还可以根据音乐做一些动作。观察幼儿是否会模仿你的动作。也可把幼儿抱在自己的怀里用中文演唱。

资源包

My little baby
(我的小宝宝)

1 = D 4/4

1	1 2 3	3 3	2 1 2 1	1 -	3	3 4 5 5 5	4 3 4 3	3 -
My	lit-tle ba-by is	go-ing to sleep.			My	lit-tle ba-by is	go-ing to sleep.	
我	的 小 宝宝	快要睡 了。			我	的 小 宝宝	快要睡 了。	

5	-	1	-	5	-	1	-	3	-	2	-	1	- - -
Bay		lo,		bay		lo,		go		to		sleep.	
摇		啊,		摇		啊,		快		睡		吧。	

幼儿英语亲子音乐活动教案五

活动名称

Mary had a little lamb (玛丽有只小羊羔)。

活动目标

能倾听成人唱歌。

Mary had a little lamb

活动准备

音乐《Mary had a little lamb》。

活动过程

1. 当幼儿做游戏时,唱歌给他听,歌曲的内容就是幼儿正在做的活动。尽可能唱出幼儿的名字或玩具。

2. 给幼儿唱英文歌曲《Mary had a little lamb》,幼儿欣赏。

资源包

Mary had a little lamb
(玛丽有只小羊羔)

$1 = C$ $\frac{2}{4}$

3. 2 1 2 | 3 3 3 | 2 2 2 | 3 5 5 | 3. 2 1 2 | 3 3 3 | 2 2 3 2 | 1. 0 ‖

Ma-ry had a   little lamb, little lamb, little lamb. Ma-ry had a   little lamb, it's fleece is white as snow.

玛 丽 有 一只小羊羔,   小羊羔,   小羊羔。   玛 丽 有 一只小羊羔,   它的毛儿雪 一样白。

幼儿英语亲子音乐活动教案六

活动名称

I'm a little teapot(我是小茶壶)。

活动目标

1. 喜欢听成人唱歌。
2. 能够跟随音乐做动作。

活动准备

茶壶图片或实物、英文单词卡片"teapot"。

活动过程

1. 在照料幼儿生活时,唱歌给他听。如给幼儿换尿布、穿衣服、洗澡时,都可以唱歌给他听。不管何时何地,尽可能唱出幼儿的名字。

2. 给幼儿看茶壶图片或实物,让他看看茶壶是什么样的。

3. 给幼儿唱歌曲《I'm a little teapot》(我是小茶壶),让幼儿跟随音乐自由做舞蹈动作。

I'm a little teapot

资源包

I'm a Little Teapot
（我是小茶壶）

1 = C 2/4

1 2 3 4	5 i̇	6 i̇	5 -	4 4 4

I'm a little tea - pot, short and stout. Here is my

我 是 一 个 小茶壶， 矮 又 胖。 这 是 我

3 3	2 2 2	1 -	1 2 3 4	5 i̇

han - dle, here is my spout. When I get all steamed up,

的 把， 这 是 我 的 嘴。 当 我 沸 腾 了，

6 i̇	5. 5	i̇. 6	5 5 4	3 2	1 -

hear me shout, just "tip me o - ver and pour me out."

听见 我 大叫， 就 把 我 倾 斜，再 把我 倒 出来。

幼儿英语亲子音乐活动教案七

活动名称

Who are you?（你是谁？）

活动目标

喜欢唱英文歌曲，知道自己的英文名字。

活动准备

音乐《Who are you?》。

活动过程

1. 和幼儿玩游戏"你是谁"，让他说出自己的名字。
2. 给幼儿唱英文歌曲《Who are you?》，让幼儿欣赏。
3. 音乐游戏：大人唱前半句，幼儿唱后半句（自己的英文名字）。

资源包

Who are you?
(你是谁?)

$1 = D \frac{2}{4}$

5 3 3	4 2 2	1 2 3 4	5 5 5 5
Who are you?	Who are you?	I am Rainy.	How do you do?
你 是 谁?	你 是 谁?	我 是 雨。	你 好 吗?

5 3 3	4 2 2	1 3 5 5	1 1 1
Who are you?	Who are you?	I am Windy.	How do you do?
你 是 谁?	你 是 谁?	我 是 风。	你 好 吗?

幼儿英语亲子音乐活动教案八

活动名称

Good – bye friends (再见吧,朋友)。

活动目标

1. 喜欢听音乐。
2. 懂得用英文"Good – bye"表示"再见"的意思。

活动准备

单词卡"Good – bye"、音乐。

活动过程

1. 和幼儿一起演唱歌曲《Good – bye friends》。
2. 告诉幼儿,和好朋友分开时要说"再见"。
3. 大人演唱歌曲,幼儿欣赏。

资源包

Good-bye friends
（再见吧，朋友）

1 = C 3/4

5 6 5	i 7 -	5 6 5	2 1 -

Good - bye   to   you!   Good - bye   to   you!

再　见　吧，　朋　友！　再　见　吧，　朋　友！

5 5 3	i 7 6	4 3 1	2 1 -

Good - bye,   dear   friends!   I'll   see   you   a-gain.

再　　见，　亲爱的　朋　友！　我们　会　再　见　面。

音乐教育除了非常注重道德和社会目的外，必须把美的东西作为自己的目的来探究，把人教育成美的善的。

——柏拉图

学前儿童韵律活动的设计与指导

- 了解幼儿园韵律活动的教育内容及各年龄班韵律活动的教育要求。
- 理解学前儿童韵律动作发展的特点,并能够根据其特点实施教育。
- 掌握学前儿童韵律活动的教学方法,并能够在活动中灵活运用这些方法。
- 能设计幼儿园韵律活动方案,并初步具备组织幼儿园韵律活动的能力。

在中央电视台第三频道《舞蹈世界》节目中曾发生过一件有趣的事情:在众多精彩的舞蹈表演后,主持人从观众席中把一个 5 岁的小女孩请到舞台上,询问了她的年龄和名字后,又问她是否喜欢跳舞。小女孩回答:"喜欢。"主持人就说:"那你能给大家跳个舞吗?"小女孩随即伸开两臂,上下扇动,像蝴蝶一样边飞边转圈,当她转了几圈后似乎还不尽兴,她于是告诉主持人说:"我还创造了芭蕾舞。"主持人一听,这小女孩真厉害,还创造了自己的芭蕾舞,便对小女孩说:"给大家表演一下你的芭蕾舞好吗?""好的。"小女孩回答后,就跳起来了:她把两臂向两侧伸开,两条腿分开使劲向上跳,落下后双脚立即并拢,这样反复了几次,逗得大家直笑。于是,主持人宣布小女孩跳的舞蹈就叫"阳阳跳"(小女孩叫阳阳)。

一个 5 岁的小女孩想跳芭蕾舞,她知道什么是芭蕾舞吗? 幼儿如何学习舞蹈? 幼儿在韵律活动中动作发展的特点是什么? 我们该如何教他们进行韵律活动? 通过本单元的学习,大家将会对这些问题有比较完整的了解和把握。

基础理论

　　韵律活动在幼儿园的音乐活动中占有极为重要的地位。在幼儿音乐活动中，音乐与身体动作常常是不可分割的，正如"体态律动学"的创始人达尔克罗兹所说："音乐教育应从身心两方面同时入手去训练儿童，让儿童从刚开始接触音乐起，不仅学习用听觉感受音乐，同时学习用整个肌体和心灵去感受节奏的疏密、旋律的起伏、情绪的变化。只有在身心两方面都真正投入到音乐中去，内心对音乐的感受理解才可能是精确的、生动的，由此而产生的动作才可能是一种真正充满生命律动的体态。"可见，随音乐进行的身体活动即韵律活动，不仅是幼儿学习音乐、学习舞蹈，体验和表达情感最自然的方式，也是学前儿童音乐教育的一项极其重要的内容（图3-1、图3-2）。

图 3-1 幼儿舞蹈表演
（大连高新区中心幼儿园）

图 3-2 幼儿舞蹈表演
（大连高新区中心幼儿园）

　　学前儿童韵律活动就是幼儿随音乐而做出的各种有节奏的身体动作。韵律活动可以使幼儿在情绪上、心理上获得满足，并让幼儿获得一定的快乐。韵律活动可以促进幼儿多方面的发展，这是因为：① 韵律活动是通过动作来感受音乐作品的节奏美的，因此能有效地培养与发展幼儿的节奏感。② 幼儿期正处在动作发展的重要时期，利用韵律活动学习练习各种动作，能有效地提高平衡能力，使动作协调发展。③ 在随不同风格、特点的音乐做出相应的动作时，幼儿辨别音乐性质的能力会大大提高，从而进一步理解音乐的表现手段。④ 幼儿在随音乐形象有节奏地做身体动作时，头脑中便会出现相关事物的思维和想象，因此，可以促进幼儿想象力、表现力和创造力的发展。

一　学前儿童韵律活动能力的发展特点

　　韵律活动能力是指在音乐的伴奏下以协调的身体动作来表现音乐形象的能力。韵律活动能力的发展既依赖于一定的动作技能的发展，又需要一定的音乐感受能力、理解能力和表现能力。学前儿童韵律活动能力的发展有一定的过程，体现出以下年龄阶段的特点。

（一）小班

（1）3岁初期,幼儿听到自己喜爱或熟悉的音乐时,往往会自发地跟着音乐拍手、跺脚,但这种自由的身体动作并不能做到与音乐完全合拍,音乐常常只是一种背景。

（2）3岁以后,随着幼儿音乐活动机会增多,特别是经过幼儿园良好的教育,幼儿逐步发展到能够根据音乐的特点,努力使自己的动作与音乐节奏相一致。大多数幼儿能自如地运用手、臂、躯干做各种单纯动作,如拍手、摆臂、点头、踏脚等。

（3）由于受神经系统协调性发展的局限,小班幼儿平衡及自控能力还较差,所以容易掌握幅度较大的上肢动作,而对细小的、上下肢联合的动作掌握起来还有一定的困难。

（4）3岁的幼儿在韵律活动中的动作表现往往是以自我为中心的,他们不善于运用动作与同伴配合,交流共享。

（5）这时期的幼儿能随音乐用自己想出来的动作模仿和表现日常生活中熟悉的具体事物,如动物、植物、自然现象、劳动工具、交通工具等;能用动作来表现自己的情感体验。

（二）中班

（1）能自如地随着音乐的变化调节自己的动作,如快、慢、轻、重等。

（2）能够较自如地做一些下肢的连续动作,如跑步、跳步,同时上下肢联合的动作也逐步得到发展。

（3）这一年龄阶段幼儿已经开始注意运用动作与同伴合作、交流。如在集体韵律活动中,他们会自动调节位置,不与他人碰撞而共享空间,会和同伴合作表演,还会主动邀请同伴共舞等。

（4）能进行简单的创编活动,如用动作表现他们熟悉的事物、表达他们的情绪。

（三）大班

（1）动作进一步精细,可以做身体、躯干动作到精细的手臂－手腕－手指动作,如"采茶"的动作,模仿成人缝衣服的动作等。

（2）上下肢配合协调,能做上下肢联合的较复杂的动作,如"新疆集体舞""绸带舞"。

（3）能随音乐的速度和力度的变化较灵敏地做动作,同时能自如地表现音乐的节奏、节拍,如八分音符、十六分音符、切分节奏及三拍子的节奏等。

（4）创造性表现音乐的能力进一步增强。如在同样的音乐、同样的主题内容活动中,他们会努力地用自己已有的表达经验创造尽可能与别人不同的动作,并追求姿态与动作的美感。

总而言之,学前儿童韵律活动能力的发展受到生理器官和心理过程相互作用的影响,并且每一个个体都体现出较大的层次类别和表现差异。因此,我们要针对不同年龄层次、不同发展水平、不同个性特点的幼儿进行循序渐进的引导和教育,这可以更好地帮助幼儿逐步积累一定的艺术动作语汇,体会并享受用基本的动作语汇进行自我表达的乐趣。

二 各年龄班韵律活动的教学要求

学前儿童韵律活动的具体要求,是根据学前儿童艺术教育的目标、任务和学前儿童动作发展特点,以及韵律活动特有的教育规律提出来的。要了解各年龄班韵律活动的教学要求,首先要把握幼儿园韵律活动的总体要求。

(一)幼儿园韵律活动的总体要求

(1)能够感知、理解韵律动作所表现的内容、情感和意义,理解音乐、道具在韵律活动中的作用,知道如何运用空间因素进行创造性的动作表现。

(2)能够体验并努力争取做出与音乐相协调的韵律动作,喜欢探索和运用道具及空间知识,并在与他人合作的动作表演活动中获得交往、合作的快乐。

(3)能够自如地运用自己的身体动作进行再现性和创造性表现,并在合作的韵律活动中自然地运用动作、表情与他人交往、合作。

(二)幼儿园各年龄班韵律活动的具体要求

1. 小班

(1)能按音乐节奏做简单的上肢和下肢的大动作,并能随音乐的变化而变换动作。

根据小班幼儿韵律动作能力发展的特点,在为小班幼儿选择韵律动作时,开始应分别以上肢或下肢的大动作为主,稍后再选用一些上下肢联合性的动作,但不能复杂。上肢的大动作如拍手、叉腰、挥动手臂;下肢的大动作如走、跑、跳;联合性的动作如边走边拍手,边跑边平举双臂做开飞机状,边跳边上举屈肘做兔跳或青蛙跳,边小碎步移动边双臂上下摆动做出小鸟飞等。

(2)学会一些简易的基本动作、模仿动作。

小班幼儿应掌握的基本动作有拍手、点头、扭腰、摆臂、走步、跑步、踩脚、蹦跳步、踏步等。模仿动作包括:模仿日常生活的动作有睡觉、起床、穿衣、刷牙、洗脸、洗手、梳头等动作;模仿成人劳动的动作有开火车、开飞机、开汽车、拔萝卜、绕毛线等;模仿动物的动作有鸟飞、猫走、兔跳、小鸡吃米、小鱼游水等动作;其他模仿动作有打鼓、吹喇叭、开枪、开炮、拍皮球、骑木马等。

(3)学习简单的歌表演、集体舞蹈和音乐游戏。

歌表演是边唱边表演,它实际上是小班幼儿的舞蹈。集体舞是幼儿用来自娱和交谊的集体性的舞蹈形式。集体舞不受队形限制,集体做同一动作,可站成单圆圈,由一个或几个幼儿站在圈中做邀请者。小班幼儿可选择简单的集体舞。另外,为小班幼儿选择的音乐游戏应角色鲜明、情节有趣、动作相对简单,是幼儿易学、爱玩的,能吸引所有幼儿都参与到音乐游戏中来。

2. 中班

(1) 能够跟着音乐节奏做上下肢联动的小动作,并能随音乐变化较自如地改变动作。如"采果子"律动,不仅需要上肢做出手腕转动的摘果子动作,还需要下肢配合做踵趾小跑步,同时还要做到手眼一致,上下肢协调。

为进一步培养幼儿对音乐的感受能力及动作的协调性,还可要求幼儿能随音乐的明显变化,甚至是逐渐变化而较自如地改变动作及动作的速度、力度。

(2) 学会一些稍复杂的模仿动作,基本舞蹈动作和集体舞。喜欢参加音乐游戏,初步体验创编一些简单韵律动作的乐趣。

中班幼儿可掌握的模仿成人活动的动作有洗手绢、摘果子、乘飞船等;模仿动物的动作有大象走、小狗跳、青蛙捉虫、小鸭戏水、蝴蝶飞舞、小熊走等。稍复杂的基本舞步有踵趾小跑步、踏点步、踏跳步、垫步等。

在歌表演方面,中班幼儿在歌唱时要能配以形象的动作、姿态和表情,来表达自己对歌曲内容的理解和感受。

3. 大班

(1) 能较准确地按音乐节奏做一些较精细、稍复杂的韵律动作。

在小、中班的基础上,要求大班幼儿做一些比较精细的动作,如织布、挤奶、织渔网、缝衣服等;能比较随意地根据需要变化上肢和躯干的动作速度和幅度,如骑马、划小船等,还能做出更加复杂、更加协调的联合动作,如孔雀开屏、天鹅跳舞、龟爬、猴耍等;能学会一些复杂的舞步,如跑跳步、进退步、弹簧步、十字步、跑马步、华尔兹步等。

(2) 学习表演具有创造成分的、队形有变化的舞蹈及音乐游戏和韵律动作组合。

对于大班幼儿,教师可选择一些富有创造成分的、动作稍复杂并且队形有变化的舞蹈及一些音乐游戏、韵律组合供幼儿练习。

三　韵律活动的教育内容与组织

学前儿童韵律活动的教育内容一般包括四个方面:节奏活动,律动和舞蹈,歌表演,音乐游戏。

(一) 学前儿童节奏活动

韵律活动主要是通过语言或动作来发展学前儿童的节奏感,帮助学前儿童更好地体验和感受音乐作品的节奏美,从而培养学前儿童动作的节奏感和规律性,培养学前儿童的审美情操。

节奏是音乐的骨骼和灵魂。德国作曲家、儿童音乐教育家卡尔·奥尔夫提出"节奏第一"的理念,认为"音乐构成的第一要素是节奏,而不是旋律。"强调要结合语言节奏、动作节奏来训练和培养儿童的节奏感。

1. 语言节奏

通过语言活动来进行节奏训练,是韵律活动很重要的一种形式,它简便易做,很受幼儿喜爱。一般有人名节奏、水果名称节奏、动物名称节奏、日常用品名称节奏、儿歌节奏等。

(1) 人名节奏的练习,具体做法如下。

幼儿依次边打节奏边说自己的名字,也可以由第一个幼儿说第二个幼儿的名字,第二个幼儿说第三个幼儿的名字,以此类推,最后一个幼儿说出第一个幼儿的名字。幼儿边打节奏边说名字,无论是两个字的单名,还是三个字的双名,都可以表现出丰富、生动的节奏来。例如:

$\frac{2}{4}$ X　X ｜ X X X ｜ X X O ｜ X X X ｜ X X X ｜ X X X ｜ X O X O ｜ X O X ｜

X. X X ｜ O X X ｜ X X. X ｜ O X X X ｜ O X O X ｜ O X X O ｜ X O X ｜ X. X ‖

$\frac{3}{4}$ X － X ｜ X － X ｜ X O X ｜ X O X ｜ X X － ｜ X X － ｜

X － O X ｜ X － O X ｜ X X X ｜ X X X ｜ X X O X ｜ X X O X ｜

X O X X ｜ X O X X ｜ O X O X O X ｜ O X O X O X ｜ X X. X ｜ X X. X ‖

$\frac{4}{4}$ X － X X X ｜ X － X － X ｜ X X X X － ｜ X － X － X ｜

X X O X ｜ X. X X － ｜ X X X X X X ｜ X. X X － － ｜

O X O X X － ｜ X － － X X ｜ O X O X O X ｜ X － － X. X ‖

在以上的节奏中,从节拍上看,有 $\frac{2}{4}$、$\frac{3}{4}$、$\frac{4}{4}$ 拍,从节奏上看有二分音符、四分音符、八分音符,还有附点音符、切分音和弱起小节的音。对于幼儿来说,其中一些节奏是难以做到的,但利用人名这种方式来练习,增加了幼儿的兴趣,调动了幼儿的积极性,这无疑给练习带来了很大的帮助。另外,人名节奏的练习,不仅培养了幼儿的节奏感,还可以增进幼儿之间的友谊,增强幼儿的自信心,因为幼儿都喜欢被教师或其他小朋友称呼自己的名字,因此用人名进行节奏练习可以充分满足幼儿这一愿望。

利用人名还可以进行多声部的节奏练习,以培养幼儿的节奏感、协调能力和多声部听觉能力及注意力、记忆力。多声部节奏练习要由易到难、由简到繁,循序渐进地进行。

例如:

$\frac{2}{4}$ 拍

X X | X. X | X X X | O X X | X X O | X X. | X X O | O X O X ‖

$\frac{3}{4}$ 拍

X X O | X — X | X O O O X | X O X | O X O O X | X X. X ‖

$\frac{4}{4}$ 拍

X — X — | X X — — | X — — X | O X X X | X — X X | X O X O X X ‖

多声部的节奏练习要根据幼儿的年龄水平及能力发展水平,灵活地组织二声部、三声部甚至四声部、五声部的人名节奏练习。

(2)水果名称、动物名称、日常用品名称的节奏练习。

用水果名称、动物名称、日常用品名称进行节奏练习,除了可以培养幼儿的节奏感外,还可以帮助幼儿认识这些事物,进一步丰富幼儿的社会常识和科学常识。

进行节奏练习的方法基本上同人名节奏的练习方法。

(3)儿歌节奏的练习。

儿歌是幼儿园语言教育活动的一种重要形式。在韵律活动中,儿歌以它自身特有的节奏魅力显现出独特的风格。一些节奏鲜明、形象生动、朗朗上口的儿歌更是语言节奏练习的好材料,很受幼儿欢迎。

例如:　　　　　　一二三四五六七

一二三四五六七,

七六五四三二一,

七个阿姨来摘果,

七个花篮手中提,

七个果子摆七样:

苹果、桃子、石榴、柿子、李子、栗子、梨。

(李晋瑗编游戏)

这首儿歌可以用多种方式来练习节奏。

① 手拍固定拍,口诵儿歌。

② 手拍节奏,口诵儿歌。

③ 将上述①、②结合起来,进行两声部练习。

④ 以"轮唱"的形式分组朗诵儿歌,可以同时结束,也可以不同时结束。

⑤ 手拍固定拍或节奏,口诵儿歌,最后一句分成两组,轮流说出果子的名称,最后一种"梨"两组同时说,要求协调、整齐。

⑥ 同上述⑤,只是在最后一句时,分成六组,各说一种果子名称,最后一种

"梨"大家同时说,要求协调、整齐。

⑦ 口诵儿歌,幼儿手执不同打击乐器,分别按节拍、节奏或新设计的节奏型进行敲击伴奏。

有些儿歌还可以采用音乐中"变奏"的手法加以变化,来训练幼儿的节奏感。

资源包

三 轮 车

陈惠龄 设计

X X X	X X X	X X X X	X X X
三 轮 车,	跑 得 快,	上 面 坐 个	老 太 太,

X X X	X X X	X X X X	X X X
要 五 毛,	给 一 块,	你 说 奇 怪	不 奇 怪?

(变奏1)

X X X	X X X X	X X X X X	X X X
三 轮 车,	跑呀跑得快,	上 面 坐了一个	老 太 太,

X X X	X X X X X	X X X X X	X X X
要 五 毛,	她给了一块,	你 说 奇 怪 奇 怪	不 奇 怪?

(变奏2)

X. X X	X X X X X	X. X X. X	X X X X X
三 轮 车,	跑得快,跑得快,	上 面 坐 个	老呀老太太,

X. X X	X X X X X	X. X X X X X	X 0
要 五 毛,	给一块给一块,	你 说 奇 怪 不 奇	怪?

2. 人体动作节奏

在音乐活动中,学前儿童常常用身体动作来表现音乐作品,表达自己的情绪和情感,正如瑞士音乐教育家达尔克罗兹所认为的,人们对音乐的感受不仅反映在心理上,同时也反映在身体上。因此,在学前儿童的韵律活动中,我们可以引导学前儿童通过人体这个天然的打击乐器,发出多种美妙的声音,像拍手、拍肩、拍腿、跺脚、捻指、弹舌等,有很多歌曲就运用这些形式帮助学前儿童进行人体动作的节奏练习。

资源包

头、肩膀、膝盖、脚

1 = C 4/4

```
5.  6 5 4 | 3 4 5  5 - | 2 3 4  - | 3 4 5  - |
头   肩 膀 膝 盖 脚,     膝 盖 脚,    膝 盖 脚,

5.  6 5 4 | 3 4 5  - | 2 2 5 5 | 3 3 1  - ‖
头   肩 膀 膝 盖 脚,     眼 睛 耳 朵  鼻 子 嘴。
```

在演唱这首歌曲的时候,可以两手有节奏地拍身体的相应部位,比如拍头、拍肩、拍膝盖、跺脚、拉耳朵等。熟练以后可以增加速度,越唱越快,还可以增编新的歌词,如拍手、跺脚、扭扭腰,脚跟脚跟抬抬抬。

除了用歌曲进行人体节奏活动外,最常用的人体节奏活动还有节奏模仿和节奏应答。

节奏模仿是幼儿模仿教师的人体节奏动作,或幼儿之间相互模仿。具体做法一般是,教师有节奏地说:"请你跟我这样做。"幼儿有节奏地回答:"我就跟你这样做。"随后,教师做一个动作幼儿模仿一个动作。模仿的动作可以是拍手、拍腿、踏脚、拍肩、抱胸、叉腰、点头、响指、弹舌、提脚跟、踢脚尖等,可供模仿的节奏型如下。

模仿节奏:

$\frac{4}{4}$ X X X X | X — X — | X X X X X X | X — X — |

X. X X. X X X | X — X X | X X X X X X | X X X X |

X X X X X | X X X X X — | X 0 X 0 | 0 X 0 X X — |

X X X — X | X X X X X | X X X X 0 | X X X X X ‖

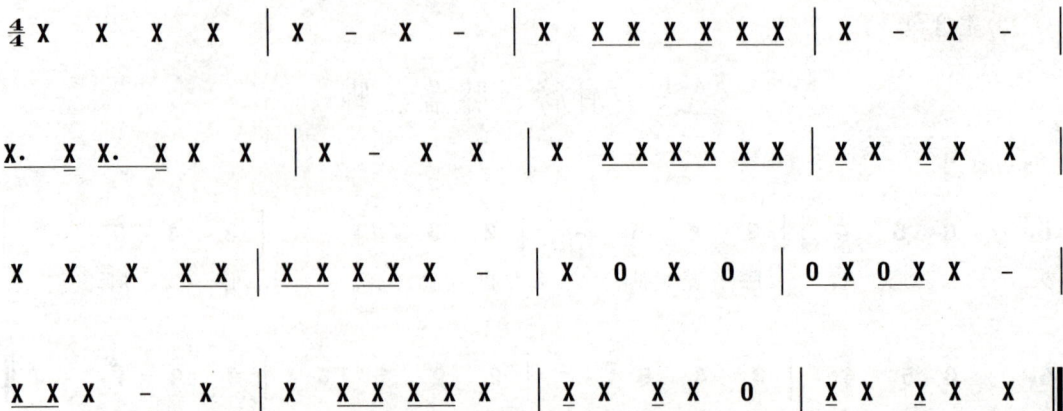

节奏应答是人体节奏活动的另一种形式,它是由教师拍出一个节奏,幼儿以拍数相同的另一种节奏来"应答"的活动。如教师拍出一种节奏共二拍,那么幼儿也必须拍出二拍,但节奏必须与此不同,这样就会产生出多种不同的拍法。幼儿除了用拍手的动作拍出节奏应答外,还可以用其他的人体动作如拍腿、跺脚、捻指、弹舌等来应答。

例如,应答节奏:

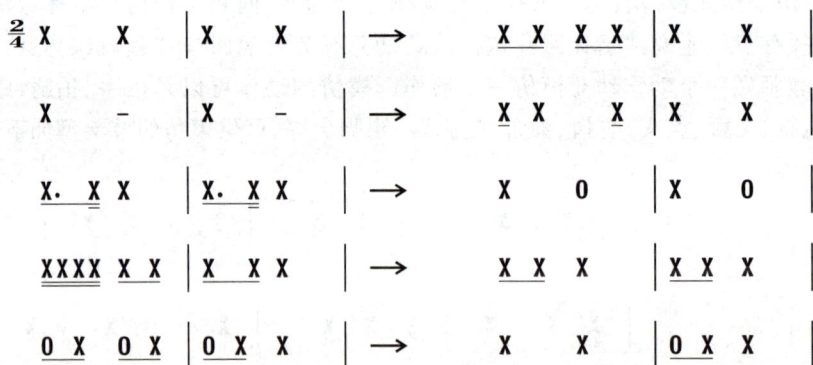

$\frac{2}{4}$ X X | X X | → X X X X | X X |

X — | X — | → X X X X | X |

X. X | X. X X | → X 0 | X 0 |

X X X X X X | X X X | → X X X | X X X |

0 X 0 X | 0 X X | → X X | 0 X X |

在节奏应答活动中,幼儿既要看清教师的节奏动作,还要听清节奏节拍,然后即兴应答,因此,在此项活动中,幼儿的观察力、记忆力、思维力、想象力和创造力都能得到相应的发展。可以说,节奏应答活动,除了能培养幼儿的节奏感外,还能很好地促进幼儿智力的发展,是一项非常好的活动。

人体节奏动作还可以相互配合进行多声部的节奏练习,也就是说把拍手、拍腿、跺脚、弹舌等不同的动作按声部结合起来,效果也是非常好的。

3. 节奏读谱

这是匈牙利音乐教育家柯达伊在进行节奏训练时所发明和使用的一种工具。在幼儿园的音乐教育活动中可以借鉴使用一些代表节奏时值的音节,这些音节不是音名,而只代表时值,这样,幼儿就很容易按照正确的节奏来读唱音型。

节奏活动是学前儿童音乐教育活动不可忽视的重要内容,教师要不失时机地对学前儿童进行节奏训练,以促进学前儿童身体动作的协调发展。

（二）律动和舞蹈

1. 律动

律动是在音乐的伴奏下进行的身体动作，一般以基本动作和模仿动作为主。律动是舞蹈的基础，是学前儿童舞蹈最基本的组成部分，通过律动的训练，可以发展舞蹈动作的正确性、连贯性和协调性、优美性并引起儿童对音乐的兴趣（图3－3）。在学前儿童音乐教育活动中，律动常常作为一种组织教学的手段，如进出活动室时学前儿童可以随音乐做不同的律动，或者在课间运用律动来调节课堂气氛，达到动静交替，消除疲劳的目的。

（1）学前儿童律动常用的基本动作一般有：头、肩、臂、手指、腿、脚的活动，以及由走、跑、跳跃等组成的各种简易步法。

（2）学前儿童律动常用的模仿动作有如下五种。

① 动物的动作，如鸟飞、兔跳、鱼游、大象走等。

② 人们劳动的动作，如摘果子、划船、开汽车、播种等。

③ 自然界的现象，如风吹、植物生长、下雨等。

④ 游戏中的动作，如拍球、跷跷板、荡秋千等。

⑤ 日常生活中的动作，如洗脸、刷牙、梳头、洗衣等。

（3）学前儿童律动的音乐要求。

① 律动音乐应该节奏鲜明，形象性强，能引起学前儿童活动的兴趣和愿望。律动动作和律动音乐的关系密不可分，节奏、形象性强的音乐便于学前儿童用动作表现。

图3－3　幼儿舞蹈表演——小交警
（大连高新区中心幼儿园）

② 学前儿童律动的音乐速度不宜太快。因为学前儿童缺乏快速动作的能力，特别是对于年龄小的孩子，开始时应当尽量让音乐去适合他们自身的节奏特点，逐步提高孩子们感受音乐和理解音乐的能力，慢慢地转变为儿童能主动地使自己的动作合上音乐的节奏、节拍和速度。

③ 律动音乐不必一个动作固定一首曲子，可以交替使用情绪、风格相类似的曲子，以帮助幼儿从整体上把握音乐的性质，提高对音乐的感受能力。例如，鸟飞的动作就可以选用不同节拍的曲子，可以是 $\frac{2}{4}$ 拍，$\frac{3}{4}$ 拍或 $\frac{4}{4}$ 拍。

④ 可采用"一曲多用"的方法。所谓一曲多用，是指曲调不变，但通过改变音区、节奏、力度、速度以表现不同的形象。如原来是普通走步的音乐，若提高几度音并加上许多跳音就适合做兔跳了；若降低音区，放慢速度，增强力度，又可变成熊走的音乐；若再改为三拍子，移到高音区，用轻柔的力度弹奏，似乎又可用作鸟飞或蝴蝶飞的音乐了。

2. 舞蹈

学前儿童的舞蹈主要由一些基本舞步（如踏步、小跑步、踏点步、踏跳步、后踢步、进退步、跑跳步、跑马步、华尔兹步、秧歌步、滑步等），简单的上肢舞蹈动作（如两臂的摆动、手腕的转动等），以及简单的队形变化所构成。

（1）学前儿童音乐教育中常见的舞蹈形式。

① 集体舞。集体舞是指大家按一定的队形，在音乐的伴奏下，整齐、有表情地协调动作，一般情况下在跳完一遍后相互间可更换舞伴。这是人人都可以参与的一种舞蹈形式，它有助于培养幼儿热爱集体、团结友爱的精神。它的特点是结构简单，动作统一，轻松愉快，活泼健康，活动量适当。

② 邀请舞。邀请舞是集体舞的一种变形，幼儿坐或站成单行圆圈，通常先由一部分人作为邀请者，与圈上的被邀请者跳完一遍，然后双方互换角色继续跳舞。

③ 幼儿自己创编的舞蹈。幼儿在已经掌握基本舞步、舞蹈动作的基础上，根据对音乐情绪、性质的感受而创造性地编出各种舞蹈动作，以表达自己的情感。

④ 小歌舞或童话歌舞。这是一种综合性的舞蹈形式，有一定的情节、角色，可以将说、唱、跳等几种音乐活动综合在一起，这也是一种传统的、应用广泛的学前儿童音乐活动形式。

⑤ 表演舞。这是一种专供表演的舞蹈，可以在平时所学的歌表演或简单舞蹈的基础上加工而成，在"六一"、新年等节日或家长会等活动中表演。这种舞蹈参加的人数有限，一般为 8~10 人。

表演舞的题材比较广泛，体裁丰富多样，动作比较复杂，有特定的主题、内容、情节、角色、场地。幼儿园常用的表演舞有小歌舞、歌舞剧、童话剧等。

表演舞可以丰富课余生活和节日表演的内容，有利于提高学前儿童对舞蹈的兴趣、爱好和审美能力，也可以对学前儿童进行良好的思想品德教育。

⑥ 独舞。幼儿园的独舞不同于传统意义上的独舞，它是指一个人独立进行的一种舞蹈形式，即使是许多幼儿一起来表演，也是各自单独地跳，相互间没有任何协调和交流。

（2）学前儿童舞蹈教材的选编原则。

① 思想性与艺术性的原则。学前儿童舞蹈是对学前儿童进行美育的手段之一，因此，教师要根据美的原则将思想性体现在教材中，达到思想性与艺术性的完美统一，以陶冶学前儿童的审美情感，促进其良好品德的形成。

② 适宜性原则。根据各年龄阶段学前儿童的生理、心理特点，选择贴近学前儿童年龄的、易于理解和接受的，生动、活泼、健康、有趣的舞蹈教材。乐曲的节奏要鲜明，旋律要流畅动听。动作要简单、形象、健康、活泼、大方，富有儿童的生活气息。

③ 多样性原则。教材的内容应包括学前儿童生活、社会生活、自然界等方面，以达到帮助学前儿童认识周围世界，开阔学前儿童眼界的目的。教材的形式应多种多样，有基本动作、模仿动作、集体舞、歌表演、音乐游戏等，使教育内容生动活泼，丰富多彩，使学前儿童从不同角度受到教育。

④ 民族性和地方性原则。教材以中国作品为主，适当选用外国作品，同时注意地方特色，这样有利于培养学前儿童热爱祖国、热爱自己民族的音乐和舞蹈。

⑤ 形象化和具体化原则。从学前儿童的思维特点出发，教材要符合学前儿童思维的形象性和具体化特点，使学前儿童容易理解和接受。

⑥ 科学性和系统性原则。科学性是要依据学前儿童的生理、心理特点,严格遵循由浅到深、由易到难、循序渐进的原则。系统性是要考虑教材内容的逻辑顺序和学前儿童的认知顺序。只有科学、系统的教材才能使每个学前儿童在原有的基础上得以发展。

(3)学前儿童舞蹈教学的一般方法。

① 启发法。教师引导学前儿童聆听音乐以后,启发学前儿童想象,并引导学前儿童创造性地用动作来表达他们对音乐的感受,提高他们的舞蹈表现力。

② 示范法。教师在教幼儿动作前先对舞蹈教材进行研究,能生动、形象并富有感染力地进行示范表演。要根据教材和不同的教学阶段,进行完整示范或对部分难点动作的示范,要根据具体情况选用镜面示范或背向示范,并提醒幼儿注意仔细观察示范的重点和难点。

③ 练习法。教师教授完舞蹈后,让学前儿童自己做动作。练习时,教师要提出明确、恰当的要求,采用集体练、分组练、个别练等多种多样的练习方法,并加以指导。

④ 分解组合法。就是把舞蹈动作中的重点和难点及基本动作先进行分解,然后再组合起来。如教动作时,先脚后手,先左后右,先上后下等,使幼儿比较容易掌握重点和难点。

⑤ 观察模仿法。对于舞蹈中有些难以分解、组合的动作,如跑跳步、跑马步等,可让学前儿童观察、模仿,也就是说由教师做示范,学前儿童跟着边看边做动作。这种方法在排练完整的舞蹈或教简单的歌表演时常常使用。

⑥ 游戏法。游戏法就是用游戏的口吻和形式进行舞蹈教学。年龄小的班级用这种方法比较多,它能增强学前儿童学习舞蹈的兴趣。

⑦ 讲解、提示、口令法。教师运用语言来帮助学前儿童理解、感受、掌握和表现舞蹈的内容、感情和动作。这是舞蹈教学的辅助方法,要注意的是,讲解时语言要简明、形象、具体。

⑧ 个别教学法。在舞蹈教学中,教师对能力强、基础好和能力弱、基础差的幼儿要因材施教,个别教练。

(4)舞蹈教学的基本步骤与方法。

① 整体感受作品。

a. 教师用简单明了、生动有趣的语言向学前儿童介绍舞蹈的名称。

b. 引导幼儿熟悉、欣赏音乐。通过反复、仔细倾听音乐旋律,教师引导学前儿童分析作品的旋律特点,可用有节奏的体态(如点头、拍手、踩脚等)来表达自己对音乐的节奏、节拍、力度、速度及情绪的感受和理解。

c. 启发学前儿童根据自己对作品的理解创编动作。

② 教授舞蹈动作。

教师可根据学前儿童创编情况,进一步教授学前儿童舞蹈动作。

a. 简单动作整体教。学前儿童可模仿教师的动作,在和教师一起练习的过程中逐步掌握舞蹈动作。

b. 复杂动作分解教。对一些较复杂的舞蹈动作,教师要把一个动作分成几个部分教给学前儿童,如先教脚的动作,再教手的动作,并伴以形象化的语言来帮助学前儿童理解和掌握。比如,教"踵趾小跑步时"就可边示范边说"脚跟脚尖跑跑跑",使学前儿童很容易理解和模仿。当把所分解的几部分分别教完后,再把这些动作一起配合起来练习。

c. 不同角色分别教。在舞蹈中出现不同角色时,可把这些角色分开来教,然后再合起来随音乐练习。比如,邀请舞里的邀请者和被邀请者的动作就不一样,又比如,《洋娃娃和小熊跳舞》里的洋娃娃和小熊的形象就迥然不同,类似这些舞蹈都要对不同的角色分开来教。

③ 队形变化。

舞蹈中有队形变化的,一般情况下在教授舞蹈动作时先不要考虑队形的变化,在学前儿童基本上掌握了舞蹈动作后再教授队形的变化。

④ 随音乐进行完整练习。

这是学习舞蹈的最后一个环节,为了增加孩子的兴趣,可以运用一些道具、饰物进行表演,以渲染气氛,使整个舞蹈教学活动在生动活泼、富有感染力的氛围中结束。

(三)歌表演

歌表演是幼儿最初步的舞蹈,就是在歌曲演唱中配以简单而形象的动作、姿态和表情,表达歌词的内容和音乐形象,边唱边表演。通过表演可以帮助儿童加深对歌词的理解,加强动作与音乐之间的协调配合,提高对舞蹈动作的记忆力、想象力和表现力,为学习舞蹈打好基础。

歌表演有别于表演唱。表演唱是以唱为主,适当做一些动作来表达唱歌时的感情,而歌表演则是在幼儿掌握歌曲旋律和歌词之后,在理解的基础上,用动作来帮助表达歌曲的内容和性质,因此,边唱边表演,实际上是更适合于低龄儿童的舞蹈形式。

(四)音乐游戏

音乐游戏是在歌曲或乐曲的伴奏下,按照音乐的内容、性质、节奏、乐曲的结构等做游戏,并且有一定的规则和动作要求。它主要是以发展学前儿童的音乐能力为主要目的的游戏活动,在听听、唱唱、跳跳、玩玩等自由愉快的游戏中,培养儿童的音乐感受力、表现力和创造力。音乐游戏在提高儿童交往、合作和自控能力等方面有着不可忽视的作用。

音乐游戏是多种多样的,分类方式也各不相同。根据目前幼儿园音乐游戏活动的实践,我们可以大致进行以下分类。

1. 按游戏的内容和主题分

按游戏的内容和主题划分,可以分为有主题的和无主题的音乐游戏两类。

(1)有主题的音乐游戏。这类游戏一般有一定的内容、情节和角色,儿童在游戏中可以扮演不同的角色,模仿角色的形象,以促进幼儿思维和想象的发展,同时使儿童的动作得到协调发展。

（2）无主题的音乐游戏。这类游戏一般没有情节,只是随音乐做动作,相当于律动或律动组合,但这种动作带有一定的游戏性,即含有游戏的规则。如"抢椅子"的游戏,儿童只是随音乐自由地做各种动作,但是当音乐一停,儿童必须抢坐一个位子,这便是游戏的规则。

2. 按游戏的形式分

按游戏的形式分,可以将音乐游戏分为歌舞游戏、表演游戏和听辨反应游戏。

（1）歌舞游戏。这类游戏一般是在歌曲的基础上产生的,即按照歌词、节奏、乐句和乐段的结构做动作并做游戏。一般游戏的规则通常在歌曲的结束处出现。这类游戏与有主题的游戏有所不同,它可以有较明显的游戏主题、内容,也可以没有专门表现情节和角色的音乐,它相对地比较侧重于儿童的创造性动作表现。

（2）表演游戏。这类游戏是按专门设计、组织的不同音乐来做动作或变化动作而进行的游戏。从游戏内容上看一般有一定的情节和角色,从游戏的形式上看带有较强的表演性。

（3）听辨反应游戏。这类游戏比较侧重于对音乐和声音的分辨、判断能力的要求,以培养幼儿对音乐的高低、强弱、快慢、音色、乐句等的分辨能力。它一般没有固定的游戏情节或内容,以对音乐要素的反应和理解为主。

四 韵律活动教学注意事项

（一）重视培养幼儿的音乐感受力、想象力和创造力

音乐感受力是指幼儿对音乐的高低、长短、强弱、快慢,音色的明暗及音乐所表达的思想感情等的感受力。在韵律活动中,教师应当让儿童多听音乐,培养儿童对音乐的理解能力和感受力,避免只重视传授知识技能而忽视能力的培养。在韵律活动中还要注意对儿童想象力和创造力的培养,如果忽略了这一点,就会造成在韵律活动教学中,儿童的学习只是生硬的模仿和照搬,这样很不利于儿童发散性思维的开发。因此,在教学中教师一定要启发儿童发挥想象力,利用各种手段如图片、教具等,激励儿童的创造力。

（二）重视对儿童兴趣的培养

兴趣是学习的动力,在韵律活动中,教师要注重对儿童兴趣的培养,而这种兴趣也可能会影响儿童的一生。因此,兴趣的培养在音乐教学中有很重要的地位。

培养兴趣不仅能促进儿童积极地参加各项韵律活动,使他们认真、耐心、自觉地学习,同时也丰富了儿童的生活,开阔了儿童的眼界,使他们经常保持愉快、欢乐的情绪,还能养成一些良好的行为品质(图3-4、图3-5)。

（三）重视基本动作练习,防止专门化训练

无论是律动、舞蹈、歌表演,还是音乐游戏,都是由基本动作组成的,如果儿童的基本动作掌握得好,学习律动、舞蹈,进行歌表演或音乐游戏就比较容易。所以,

教师要重视对儿童基本动作的训练,要防止形成专门化的训练。专门化的训练是只注意动作技能的传授和规范,却忽视了儿童的学习特点和教育规律,忽视了情感体验和趣味性,不利于儿童音乐感受力、想象力和创造力的发展。因此,在教学中一定要注意避免过多地进行动作的规范化和标准化的训练。

图 3 - 4　幼儿律动"在雨中"

图 3 - 5　幼儿律动表演

(四)处理好启发性"教"与创造性"学"的关系

在教学中,教师要给儿童提供大量的创造机会,激发创造热情,培养创造能力,而这种创造机会是建立在启发式教学的基础上的,只有教师启发性地教,才会有儿童创造性地学。例如,中班音乐游戏"小鸭小鸡",活动一开始,先让幼儿欣赏配乐故事,让幼儿对游戏的内容和情节有一个大概的印象。接着逐段引导幼儿感受音乐并结合启发性的提问:"这段音乐听起来感觉怎么样?好像小鸭和小鸡在做什么?"……然后组织幼儿随音乐做他们自己想象出来的、并且合乎音乐性质的动作。如晨起的音乐表现小鸡小鸭睡觉、起床动作,短促的音乐表现小鸡啄米或躲雨的动作,摇摆的音乐表现小鸭一摇一摆,自由自在地走路、喝水等动作,轻快的音乐表现小鸡小鸭跳舞、做游戏等。

(五)做到精讲多练,动静交替

1. 精讲多练

在韵律活动中,教师应多用简洁、形象、具体、生动的指导语言替代过多的、枯燥的、乏味的讲解,以使幼儿有更多的充分活动的机会。

(1)多采用形象化的比喻,提高幼儿学习积极性。例如,教屈膝动作,用"装弹簧""拍皮球"来比喻;教秧歌十字步时,可为幼儿提供一块田字格纸板,分别在田字格的左上格和右下格画上一朵蓝花,在左下格和右上格画上一朵红花,幼儿左脚套朵红花,右脚套朵蓝花,预备时,双脚站在田字格的十字中心,然后以"红花向前找红花,蓝花向前找蓝花,红花向后找红花,蓝花向后找蓝花"引导幼儿练习,形象地帮助幼儿领会和掌握这一动作要领。

(2)音乐为主,语言为辅。

韵律活动是由音乐指挥动作而非语言指挥动作,因此,教学中不要过多地靠口令或数拍子来做韵律活动,而是要让幼儿尽快习惯于倾听音乐、感受音乐,以提高对音乐的感受力。

2. 动静交替

在韵律活动中,要注意做到有"动"有"静",动静交替,这样可以对学前儿童在活动中身体的适应程度进行及时的调节,以消除疲劳,达到保教结合的目的。同时,在内容上只有"动""静"结合,才能使幼儿保持积极性,收到良好的教学效果。

(六)提供良好的示范,加强个别辅导

模仿学习在韵律活动中占有重要的地位,因此教师的示范就显得尤为重要。教师的动作要成为幼儿的典范,不仅要做得合拍、自如、正确,还要注意自身的准备工作,如对教材的把握、重点和难点动作的把握、表演动作的熟练程度及镜面示范的反方向动作等。

在教学活动中,教师要关注每一个幼儿,特别是能力较弱的幼儿,必要时还要手把手教一教,使他们从"被动"感受中获得成功体验。同时对于能力强的幼儿,尽量发挥他们的才能,可让他们当练习中的小老师等,只有这样才能面向全体,注重个别差异,使每一个幼儿都能在原有的基础上得到发展。

案例评析

案例一　小班韵律活动:找小猫

活动目标

1. 熟悉乐曲,能合拍地做猫走路动作。
2. 学习根据歌词内容做相应的动作。
3. 体验音乐游戏的乐趣。

活动准备

1. 学会"猫走路"的动作。
2. 猫妈妈头饰1个,幼儿用书画面"找小猫"。
3. 将幼儿座位排成半圆形。

活动过程

1. 引导幼儿观察画面"找小猫",帮助幼儿熟悉歌词。
2. 组织幼儿学唱歌曲第一段,教给幼儿相应的动作。

3. 教师戴上猫妈妈头饰,激发幼儿与猫妈妈共同游戏的愿望。

(1) 教师讲解游戏的玩法。

(2) 请幼儿练习听音乐合拍地做猫走路的动作,要求轻轻走。

4. 组织幼儿听音乐完整地做游戏。教师用语言、动作及表情提醒幼儿:小猫躲好后不能乱动,猫妈妈没有碰到的小猫也不能乱动。

活动建议

1. 幼儿熟悉歌曲及游戏玩法后,可以让个别幼儿扮演猫妈妈,要求找小猫时能按节拍轻轻拍小猫的头。

2. 本活动可分两次进行,第一次学歌曲,第二次学游戏。

3. 动作及游戏玩法。

教师扮演猫妈妈,幼儿扮演小猫,全班幼儿站成一个圆圈,随曲一学猫走路,然后唱曲二的第一段歌词并做以下动作。

第1—2小节:双臂曲肘于胸前,双掌靠近嘴(五指分开),做小猫的胡须状。

第3—4小节:双手在嘴边来回拉动。

第5—6小节:合拍地拍手(一拍一下)。

第7—8小节:指着猫妈妈。

第9—10小节:原地蹲下(或蹲在椅子旁,或四散找地方蹲下)。

第11—12小节:向猫妈妈招手,一拍一下。

小猫躲好后,猫妈妈边唱第二段歌词边做以下动作。

第1—4小节:动作同小猫。

第5—6小节:指指自己的小猫。

第7—8小节:双臂屈肘于胸前,双手合拍地指自己。

第9—12小节:边走边拍小猫的头,动作合拍。

被拍到的小猫立即走到猫妈妈跟前。猫妈妈问:"我的小猫在哪里?"未被拍到的小猫起立回答:"喵——在这里!"

案例二 中班韵律活动:玩具的舞会

设计意图

给幼儿创设一个童话般的情境,使幼儿在神秘又有趣的游戏中完成创编活动是韵律活动"玩具的舞会"设计的初衷。一次偶然的机会,教师在指导幼儿练习形体时,播放了《玩具兵进行曲》,当时听到一个小女孩说了这样一句话:"哎呀,这个音乐真好听!我以前听过的,妈妈告诉我'这是玩具的音乐'"。游戏活动是幼儿生活中的主旋律,喜欢玩玩具是孩子们的天性。结合《纲要》5—6岁幼儿发展目标,教师给幼儿营造了宽松、自由心理环境及安静、和谐、相互尊重的良好氛围,并通过幼儿对音乐的感受和理解,为幼儿的审美感知、审美表现、审美创造提供一个表现的舞台,使幼儿在艺术活动中获得全面的发展,促进健全人格的形成。

活动目标

1. 根据音乐的变化创编相应动作。
2. 感受"ABA"结构的乐曲。
3. 体验创编与合作的乐趣。

活动准备

中班韵律活动:玩具进行曲

音乐,引导幼儿观察各种各样的玩具,丰富幼儿对各种玩具表象的认识和用模仿动作表现玩具的经验。

活动过程

1. 倾听、感受音乐。

(1) 播放音乐请幼儿倾听。

师:老师给小朋友带来一首乐曲,请小朋友边听边想,听到这首乐曲时,你有什么感觉?

(2) 教师随音乐讲述故事。

师:好听的音乐里藏着一个玩的小秘密,现在老师就来把这个小秘密告诉大家!

幼儿园里有一个很大很大的玩具柜,里面有好多好多的玩具。白天的时候,玩具们都安静地待在玩具柜里,一动也不动。到了夜晚,玩具们听到了大鼓和号角的声音,像被施了魔法一样活了,准备从玩具柜里走出来。玩具们出来了,他们走得多神气、多有精神、多高兴呀! 这时响起了舞会的音乐,玩具们都找到了自己的朋友,两个朋友一起跳起了好看的舞蹈。大鼓、号角又响起来了,玩具们很快排好了队,整整齐齐地向玩具柜进发。天亮了,玩具们赶紧跑进了玩具柜,一动也不动了。

2. 分段创编。

(1) 谈话。

师:你家的玩具柜里都有什么玩具? 请幼儿说出自己家中的玩具并用动作模仿该玩具的样子。

(2) 引导幼儿表现乐曲引子部分。

师:请你来扮演一种玩具,你来学一学,白天的时候,玩具是什么样子的? 引导幼儿模仿各种不同玩具在玩具柜里静止的样子,提醒幼儿注意模仿玩具不动、不出声音的样子(图3-6)。

(3) 引导幼儿用动作表现乐曲 A 段。

引导幼儿表现不同玩具走步的动作,请幼儿跟随音乐表现。

(4) 引导幼儿用动作表现乐曲 B 段。

幼儿尝试创编两人合作舞蹈的动作(图3-7)。

(5) 引导幼儿用动作表现乐曲 A 段。

师:当大鼓和号角又响起来时,玩具们做了什么事情? 请小朋友尝试表现一下。

3. 完整地用动作来表现乐曲。

(1) 请幼儿一起来扮演玩具柜里的玩具,并提出相应要求。教师跟随音乐讲故事,与幼儿共同用动作表现故事情节。

图 3-6 教师引导

图 3-7 幼儿创编

（2）请幼儿再次表现乐曲，教师提示相关情节。

4. 总结。

师：玩具们表现得都非常好……我们一起走到外面去玩好不好？随乐曲走出活动室。

活动评析

在第一次韵律活动中，幼儿深深地被故事所吸引，并能积极地投入其中，但是问题也很快显现，幼儿把注意力完全放在了游戏中，根本没有留意音乐和动作的创编。故事插图的进入没有发挥相应的作用，相反却局限了幼儿创编动作。

在第二次韵律活动中，教师把重点放在了引导幼儿创编动作上。虽然在活动中，教师一直强调动作与节奏，但是幼儿始终关注的还是故事结尾的"宝宝回来了"。这是由于前期的铺垫不够，幼儿的动作挖掘不充分，所以在最后随乐曲表现时，幼儿不知道应该做什么。幼儿的动作没有跟随节奏，是因为对乐曲过于陌生，倾听音乐的次数不够，而且幼儿是在教师讲故事时听的音乐，注意力就会集中到教师讲的故事上，音乐便被忽略了，所以动作的节奏感自然不强。

总结这两次活动的经验，教师对教案进行了修改和调整。在第三次活动中，教师首先请幼儿倾听音乐，让幼儿对音乐有一个总体的印象，帮助幼儿感受音乐的节奏。接着教师随音乐讲修改过的故事，在音乐的不同乐段分别讲述不同的故事，通过故事来给乐曲划分乐段。在教师的启发下，幼儿能够淋漓尽致地模仿并惟妙惟肖地表现故事中的情节。

在幼儿随音乐表现时，教师应注意观察，请动作始终能跟随音乐节奏的幼儿单独表演，请大家观察，引导幼儿发现有节奏的动作的特点，给予鼓励和表扬。这样，多数幼儿就能边做动作边听音乐，让自己的动作跟上音乐的节奏。

合作表现玩具舞蹈的环节深受幼儿欢迎，同伴间的交流是幼儿感到最放松和愉悦的，教师提供了足够的空间和时间让幼儿充分交流，幼儿间可以相互商量、起身尝试做动作，这些为幼儿的双人舞创编做了很好的铺垫。

通过韵律活动中幼儿的创编与想象的结合，进一步培养了幼儿的思维发散力。并结合《纲要》精神，真正使幼儿在艺术活动中实现了"玩中学、动中学、乐中学"。

（辽宁大连 梁莹）

案例三 中班韵律活动:包饺子

设计意图

《纲要》强调"幼儿园教学内容的选择应贴近幼儿的生活。"因此,教师把与幼儿生活有关的、幼儿感兴趣的、有助于拓展幼儿经验和视野的内容挖掘出来作为教学内容。幼儿喜欢吃饺子,但谈起包饺子,他们的经验却很少。不过,幼儿对包饺子很感兴趣,不断地用肢体语言表现着。根据本班幼儿年龄特点和实际发展状况,教师设计了这次韵律活动,把擀饺子皮、包饺子、煮饺子的动作利用律动的形式展现出来。同时,将"培养幼儿做力所能及的事情"与感受、表现生活中的美结合起来,使幼儿在轻松、愉快的艺术活动中掌握包饺子的方法,并能够大胆想象,创造性地用富有节奏感、美感的动作去表现生活活动,享受游戏的乐趣,获得积极、愉悦的情感体验。

活动目标

1. 尝试随音乐节奏基本合拍地做擀饺子皮、包饺子的动作。
2. 能创编饺子沸腾的动作。
3. 体验韵律活动的乐趣。

活动准备

1. 生活经验准备:请家长配合,帮助幼儿熟悉包饺子的过程,引导幼儿注意观察煮饺子沸腾时的样子。
2. 教具准备:在场地上粘好的一个能容纳全体幼儿的椭圆形(轮廓线)表示大盘子,大漏勺、厨师帽、录音机、《喜洋洋》音乐。

活动过程

1. 师幼谈话,引入主题。
师:小朋友,你们吃过饺子吗? 饺子怎么包? (引导幼儿说出包饺子的过程。)
师:饺子包好了,怎样才能吃?
2. 欣赏各段音乐,创编相应的动作。
(1) 创编擀饺子皮的动作。
① 师:包饺子前,该干什么呀? (擀饺子皮。)怎样擀饺子皮? (教师引导幼儿单手擀、双手擀。)
② 引导幼儿在自己的身上做擀饺子皮动作,提高幼儿活动的兴趣。
③ 学习在由小圆圈变成大圆圈的队形上做擀饺子皮动作。
师:饺子皮起初是什么样子的? (小面团。)一点一点擀呀擀呀就由小变大了。(变成了大面皮。)
④ 请幼儿站成一个小圆圈,随音乐做擀饺子皮动作(教师带领幼儿由小圆圈逐渐变成大圆

圈表现擀面皮的过程,并回答一共擀了几张饺子皮)。

⑤ 随音乐完整地做擀饺子皮律动(图3-8)。

(2)创编包饺子的动作。

① 请幼儿讨论包饺子的动作。

② 教师引导幼儿2人结伴包饺子(图3-9)。

③ 请幼儿随音乐做包饺子的律动。

图3-8 动作创编

图3-9 合作表演

(3)创编煮饺子沸腾的动作。

① 师:煮饺子时,饺子在锅里有什么样的变化?(引导幼儿用肢体语言表现煮饺子沸腾时的样子。)

② 边欣赏音乐边创编饺子跳舞的动作。(请幼儿想象煮饺子时饺子是怎样跳舞的。)

③ 请幼儿听音乐自由表现煮饺子时沸腾的样子,引导幼儿在表现的过程中找空的地方,不与别人碰撞。

3. 完整地欣赏音乐。

提问:音乐有什么特点?听了这段音乐有什么感觉?

4. 请幼儿随音乐完整地做"擀饺子皮—包饺子—煮饺子"的律动。

引导幼儿表现煮饺子的音乐时找空的地方做动作。

5. 游戏:"煮饺子"。

(1)教师为幼儿讲解游戏玩法及规则。

开始游戏时,我们一起跟着音乐做擀饺子皮、包饺子、煮饺子的动作,在听到煮饺子的音乐时,小朋友来扮演饺子,做各种饺子跳舞的动作(跳舞时找空的地方,不要碰到伙伴)。老师来扮演厨师(戴头饰),我会拿大漏勺到锅里捞饺子,凡是被大漏勺捞到的饺子,就要随大漏勺来到这个大盘子里蹲下。

(2)教师与幼儿随音乐做游戏(图3-10、图3-11)。

活动评析

本次活动是根据幼儿生活经验设计的一次韵律活动,所选择的是幼儿较熟悉的乐曲《喜洋洋》。这首乐曲节奏鲜明、喜庆,具有感染力,符合中班幼儿的年龄特点。在活动中,教师遵循了《纲要》所要求的:以幼儿为主体,让幼儿在活动中充分探究,表现生活中的美。活动过程的设计

图 3-10　游戏中(1)

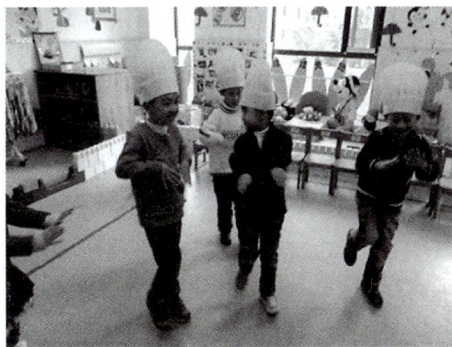

图 3-11　游戏中(2)

紧紧围绕教学目标,教学环节环环相扣,体现了层层递进的原则。并且,为了更好地达成活动目标,教师采用了适宜的教学方法和策略。

本次活动有以下特点。

1. 根据幼儿年龄特点和实际发展情况,教学活动层次清晰,层层递进,目标的达成度很好。

通过教师引导启发,幼儿能够基本合拍地做擀饺子皮、包饺子的动作;并且,通过前期的经验储备,幼儿能够大胆地用肢体动作表现饺子沸腾的样子。

2. 在活动中幼儿能够积极主动参与律动的创编,表现力很强。

在活动中,教师注重对幼儿的启发、引导,幼儿活动兴趣浓厚,积极参与,大胆创编,并能够配合喜庆的音乐大胆表现。

3. 在活动环节中,教师采用了谁的动作好教师就向谁学习的隐性的榜样作用,在注重幼儿生活经验的基础上进行创编动作。

幼儿具有个体差异,教师针对不同幼儿因材施教,采用以能力强的幼儿带动能力弱的幼儿这样的教学手段,让幼儿互相学习,达到了很好的教学效果。

4. 在活动中,运用了同伴合作的方法,增强幼儿的合作意识。

在包饺子环节中,教师采用了同伴合作的教学策略,引导幼儿合作包饺子,既增强了幼儿的合作意识,又增强了幼儿间的友谊。

在活动中,如在表现煮饺子沸腾环节时,教师应引导幼儿充分利用场地进行活动。

(辽宁大连　刘小伟)

案例四　大班歌表演:幼儿园里好事多

活动目标

1. 让幼儿自编"幼儿园里好事多"的动作,培养幼儿的创造性和为集体做好事的思想。

2. 用《小格桑》和《向阳花》曲调复习节奏乐,要求幼儿掌握 $\frac{2}{4}$ 拍、$\frac{3}{4}$ 拍的节奏。

大班歌表演:
幼儿园里好
事多

活动准备

1. 幼儿已学会《幼儿园里好事多》的歌曲。
2. 各种打击乐器若干件,红旗五面,带子每组五根,音乐。

活动过程

1. 幼儿听音乐做"弹簧步",进活动室坐成三排。
节奏乐练习(用打击乐器)。

演奏第一首歌曲《小格桑》,要求幼儿掌握$\frac{2}{4}$拍节奏(第一拍强,第二拍弱)。演奏第二遍时要求边唱歌边打节奏。

演奏第二首歌曲《向阳花》,要求幼儿掌握$\frac{3}{4}$拍节奏(第一拍强,第二三拍弱)。演奏第一遍后,请个别幼儿唱歌,其他幼儿打节奏。

2. 复习歌曲《幼儿园里好事多》。

教师弹歌曲,启发幼儿回忆歌曲名称和内容。(这首歌叫什么名字?唱了些什么?)

让幼儿集体唱一遍,要求以愉快的情绪唱出询问的口气,唱好附点音符和休止符。教师指出不足的地方让幼儿加以练习。

集体再唱一遍。

3. 教《幼儿园里好事多》的动作。

师:小朋友,你们已经学会唱这首歌,今天根据歌词你们自己来创编表演动作,好吗?

放录音或教师边弹边唱,让幼儿自由自在地拍手打节奏,并根据歌词想动作。

引导幼儿自编动作。教师唱一句(或一段)后分析内容,问幼儿该做些什么动作。例如,幼儿唱完"一排排……谁做的"后说:"大家洗手绢争做好事。"教师唱完间奏(6. 6 6 | 3 5 5 5 | 1 3 3 3 | 2 2 2 | 1 0)后说:"做了好事心里真高兴。"教师唱完"你不说呀……好事多,嗨!"后说"大家都要向雷锋叔叔学习,不要把自己的名字报出来,幼儿园里出现了许许多多好事情。"要把做好事的愉快心情和争做好事的决心用动作表达出来。让幼儿根据歌词内容自编动作,可以自己想也可以几个人一起想,想好后让幼儿发言,教师引导采用好的动作,大家模仿并鼓励所有动脑筋的幼儿,尤其要表扬有创造性的、有乐感的动作,以及创造性强的幼儿。

教师把逐句或逐段编出来的动作连起来表演,幼儿跟着练习。

教师弹奏,请动作做得好的幼儿出来示范,全体幼儿随着音乐边唱边做动作,教师及时提醒并纠正动作。

放录音或教师弹琴,幼儿随着音乐练习统一的动作(允许幼儿在个别歌词中自由表达)。

放录音,师幼一起表演。

4. 幼儿随音乐用弹簧步走出教室。

资源包

幼儿园里好事多

贺 嘉 词
汪 玲 曲

$1=F$ $\frac{2}{4}$

(6. 6 66 | 3 5 5 5 | 1 3 3 3 | 2 2 2 | 1 0) | 5 1 1 |
　　　　　　　　　　　　　　　　　　　　　　　　　　　小 桌 子,

3 5 3 | (3 5 3 5 3 5 | 3 5 3) | 5 2 2 | 5 2 2 | (2 3 2 3 2 3 |
谁 擦 的?　　　　　　　　　　　　小 椅 子　谁 摆 的?

5 2 2) | 1 1 1 1 | 6 1 | 4 5 6 | 5 - | 6. 6 66 | 3 5 |
　　　　一 排 排 手 绢 谁 洗 的?　　一 件 一 件 好 事

2 0 2 0 | 1 - | (6. 6 66 | 3 5 5 5 | 1 3 3 3 | 2 2 2 |
谁 做 的?

1 0) ‖: 5. 1 1 1 | 5 1 1 | 3. 5 5 5 | 3 5 5 | 6. 6 4 |
你 不 说 呀 我 不 说, 你 不 说 呀 我 不 说, 大 家 看
学 习 雷 锋 好 榜 样, 学 习 雷 锋 好 榜 样, 幼 儿 园

2 0 | 1. 5 0 5 0 | 1 - :‖ 2. 5 0 5 0 | 1 2 2 | 1 0 | i 0 ‖
了　　　笑 呵 呵。　　　　好 事 多 好 事 多。　　嗨!
里

（选自黄式茂编著《幼儿舞蹈教学指导》,上海音乐出版社）

岗位对接

● 项目一　活动导入设计

（1）在教幼儿律动"摘果子"时,你如何导入?

（2）在教幼儿律动"采茶叶"时,你如何导入?

● 项目二　活动结束设计

（1）在教幼儿律动"洗手绢"时,你怎样结束?

（2）在教幼儿学习"新疆集体舞"时,你如何结束?

● 项目三 提问技能训练

（1）在教小班幼儿学习律动"小花猫"时,你如何提问?

（2）在教小班幼儿舞蹈"春天"时,你如何提问?

● 项目四 讲解技能训练

（1）在教幼儿做"踵趾小跑步"时,你怎样讲解?

（2）在教大班幼儿律动"采茶叶"时,你怎样讲解?

● 项目五 完整活动方案设计

（1）设计教小班幼儿学习律动"小花猫"的活动方案。

（2）设计教大班幼儿学习律动"挤奶"的活动方案。

● 项目六 模拟试教

对所有活动设计进行试教,分小组试教和集体试教,并对试教作评价。

● 项目七 突发事件处理的训练

课堂上的突发事件是指在教学活动过程中,由于某种原因引发的和教学内容无关的话题,是事先没有预料到的事件,往往使教师手足无措,甚至会导致教学活动不能正常进行。

处理突发事件是教师教学机智的体现,教师必须具备反应迅速、及时应变的能力,这样,才能遇事不慌,达到有效控制课堂教学的目的。

（1）一名教师在教幼儿学习律动《两只老虎》时,一个幼儿突然站起来说:"老师,这只老虎要是没有了眼睛,那就更奇怪了。"他的话引起了其他幼儿的讨论,教室里顿时热闹起来,任凭教师怎么说,也无法阻止。如果你是那名教师,你该怎么应对?

（2）一名教师在教幼儿学习律动《小花猫》时,一个幼儿说:"我家就养了小花猫。"紧接着,另一个幼儿说:"我家有一只小狗。"结果,其他幼儿七嘴八舌都说了起来,有的还说他家养了一只小白兔,还养了小鸟等,一下子教室就变成了动物园。如果你是那名教师,你该如何处理?

以上实践活动的内容应根据各地的实际情况灵活实施。

国考聚焦

笔试部分:活动设计

1. 题目:围绕"多彩的服装",为中班幼儿设计主题活动,应包含三个子活动(考试时不提供素材。为便于学生结合岗位实际进行训练,本教材提供素材。)

2. 要求:

（1）写出主题活动的总目标。

（2）写出一个子活动的具体活动方案,包含活动的名称、目标、准备和主要环节。

（3）写出另外两个子活动的名称、目标。

素材

主题活动——中班"多彩的服装"

1. 主题背景介绍

服装是人们生活的必需品。中班幼儿对于服装已有了一定的认知,他们对服装与人们生活的密切关系,对四季服装的特点等有了较多的认知,同时,他们开始探究服装的多样化,对不同行业的制服和少数民族服装产生了认知兴趣,也喜爱制作时装和进行时装表演。

2. 主题素材

(1) 小知识:少数民族服饰

维吾尔族的男子常常穿着斜襟、没有扣子、长到膝盖的外衣,一般系腰带;女子喜欢穿颜色鲜艳的连衣裙,外面套背心,习惯把头发梳成许多条细辫子。男女都喜欢戴绣花小帽,穿长筒皮靴。

蒙古族人民身穿长袍,头上扎着头巾,腰间束着腰带,脚穿皮靴,喜欢赛马、射箭、弹马头琴、唱歌、跳舞。

藏族男子戴着有舌的毡帽,身穿长袍,斜开衣襟,腰间系一长带,一只衣袖挂在身边,脚穿长筒皮靴,靴尖上翘;藏族女子身穿长袍,外套长背心,腰间系一条五彩横条的围裙。

傣族服饰淡雅美观。各地傣族男子的服饰差别不大,一般常穿无领对襟或大襟小袖短衫,下着长管裤,以白布、水红布或蓝布包头。女子服饰因地区而异。德宏一带傣族女子婚前多穿浅色大襟短衫,下穿长裤,束一小围腰;婚后穿对襟短衫,下身为花色或黑色筒裙。西双版纳的傣族妇女上身着浅色紧身内衣、大襟或对襟圆领窄袖衫,下身多为花色长筒裙。

(2) 绕口令:小兔子做裤子

小兔子做裤子,

量了裤子量肚子,

做好裤子提不上肚子。

小兔子看裤子,

不知是没量准裤子,

还是没量好肚子。

(3) 律动:做衣裳

做 衣 裳

李紫蓉 词
徐正渊 曲

1=D 4/4

5 6 5 -	3 2 1 3 2 -	3 5 4 -
①量 一 量,	手 脚 有 多 长。	②剪 一 剪,

5 3 5 5 3 -	2 3 4 -	5 3 1 3 2 -
花 布 花 衣 裳。	③缝 一 缝,	针 线 来 帮 忙。

5 #4 5 -	3. 4 5 4 3 2	1 - - 0 ‖
④穿 一 穿,	你 说 漂 不 漂	亮?

律动动作:

① 双手似拿软尺做测量状,向左上方伸直,左脚脚跟着地做"打钩钩"状,再向右方做同一动作。最后,双手双脚打开成大字状。

② 右手做剪刀状,向左边剪去,双手再由上而下转动拳头。

③ 手叉腰,交叉走路。

④ 双手的拇指及食指相连,似拿着衣服在胸前比画状,左右脚各蹲点一下。

(4) 折纸:衣服

折 衣 服

衣服的基本折法（一）:

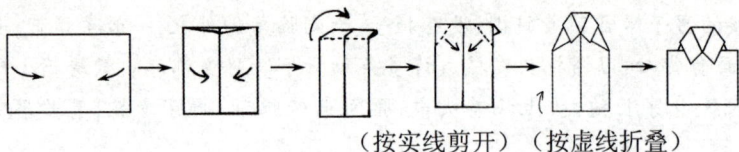

（按实线剪开）（按虚线折叠）

衣服的基本折法（二）:

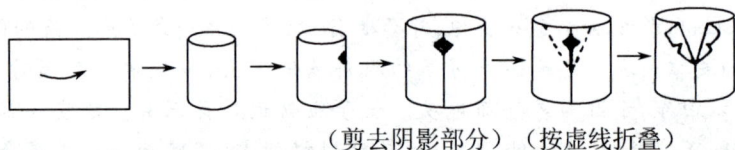

（剪去阴影部分）（按虚线折叠）

(5) 小实验:宝宝的棉衣

准备:旧棉袄一件、茶杯两个、小铝盒两个。

方法:在两个茶杯内倒入相同温度的热水,将其中一个杯子用旧棉袄包起来,过10分钟后,没包的杯子里的水凉了,包裹着棉袄的杯子里的水还很热。

天热时,将两块冰分别放在两个小铝盒里,其中一个盒子用旧棉袄包起来,过10分钟后,没包棉袄的盒子里的冰开始溶化了。

说明:让幼儿从实验中懂得,棉花不会发热,只能起到保温作用。因为棉花中有数不清的空隙,能储藏很多很多空气,这空气能把身体中(热水中)散发的热保存起来;同时,棉花又能将外面的冷空气(热空气)隔开。

📚 参考教案

活动名称

中班音乐活动:做衣裳(律动)

活动目标

1. 体验律动活动的快乐,敢于并乐于表达表现。

2. 熟悉乐曲的旋律,理解歌曲内容并跟随音乐做量、剪、缝、穿等动作。

3. 能结合模仿和即兴创作,创造性地表达对作品的理解。

重点难点

活动重点:熟悉乐曲的旋律,理解歌曲内容并跟随音乐做量、剪、缝、穿等动作。

活动难点:能结合模仿和即兴创作,创造性地表达对作品的理解。

活动准备

1. 物质准备:多媒体课件、《做衣裳》音乐、《做衣裳》歌曲图谱、大老虎、小老鼠、大狮子、小狗、小鸟等动物卡片。

2. 经验准备:已组织幼儿开展语言活动"月亮姑娘做衣裳";幼儿具有用动作表现歌曲的经验;日常活动中倾听过《做衣裳》音乐。

3. 环境准备:师幼共同布置主题墙"月亮姑娘做衣裳"。

主要环节

1. 故事导入,激趣引题。

(1) 播放《做衣裳》音乐,教师带领幼儿来到主题墙前。

(2) 教师结合主题墙画面讲故事,引出主题"做衣裳"。

师:月亮姑娘去找小裁缝做衣裳。给月亮姑娘做衣裳可不是件容易事,为什么呢?

聪明的裁缝师傅是怎么解决这个难题的呢?

小结:因为月亮姑娘的身体会变化,所以小裁缝每次给月亮姑娘做衣裳都要量一量、剪一剪、缝一缝、穿一穿,这样做出来的衣裳最合身。现在让我们一起来看一看小裁缝是怎样做衣裳的。(引领小朋友在座位上坐好。)

2. 幼儿配合动作感知音乐。

(1) 教师播放多媒体课件"做衣裳",结合歌曲图谱,引导幼儿熟悉音乐,了解歌曲内容。

师:请小朋友仔细观察小裁缝是怎样做衣裳的,都用到了什么工具。(量、剪、缝;尺子、剪刀、针线等。)

(2) 教师播放音乐《做衣裳》,结合奥尔夫声势教学引导幼儿完整欣赏音乐,感知音乐节奏,体会歌曲欢快活泼的情绪。

师:小裁缝很开心能为客人做漂亮的衣服,你从哪里感觉到他很开心呢?

小结:小裁缝一边做着衣服,一边开心地唱着活泼的歌曲。

3. 基本动作练习。

(1) 鼓励幼儿结合歌曲图谱,随音乐用肢体动作自由表现做衣裳动作。

师:我们小朋友也来试着做小裁缝,给客人做衣裳吧,看看哪个小裁缝最认真、最开心。

(2) 教师示范表演。

师:老师也想做小裁缝,你们看看老师是怎样给客人做衣裳的。

(3) 鼓励幼儿跟随教师模仿量、剪、缝等做衣裳动作。

师:现在我们都是小裁缝,让我们一起来给客人做衣裳吧,老师要看哪个小朋友动作最像小裁缝,还要看哪个小朋友做衣裳的时候最开心。

4. 师幼共同游戏,创造性表现律动《做衣裳》。

师:现在小朋友和老师一起变成小裁缝,来给小动物做漂亮的衣裳吧。

（1）教师交代游戏玩法和规则,教师示范当小裁缝,分别给不同的客人如大老虎、小老鼠做衣裳,依据动物大小作幅度相应调整。

（2）依次出示大狮子、小狗、小鸟等动物卡片,鼓励幼儿模仿和即兴创作相结合,创造性地进行律动表演《做衣裳》。

小结:今天小朋友都变身成了能干的小裁缝,不仅动作做得好,表情也很好,老师感觉到了你们在认真地、开心地为客人做衣裳,回家之后请小朋友给家人也做一件漂亮的衣裳吧。

活动延伸

1. 延伸至领域活动。语言领域:谈话活动——各民族服饰。科学领域:宝宝的棉衣。

2. 延伸至区域活动。美工区:请小朋友把自己要做的衣裳画在画纸上。表演区:投放《做衣裳》音乐,幼儿区域游戏时可进行律动表演。

3. 延伸至亲子活动:回家给父母表演律动。

子活动(略)

(大连甘井子区教育局实验幼儿园　韩凤媛)

拓展练习：说课训练

根据设计的上述教案,就活动内容、目标、方法、过程设计等进行说课,要求语言规范,条理清晰,逻辑性强,表达流畅。

说课参考:

本次设计的为中班艺术领域律动活动"做衣裳",接下来我将从活动内容、目标及重点难点、准备、过程及方法四方面进行说课。

首先,说活动内容。

《指南》指出:艺术是人类感受美、表现美和创造美的重要形式。中班幼儿喜欢唱唱跳跳,对音乐的节拍、节奏较为敏感,愿意参加歌唱、律动、表演等活动,能通过即兴哼唱、即兴表演来表达自己的心情。教师应引导幼儿接触各类音乐作品,并鼓励幼儿用自己的方式感受和表达。本律动歌曲为 $\frac{4}{4}$ 拍,表现的是做衣裳这一开心欢乐的劳动场景,旋律简单,节奏鲜明,具有生活化、趣味性的特点,适合幼儿进行律动活动,有助于提升幼儿的艺术感知、表现和创造能力,因此我设计了本次活动。

其次,说活动目标及重点难点。

根据《指南》《纲要》精神,本次活动的内容及中班幼儿的知识经验,我确定了三个维度的目标。

1. 体验律动活动的快乐,敢于并乐于表达表现,感受劳动的快乐。

2. 熟悉乐曲的旋律,理解歌曲内容并能跟随音乐做量、剪、缝、穿等动作。(这是本次活动的重点,依据活动内容的特点制订。)

3. 能结合模仿和即兴创作,创造性地表达对作品的理解。(这是本次活动的难点,依据幼儿音乐感知和表现水平制订。)

接下来,说活动准备。

为了达成活动目标,支持幼儿的学习,满足幼儿音乐感知、艺术表现等活动的需要,我做了以下准备。

1. 物质准备:多媒体课件、《做衣裳》音乐、歌曲图谱、大老虎、小老鼠等动物卡片。

2. 经验准备:已组织幼儿开展语言活动"月亮姑娘做衣裳";幼儿具有用动作表现歌曲的经验;日常活动中倾听过《做衣裳》音乐。

3. 环境准备:师幼共同布置主题墙"月亮姑娘做衣裳"。

下面我来说活动过程及方法。

为确保上述三维目标的立体推进,结合律动及中班幼儿特点,我将游戏化教学理念融入其中,以做衣裳作为活动主线,通过谈话、观察、欣赏、律动的形式,让幼儿在游戏中感受音乐,体验音乐活动带来的快乐,共设计了四个环节。

环节一:故事导入,激趣引题。

播放《做衣裳》音乐,小朋友在教师带领下来到主题墙前。教师结合"月亮姑娘做衣裳"主题墙画面,绘声绘色讲故事,并提出如下问题。

"月亮姑娘去找小裁缝做衣裳。给月亮姑娘做衣服可不是件容易事,为什么呢? 聪明的小裁缝是怎么解决这个难题的呢?"

教师结合之前进行的故事活动"月亮姑娘做衣裳",引导幼儿在已有经验基础上理解量一量、剪一剪、缝一缝、穿一穿等动词,快速进入游戏情境,激发幼儿对律动活动的兴趣。主要运用提问法、谈话法,用时约 4 分钟。

环节二:幼儿配合动作感知音乐。

本环节分为两个步骤。

步骤一,教师播放多媒体课件"做衣裳",结合视频及歌曲图谱,引导幼儿熟悉音乐,了解歌曲内容。

步骤二,教师播放音乐《做衣裳》,结合奥尔夫声势教学法引导幼儿完整欣赏音乐,感知音乐节奏,体会歌曲欢快活泼的情绪。

"请小朋友仔细观察小裁缝是怎样做衣裳的? 都用到了什么工具?"

本环节教师通过奥尔夫声势教学法与幼儿进行互动,带领幼儿用说、拍手、跺脚、扭屁股等不同方式,在玩耍中逐步熟悉歌曲的节拍特点和歌词,通过视、听、说、动等提升活动的趣味性,初步突出重点,也为下一步幼儿随音乐有感情地进行律动做好铺垫。本环节主要运用欣赏法、提问法、谈话法、多感官参与法,用时约 8 分钟。

环节三:基本动作练习。

本环节分为三个步骤。

步骤一,鼓励幼儿结合歌曲图谱,随音乐用肢体动作自由表现出做衣裳动作。

步骤二,教师示范表演(现场示范表演 1~2 个乐句,强调镜面示范)。

在这里,教师通过完整、规范的律动表演,为幼儿做出量、剪、缝、叉腰、交叉走路等动作元素的示范,激发幼儿学习兴趣,给幼儿提供模仿榜样,丰富幼儿的艺术感受。

步骤三,鼓励幼儿跟随教师模仿量、剪、缝等做衣裳动作。

本环节创设"小裁缝做衣裳"情境,在游戏中幼儿模仿或自由动作,教师针对幼儿的个体差异和实际情况采用分解、组合等不同方式,并对幼儿提出不同的要求,不强求动作完全一致,重在艺术感受与表现。本环节主要通过示范法、讲解法、练习法等进一步突破重点,用时约 10 分钟。

环节四:师幼共同游戏,创造性表现律动"做衣裳"。

以教师和幼儿变身小裁缝为不同的客人做衣裳为游戏情境,鼓励幼儿模仿和即兴创作相结合,教师不做过多的干预,引导幼儿用自己喜欢的方式如单独表演、合作表演,创造性表现歌曲,体会律动的乐趣,感受劳动的快乐,达成情感目标,并进一步突破难点。在欢乐自由的氛围中自然结束本次活动。本环节主要运用游戏法、表演法,用时约 8 分钟。

最后,说活动延伸。

1. 延伸至领域活动。语言领域:谈话活动——各民族服饰。

2. 延伸至区域活动。美工区:请小朋友把自己要做的衣裳画在画纸上。表演区:投放《做衣裳》音乐,幼儿区域活动时可进行律动表演。

3. 延伸至亲子活动。回家给父母表演律动。

《纲要》中指出,教师是幼儿的支持者、合作者、引导者,本次活动真正做到以幼儿为主体,在游戏情境中开展律动活动,通过示范、讲解、练习及多感官参与法,突破活动的重点难点,通过师幼互动,幼幼互动很好地实现活动目标。

(大连甘井子区教育局实验幼儿园　韩凤媛)

面试部分

1. 题目:歌曲《小水滴去旅游》

2. 内容:

(1)弹唱歌曲。

(2)模拟组织幼儿学习歌表演。

(3)回答问题。

3. 基本要求:

(1)弹唱歌曲。在指定的调内,有感情地边弹边唱,把握旋律的音高,弹唱吐字清晰,节奏准确。

(2)模拟组织幼儿学习歌表演。教学方法基本适合幼儿的特点,能激发幼儿的兴趣,适合幼儿的能力水平。表情适宜,表演与歌词内容相符。

(3)回答问题:

① 这个歌表演适合哪个年龄阶段的幼儿学习?

② 在歌表演教学活动中,你可以选择哪些方法激发幼儿的情感与想象?

③ 音乐韵律活动教学的组织环节可以有哪些?

④ 在音乐韵律活动教学中要注意的教学难点是什么?

(4)请在 10 分钟以内完成上述任务。

主要考核目标:

主要考核考生弹唱的基本技能、了解幼儿及组织教育活动的能力等。

小水滴去旅游

张金娥 词曲

1=F 2/4

```
5 6  5 4 | 3 2  1 | 6 7  1 3 | 2  — | 6 7  1 3 | 2  5 | 5  5 4 |
小  水  滴 哟 去  旅  游,    乘  着  白 云  往  下
小  水  滴 哟 去  旅  游,    看  见  小 朋  友  把树
```

```
3  — | 5  5 4 | 3  1 2 | 1 1  4 5 | 6  — | 1 | 4 6 | 5  3 |
流,    亲  亲  花  瓣 亲 亲 小  草,    与  小 树  做 个
摇,    沙  沙 沙  告 诉 他: 好 呀 好 娃  娃,    爱  护 小 树 苗
```

```
5  2 3 | 1  — ‖
好 朋  友。
人 人  夸。
```

参考答案与评分说明:

(1) 比如,能教态亲和自然地范唱。

(2) 通过表情、语言、动作、图片等在帮助幼儿理解歌曲内容的基础上进行歌表演。

(3) 参考答案。

① 适合大班幼儿学习。

② 通过表情、语言、动作、图片等在帮助幼儿理解歌曲内容的基础上激发其情感与想象。

③ 预设合适的音乐韵律动作;让幼儿聆听或哼唱音乐;让幼儿听音乐,根据音乐的节奏,模仿、学习拍节奏;听音乐,做肢体动作;听音乐,让幼儿创编、展示肢体动作;听音乐,做音乐律动与音乐游戏。

④ 学会聆听音乐;把握音乐节奏的特点;学会边听音乐边做动作,肢体动作应符合音乐进行的节奏;肢体动作应与音乐进行的速度、节奏相吻合;创编韵律动作;能够快乐、自然地进行音乐韵律、游戏活动。

拓展阅读

● 阅读一 学前儿童韵律活动的目标

学前儿童韵律活动是一种有目的的教育活动,它的目标指明了教育要达到的要求,是教师开展韵律活动的指导思想,也是制订活动计划的依据,只有明确了目标才能使活动达到预期的效果。

(一) 学前儿童韵律活动的三维目标

1. 认知目标

能感知、理解韵律动作与音乐的关系,尝试进行创造性的动作表现,能根据音乐的情绪要求

及音乐表现手段来做动作。

2. 情感与态度目标

喜欢参加韵律活动和音乐游戏;积极体验参与韵律活动和音乐游戏的快乐;探索用身体动作来表达音乐;体验与他人合作表演的快乐。

3. 操作技能目标

能比较自如地控制自己的身体动作,并能掌握和运用简单的道具进行表演。

(二)学前儿童韵律活动的年龄阶段目标

1. 小班

(1)能跟随音乐的节奏做简单的基本动作和模仿动作。

(2)喜欢参加集体韵律活动和音乐游戏。

(3)学习一些较简单的集体舞。

(4)初步尝试和体验用动作、表情和姿态与他人交流的方法和乐趣。

2. 中班

(1)能跟随音乐的节奏做简单的基本动作、模仿动作和舞蹈动作。

(2)喜欢参加集体韵律活动和音乐游戏。

(3)学习一些基本的舞蹈动作和集体舞。

(4)享受并体验用动作、表情和姿态与他人交流的方法和乐趣,初步尝试用创造性的动作自发地随音乐自由舞蹈的乐趣。

(5)能在动作表演过程中学习使用一些简单的道具。

3. 大班

(1)能跟随音乐的节奏较准确地做各种稍复杂的基本动作、模仿动作和舞蹈动作组合。

(2)喜欢参加集体韵律活动和音乐游戏,喜欢自发地随音乐自由舞蹈。

(3)进一步丰富舞蹈动作语汇,在掌握一些基本的舞蹈动作和集体舞的基础上,学习一些含有创造性成分的稍复杂的舞蹈组合。

(4)能积极体验用动作、表情和姿态与他人交流的方法和乐趣,并在合作表演的过程中尝试用创造性的动作大胆、主动地表现。

(5)能在动作表演过程中学习选择并较熟练地使用一些简单的道具。

以上各年龄阶段的目标,教师在运用道具的过程中要根据实际情况灵活地掌握和运用,而不能机械地理解和运用,否则将达不到预期的教育效果。

● 阅读二 幼儿园韵律教学常见问题与应对策略

(一)常见问题

(1)幼儿园对舞蹈教学缺乏应有的重视。为数不少的幼儿园只有特长班上舞蹈课或每年的"六一"儿童节才编排舞蹈,导致幼儿舞蹈语汇贫乏。

(2)教师示范动作时欠缺表现力,且不注意面向全体,如不考虑站位、方向及幼儿是否能看清楚等。

(3)舞蹈动作往往过难,脱离幼儿实际情况,经常是教师的表演水平很高,但幼儿却望尘莫及。

(4)幼儿在舞蹈时"聚堆儿"现象严重,教师视而不见,忽视对幼儿空间方位感的培养。

（二）应对策略

（1）教师应注意在日常活动中引导幼儿学习一些难易适中的舞蹈基本动作。

（2）教师不应以技能要求为目的，而应注重对幼儿动作协调性的培养。

（3）教师应通过参加园内外文化娱乐活动提高自身的表现力。

（4）教师站位策略如下。

① 在圆圈状态下，教师应与幼儿同样站在圆圈上，这样，不仅有利于形成师幼平等的氛围，而且能使幼儿无障碍地看清教师全部的姿态和运动方式。

② 在双圆圈的空间状态下，教师一般应该站在内圈上。

③ 幼儿所组成的圆圈在做顺时针或逆时针运动时，教师一般应该站在圆圈内，并以正面迎着幼儿的正面，与幼儿做反方向运动，以便能够为幼儿提供正面示范的榜样并与幼儿进行目光交流。

④ 在方阵或行列的状态下，教师可与幼儿相向而立，这是做"镜面示范"；教师也可与幼儿同向而立，这是做正常示范。

（5）教师移动。在韵律活动中，教师移动的主要功能是调节。

① 在自由散站状态下，教师应撤出活动区域，观察幼儿的创造性表现。

② 了解幼儿特殊需要，避免幼儿过度依赖教师和模仿教师。

● 阅读三　幼儿园韵律活动组织实施的基本流程

韵律活动是幼儿随着音乐进行的身体活动，是幼儿园音乐教育的重要内容之一，能满足幼儿对身体动作的需要、对音乐进行探索的需要、对想象思维和创造性表现的需要、对交流合作的需要等。相对于其他学科的教学内容，韵律活动组织起来比较困难。需要把握活动组织与实施的基本流程，以充分发挥韵律活动的教育价值，满足幼儿的发展需要。

我们在研究中发现，韵律活动的组织与实施是有内在规律可循的，而这种内在规律的具体体现又是千差万别的。教学活动流程的设计是否合理，是能否实现教育目标、完成教育任务的重要因素，也是幼儿在韵律活动中能否长时间保持身心愉快、能否感知并理解音乐、能否发挥审美想象力与创造力的重要因素。在组织韵律活动时主要可以采用以下几种流程。

（一）流程一：引导—示范/模仿—练习

这种模式适合于年龄小的幼儿，或在幼儿的生活经验、韵律活动经验不够丰富的阶段。以小班韵律活动"洗手舞"为例，介绍这一流程的基本步骤。

（1）步骤一　根据幼儿的生活经验和感兴趣的事物，采用幼儿容易接受的方法引出主题。

兴趣是幼儿进行活动的先导，教师要善于发现幼儿感兴趣的事物，采用有效的方法激发幼儿的兴趣。韵律活动"洗手舞"来源于幼儿的生活，教师发现，幼儿对每天都做的洗手动作并不陌生，而且每次洗手时，都有几个"小调皮"玩得不亦乐乎，迟迟不肯走出卫生间。捕捉到这一兴趣点后，教师将"洗手"的动作引入了韵律活动中。活动开始，教师先带幼儿复习洗手动作，目的在于唤起幼儿的已有经验，引出活动主题。教师模仿幼儿洗手动作并提问："小朋友想一想，老师刚才做的是什么动作？"幼儿异口同声地回答："洗手。"教师继续提问："谁来做一做，你是怎么洗手的？"在小朋友回忆洗手动作时，教师提示"洗手的时候先干什么，后干什么？"帮助幼儿将零散的经验整合起来。

（2）步骤二　教师用幼儿能清楚感知的方法反复示范新的动作，分析讲解动作要领、动作表现的形象，并用较慢的速度引导幼儿模仿表现。

小班幼儿生活经验不够丰富,爱模仿又是他们的年龄特点,所以,教师应该将韵律活动中新的动作耐心地教给幼儿,帮助他们积累生活经验和韵律活动的经验,为以后的创造活动打下基础。

在这一环节中教师采用的是图示法,将小朋友洗手的动作以照片出示,提示"看看照片中的小朋友是怎么洗手的? 咱们一起来做一做吧。"教师边示范边讲解洗手各环节的动作要领,将洗手的动作分解成几个部分,如打开水龙头、湿湿手、打点香皂、搓搓手、再洗一洗、甩甩水、关上水龙头等,幼儿掌握后教师再带领幼儿做连贯的动作。在模仿洗手动作的过程中教师要注意引导:"照片中的小朋友是这样搓一搓的,你是怎样搓一搓的?"孩子们在教师的提示下,做出手心对手心搓一搓、手心对手背搓一搓、双手五指交叉搓一搓的不同动作。最后把小手洗干净了,教师引导小朋友说出自己的心情,孩子们情不自禁地闻着自己的小手,仿佛闻到了肥皂的香味。

(3)步骤三 教师采用不同的形式练习,不断调动幼儿的积极性,让幼儿在练习中逐步达到熟练掌握。

在韵律活动中,幼儿是通过多次活动、多种方式获得经验的。在教师示范、幼儿模仿后,要及时采用多种形式对幼儿的模仿动作进行巩固练习,使之逐渐内化为幼儿自己的随乐动作。在这一环节,教师先利用了图示来帮助幼儿练习,让幼儿回忆洗手动作的先后顺序,及时引导:"洗手有这么多好看的动作呀,让我们一起随着音乐边看图边跳洗手舞吧。"之后,在小朋友随音乐做洗手动作时,教师用语言提示打开水龙头、湿一湿小手、关好水龙头、擦擦小香皂、两手搓一搓、洗干净小手、轻轻甩一甩。幼儿结合教师的语言提示能有效地将洗手的动作组合起来,随着音乐舞动着,在音乐中感受着洗手动作的韵律。

(二)流程二:引导—感知—探索—创造

这种活动流程的设计要考虑的因素较多,如幼儿的年龄特点、已有的知识经验水平、活动内容的难易程度等。这一流程适合于大一些的、生活经验比较丰富的幼儿。以韵律活动"擦镜子"为例,介绍这一流程的主要步骤。

(1)步骤一 教师在引导幼儿回忆有关经验的基础上提出主题,并让幼儿用动作来表现教师提出的形象、情节、情绪、节奏等。

很多韵律活动的内容来源于生活,大班幼儿在观察力、记忆力、语言表达能力等方面相对小、中班幼儿都有不同程度的提高,此时教师引导幼儿回忆生活中的一些经验,能帮助幼儿将生活中的素材积累起来,有效迁移到韵律活动中,同时,还有助于幼儿养成认真观察的习惯。

"擦镜子"活动一开始,教师引导:"你们在家里看过爸爸妈妈擦镜子吗? 他们都是怎么擦的?"教师以问题引发幼儿回忆并说出自己对于擦镜子的经验,请幼儿用相应动作加以模仿,请其他幼儿跟随模仿动作。

教师发现,想让幼儿将生活经验中的动作运用到韵律活动中来,仅仅回忆他人的经验是不够的,只有自己亲身经历过才能有效转化。因此,教师精心设计了幼儿亲自体验擦镜子的环节,并提问"你擦镜子的时候用了哪些好看的动作? 镜子里的你在做什么?"使幼儿在亲自体验过程中,了解擦镜子的人物形象、动作节奏、情节等。在幼儿第二次回忆中,教师及时提示:"谁还有和他不一样的擦镜子的动作?""你在擦镜子的时候心情是怎样的?"以此来引导幼儿逐渐表现出不同的擦镜子的动作形象和愉悦的情绪。

(2)步骤二 组织幼儿感知、倾听、分析、体验音乐,引导幼儿将已经准备好的动作与音乐的相关部分进行匹配,并随音乐做动作。

在这一环节,教师要给予幼儿充分聆听音乐的时间,不要让幼儿笼罩在教师的"诠释"之中。每个人对音乐的理解是不同的,教师要引导幼儿在初次聆听音乐后表达对音乐的感受,鼓励幼儿用自己的方式表现音乐,将已有动作变成与音乐相匹配的随乐动作。

"擦镜子"中教师先请幼儿完整地倾听音乐,引导幼儿说出对音乐的独特感受,"很欢快""听了想跳舞"等。在幼儿对整段音乐有了初步的感受后,将音乐的 A 段、B 段、A′段分解,分段请幼儿倾听理解,边听边想可以跟音乐做哪些擦镜子的动作并帮助幼儿分析每一乐段的特点,引导幼儿将擦镜子的动作、洗抹布的动作和表现自己劳动后喜悦心情的动作与每个乐段相匹配,促进幼儿逐段用动作来表现音乐。

(3)步骤三　根据幼儿表现的情况,引导幼儿互相欣赏、借鉴,从中提炼出动作表现要领。

这一环节是教师帮助幼儿进行经验提升的环节,教师要有敏锐的观察力,从每次的表演中发现"典型",如教师引导幼儿说:"我发现梁思峻小朋友擦镜子的动作和别人不一样,请他来给大家表演一下。"在小朋友欣赏后,教师再请全体小朋友模仿,在这样的互相借鉴中,幼儿不断丰富了"擦镜子"的动作经验,也逐步掌握了擦镜子的动作表现要领。所以,在幼儿完整地跟随音乐来表现自己擦镜子的动作时,也就会自然和流畅了。

(4)步骤四　教师提出新一轮的动作要求,使幼儿在已有经验的基础上,在新一轮的动作中自由借鉴,创造性地表现。

幼儿只有在韵律活动中有表现的自由和空间,才能根据自己的兴趣、需要,大胆地创造,尽情地抒发自己对音乐的感受和理解。同时,教师在活动中要尽可能地为幼儿提供与同伴交流与合作活动的空间。

在这一环节,教师将"擦镜子"的活动推向了高潮,是锻炼幼儿创造思维和合作能力的重要部分。教师与配班教师面对面共同示范了擦镜子的动作后,提出了新的问题:"你们发现两名老师的动作有什么特点了吗?"幼儿结合开始环节中亲自擦镜子时的经验,理解了合作表演擦镜子的动作特点和要领:镜子里的人和擦镜子人的动作、方向、节奏等都是相同的。教师又提示幼儿:镜子里面的影像要迅速跟随擦镜子人的动作。幼儿在分角色两人一组表演时,创造能力和合作能力都得到了很好的锻炼。

(三)流程三:导入—模仿—创造—体验

以小班韵律活动"跳舞娃娃"为例,介绍这一流程的主要步骤。

(1)步骤一　根据幼儿的年龄特点,用容易引起幼儿学习兴趣的方法,激发幼儿的学习欲望,引出主题。

活动开始,教师用神秘的口吻引导:"今天有位小客人要来我们班,你们想不想知道他是谁?请你们闭上小眼睛,我数三下,你们再睁开眼睛,看看他是谁?"然后出示跳舞娃娃请幼儿观察。教师运用语言的魅力,充分调动幼儿的学习积极性,引出主题。

(2)步骤二　教师引导幼儿在观察的基础上,由浅入深地模仿新的动作或动作组合。

在这一环节,教师借助电动跳舞娃娃本身的跳舞特点,在幼儿第一次观察后引导:"跳舞娃娃在做什么?"引导幼儿感受跳舞娃娃跳舞的韵律。在幼儿第二次欣赏后,教师重点引导幼儿说出跳舞娃娃是怎样跳舞的,提出模仿任务:"我们一起跟跳舞娃娃来跳舞吧。"

(3)步骤三　引导幼儿学习某种变化基本动作的方法,并组织幼儿跟随音乐练习他们运用变化方法创造出来的各种新动作。

在这一环节,教师注意引导幼儿从变化上肢动作到变换下肢动作再到变换节奏、迁移生活经验的方法来创编。教师提出"跳舞娃娃还想和大家一起跳舞,可是它想让你们和他跳的动作不一样"。在幼儿创编过程中教师注意观察,捕捉上肢动作、下肢动作及节奏方面有创意的幼儿,利用榜样的作用,帮助幼儿梳理创编动作的经验。在此基础上提出"现在请小朋友想一想生活中有哪些动作可以随着音乐做出来?"幼儿在教师的提示下,做出了生活中洗脸、刷牙、洗衣服等不同的动作。

(4)步骤四　请幼儿跟随音乐连贯、独立表演,体验自己创编的动作。

教师巧妙安排好体验环节,有利于幼儿相互学习欣赏,分享成功的喜悦,获得新的启发。

这一环节,教师请幼儿和跳舞娃娃一起跳舞,和同伴一起跳舞,幼儿在独立表演的同时,进一步体验了自己创编的动作与音乐相匹配的和谐和快乐,幼儿每次体验后,都会有不同的动作随着好听的音乐表现出来。

韵律活动的组织和实施不是只有这三种流程,需要我们在实践过程中根据幼儿的年龄特点、实际经验和水平,结合韵律活动的内容,不断实践和探索,挖掘出更科学更有效的实施流程。

(大连亿达世纪城幼儿园　姜承华)

> 音乐,是人生最大的快乐;音乐,是生活中的一股清泉;音乐,是陶冶牲情的熔炉。
>
> ——冼星海

基本流程：初步欣赏、多次深入欣赏、完整欣赏

单元四
学前儿童音乐欣赏活动的设计与指导

🎈 学习目标

- 了解学前儿童音乐欣赏能力的发展特点。
- 了解学前儿童音乐欣赏活动的教育内容。
- 理解学前儿童音乐欣赏活动中能力的培养。
- 掌握学前儿童音乐欣赏活动材料的选择。
- 能够设计各年龄班幼儿音乐欣赏活动方案并实施。

哲学家席勒曾经说过："从美的事物中找到美，这就是审美教育的任务。"音乐欣赏对人的审美能力的培养有着举足轻重的作用，因此，音乐欣赏也是学前儿童音乐活动的重要组成部分。事实上，在唱歌、音乐游戏、舞蹈等整个音乐教学活动中都包含有欣赏的因素。

基础理论

学前儿童的音乐欣赏，是学前儿童通过倾听音乐对作品进行感受、理解和初步鉴赏的一种审美活动，是怀着欣喜之情反复倾听音乐的活动。音乐表现手段的节拍、节奏、速度、力度、音色等展现出了音乐作品丰富的情感魅力，使儿童能够从中获得多种多样的情绪体验和对美的感受，同时也是对学前儿童进行音乐教育的重要手段。音乐欣赏在开阔学前儿童音乐视野、丰富音乐经验，发展想象、记忆和思维能力的同时，也能培养学前儿童听觉的敏感性和良好的倾听习惯，以及对音乐稳定而持久的兴趣和初步

的审美能力,最大程度地挖掘学前儿童的主动性、创造性及蕴藏的巨大潜能,促进其独立人格和个性的和谐发展。

一 学前儿童音乐欣赏能力的发展特点

音乐形象是通过各种音乐表现手段塑造出来的。音乐形象存在着不确定性和多义性。不同的听众,由于其文化素养、情绪和爱好的差异等,对同一音乐形象的感受常常有所不同,但对于乐曲情绪的体验却是基本相同的。各年龄班儿童由于年龄的不同、生理心理的差异等,其音乐欣赏能力也各有特点。

(一) 小班

小班儿童已经从周围生活环境中获得了较多的倾听体验和习惯,有较高的欣赏积极性。音乐能够引起他们情绪上的共鸣。

(1) 已经能够理解简单的、形象鲜明生动的乐曲,能很快识别如熊走、兔跳、鸟飞等动物活动的乐曲。

(2) 已经能够区别音乐作品的性质,以动作表达对音乐感受的能力强于用语言表述的能力。例如,听到优美宁静的摇篮曲会自然地晃动身体,听到坚定有力的进行曲时,则会不由自主地踏步、跺脚。

(3) 音乐理解能力有限,对作品的性质等不易理解,往往只注意一些特征性因素,如模拟音色。

(4) 该阶段儿童的音乐记忆力正逐步形成。

(5) 到了小班末期,儿童能借助想象、联想来理解性质鲜明的音乐情绪,并产生共鸣。例如,在欣赏歌曲《猪小弟》时,歌词的内容很明显是告诉儿童"猪小弟"拉朋友们玩游戏,而为什么朋友们都不愿与它玩呢?儿童听了前两段就能说出是因为"猪小弟"不爱干净,把身上弄得很脏,所以朋友们都不愿意与它做游戏。因为歌曲里小羊和小兔都唱到了"你的身上全是泥""你的身上脏兮兮",以此给了儿童想象的空间,活动最终达到了对儿童进行讲卫生、爱清洁教育的目的。

在小班儿童音乐欣赏活动中,只要求他们掌握音乐作品的基本性质和主要内容,引导他们通过动作表达对音乐的理解,有时可配以适当的直观教具帮助他们感受音乐。

(二) 中班

4—5岁儿童听辨音的分化能力有所提高,逐渐能辨别音的细微变化。

(1) 一般能欣赏内容较为广泛、性质风格多样的音乐作品,如舞曲、进行曲、摇篮曲等。

(2) 对不同体裁、性质、风格乐曲的分辨能力有很大发展,如能感知到《摇篮曲》的温柔、恬静,《小步舞曲》的欢快、热情奔放,《进行曲》的整齐、雄壮、有力。

（3）在对音乐的速度、力度、节奏、结构把握上，儿童能够通过教师专门组织的音乐活动，初步感受到乐曲的结构，听出乐段、乐句之间的重复及乐曲在情绪性质上的明显差异。例如，欣赏乐曲《赶花会》，通过教师与儿童的互动表演，儿童能够感知到该曲的"ABA"结构，能够感受到第一部分和第二部分的音乐是一样的。

（4）能基本理解音乐所表达的情绪和情感，并由此产生一定的想象和联想。随着学前儿童思维、想象的进一步发展，他们对音乐的理解能力也在不断地发展。儿童已经能够借助于歌词及已有的生活经验、音乐经验基本理解音乐所表达的音乐形象。另外，他们在欣赏过程中的创造性表现能力也在不断提高。

总之，中班儿童已经有了初步的音乐概念，能够欣赏内容较为广泛、风格较为多样的音乐作品，能较快地寻找到音乐形象，能区别其中明显的力度和速度变化及其不同的表情作用，但无法感知力度和速度的细微变化。系统的、科学的音乐欣赏活动可以使他们感知简单的曲式，发展他们对音乐的感受力、想象力、理解力和创造力。

（三）大班

大班儿童对音乐的感受和理解能力有了更大的提高。

（1）儿童听觉分化能力更加精细，听辨能力更强，能够感知音乐作品中的细节部分，而且能感受、辨别较为复杂的器乐曲结构、音色及情绪风格上的细微差别。

（2）用语言表达音乐感受的能力增强了，能结合自己的想象和联想，用较完整的语言或一定的故事情节来描述音乐。

（3）对纯器乐曲的理解能力进一步增强，能在清楚辨别、理解音乐作品速度、力度、音色、节奏等表现手段的变化过程中，进行大胆的联想和想象。

（4）儿童的创造性表现不仅体现在创造性表现的意识更积极主动，而且创造性表现的形式更丰富多样。学前儿童的创造性表现形式主要有身体动作、嗓音表达、语言描述、图片再现等。

（5）学前儿童的音乐记忆力和审美能力有所发展，表现出自己对某类音乐作品的爱好。

二　学前儿童音乐欣赏活动的教育内容

（一）倾听周围环境中的音响

倾听声音、培养学前儿童的听觉敏感性是学前儿童欣赏音乐的前提和基础。

音乐是由声音构成的一门听觉艺术，人们要用听觉才能感知它。音乐听觉能力贯穿于一切音乐活动之中，是形成各种音乐能力的前提条件。训练学前儿童的良好听觉，应该特别注意对学前儿童倾听能力的培养。"倾听"与一般的"听"有所不同，倾听是一种有意识的、带有注意力的"留神听"，它不仅需要注意力的集中，有时候还需要有感情的参与。音乐的声音是在时间过程中流动的，如果不注意倾听,往往容易使音乐白白流失过去而在听觉上无所收益。

"音乐源于生活。"音乐的种种表现手段在现实生活中都有着客观的依据。在我们周围环境中,无论是自然界,还是现实生活中都充满着各种音响:鸟叫、蛙鸣、暴风的呼啸、雨水的滴答声等。学前儿童生活在这样一个充满美妙声响的环境之中,教师要有意识地利用各种场合、时间,借助游戏的形式,去培养学前儿童的倾听能力,引导学前儿童乐于倾听、善于倾听生活中美妙的声音,并以自己喜欢的方式表现出来,为音乐欣赏活动奠定基础。

倾听能力的培养有许多途径,完全可以纳入日常活动计划之中。比如,可以和学前儿童一起听和讨论各种声音,呼啸的北风、潺潺的小溪、滴答的小雨等。引导学前儿童倾听生活中的声音,以生活化的方式激发学前儿童对音乐欣赏的兴趣,奠定欣赏能力发展的基础。

1. 倾听人体声音

自己的身体应该是学前儿童最熟悉的部分了,因而,倾听的训练可以先从倾听身体各部位发出的声音开始。

如教师与学前儿童面对面坐在一起,让学前儿童模仿教师发出的各种各样的声音,如拍手声、捻指声、弹击声、拍腿声、跺脚声、轻快的跳动声和各种噪声等。还可以让学前儿童仅靠听觉来模仿以增加游戏的难度。

另外,可以让学前儿童围成一个圈,教师对第一个小朋友耳语一句,请他们一个挨一个轻轻地把这句耳语传下去,最后一个小朋友把听到的耳语大声说出来,看看耳语在传递过程中是不是走样儿了。

2. 倾听日常用具的声音

学前儿童好奇心很强,对身边物品发出的声响会有很大的兴趣。教师可以利用日常生活中的用具发出的声响,来训练学前儿童的倾听能力。

(1)让学前儿童辨别两个声音特质不同的物品(如钥匙串和木棒),随后可让学前儿童闭上眼睛仅靠听觉辨别哪一样东西在发声。注意在游戏开始时,选择的物品发出的声音应该差别大一些,然后可以慢慢缩小差别,以提高学前儿童的分辨能力;还可以逐渐增加发声体的数量让学前儿童辨别。

(2)为学前儿童准备与教师一样的发声体,让他们根据听到的教师发出的声音,选择相应的发声体发出相同的声音;也可以让学前儿童仅凭听觉,模仿教师发出相应的声音。

(3)制作常用发声用具的图片,让学前儿童根据教师发出的声音,找出相应的图片。可以进行小组竞赛,教师连续发出几种不同的声音,看谁找得又快又准。

3. 倾听周围的声音

学前儿童注意力不容易集中,常常会被周围有趣的声音吸引住。教师应针对学前儿童这一特点,立足于让他们倾听生活中感兴趣的声音,有效利用周围生活中的声音来训练学前儿童的倾听能力。

倾听在活动室可能听到的声音,如教师弹琴的声音,走路时皮鞋发出的声音,撕纸、翻书的声音,关门窗、用粉笔写字、桌椅接触地面发出的声音等。

倾听在庭院、活动场上可能听到的声音,如风吹树枝摇动的声音,大雨哗哗的声音,脚踩积雪的声音,枯木被折断的声音,小朋友跑步、拍球、跳绳的声音等。

倾听在公园、郊外游玩时听到的声音,如水波相互击打的声音,玩具枪发出的声音等。

4. 记忆声音

(1)教师利用身体的各个部位,发出几种不同的声音(拍手、拍肩、拍腿、跺脚等),让学前儿童按照顺序模仿。教师还可以躲到屏风后面,或者背对学前儿童,重复这一游戏。

(2)教师和学前儿童每人一套相同的发声体(可以是日常生活用具或乐器),教师用这些发声体发出各种不同的声音,然后请学前儿童按照相同的顺序,模仿发出同样的声音。这个游戏还可以一步步加深,例如,教师发出的声音的种类可以一次比一次多;教师用发声体发声时不让学前儿童看见,让学前儿童仅凭听觉模仿;选择4种或4种以上的物体同时发声,请学前儿童听辨,再拿走一个物体,只用3种物体来发出声音,让学前儿童说出少了哪一种物体。

(3)将声音信号和一定的动作联系起来做游戏。如用拍手表示跑,用铃鼓表示跳,用大鼓表示停止,用钹表示坐下等。开始时可以只用两种信号:跑和停止,跳和停止,然后可以用3种信号:跑、停止、坐下;跳、停止、坐下;最后可以将4种信号混合起来使用。当然,还可以加入更多的信号变换。

5. 录制声音

(1)录下一些特有的声音,如做饭、洗衣服的声音等,放给学前儿童听,让他们辨别。学前儿童大都喜欢听他们自己的声音,因此,教师在录制声音时可以让学前儿童尽可能地参与进去。如录孩子们唱歌的声音,让孩子们听听是谁在唱歌,唱的什么歌等。

(2)录下公路或操场上等学前儿童感兴趣的地方的各种声音,让学前儿童自己去倾听和辨别。

(3)对于大、中班的学前儿童,可以录制一些音响故事,即将各种声音连贯起来,并赋予一定的想象力,使它成为一个有情节的故事。在这种音响故事里,最好让学前儿童自己的声音成为故事的主角。

在整个倾听游戏的活动过程中,当学前儿童对某一个倾听游戏厌倦了,表现出不耐烦的情绪时,教师要做的不是责备孩子,而是及时地改变游戏活动的内容和方式。学前儿童只有熟悉了现实世界中他们所感受过的、听到过的各种音响,才能够体会出音乐是怎样通过对现实世界各种音响的模拟和反映来表现这个现实世界的。

(二)欣赏音乐作品

(1)优秀的中外少年儿童歌曲。如《嘀哩嘀哩》《小人书不要哭》《飞飞曲》《摇篮曲》《铃儿响叮当》等,这些歌曲的歌词形象具体,学前儿童可以借助歌词理解和记忆音乐。

(2)钢琴教材及其他器乐教材中,一些旋律优美、体裁短小,但音乐形象鲜明、有典型特点的小曲子,如《跳绳》《扑蝴蝶》《生病的小娃娃》《小鸟的歌》等。

(3)专门为儿童创造的音乐童话片段。如《龟兔赛跑》《彼得与狼》等,这类作品用不同的乐器表现不同的角色形象,并随着丰富的乐队音响展开故事情节,学前儿童可以在欣赏音乐的过程中,丰富自己的想象力,可以借助情节和角色,分辨各种乐器的音色和音乐的表现手法,进而感受音乐。

(4)中外著名音乐作品或其中的片段,如《动物狂欢节》、《天鹅湖》中的《四小天鹅舞曲》等。也可以直接让学前儿童欣赏大型无标题的器乐作品。

(三)音乐欣赏的简单知识技能

(1)了解音乐作品的名称、主要内容和常见表演形式。

(2)认识常见乐器的名称。

(3)听出并理解作品的主要情绪、内容、形象及作品的主要结构。

(4)分辨常见人声和乐器的音色。

(5)根据音乐作品展开想象、联想。

(6)运用一定的媒介表达对音乐的感受。

三 学前儿童音乐欣赏活动材料的选择

音乐欣赏活动的材料包括音乐作品和音乐欣赏的辅助材料。因此,在为学前儿童选择音乐欣赏的材料时,也要分别从这两个方面来考虑。

(一)音乐作品

音乐作品必须具有较高的思想性和艺术水平,有较好的演唱、演奏质量。音乐作品有声乐曲、器乐曲类别上的不同,又有题材、体裁、内容、形式、风格特点的不同。虽然欣赏教材可以不受学前儿童演唱、演奏和动作表达能力的局限,选材的范围可以广泛些,但仍需要考虑学前儿童的年龄特点、接受能力。

在为学前儿童的音乐欣赏活动选择音乐作品时,既要考虑作品的内容、形式、风格是否丰富多样,比例结构是否合理,还要考虑学前儿童感知、理解音乐的实际能力水平。

在一般情况下,小班的音乐欣赏材料以歌曲为主。歌曲反映的内容生动,有情节、有角色,艺术形象特点鲜明,歌曲反映的生活是小班儿童能够理解的,如歌曲《打电话》《小人书不要哭》等。刚入园的儿童也很喜欢听描写小动物的歌曲,里面有模仿小动物的叫声,音乐形象鲜明。小班儿童欣赏的器乐曲,要形象单一、鲜明,有标题,富有描写性。如《小鸟的歌》描写小鸟的叫声和歌唱声,《娃娃》描写娃娃睡觉、醒来和跳舞等,这些都是小班儿童熟悉的生活和感兴趣的事物。最好有模拟的声音,如军号声、马蹄声、小鸟叫声、火车鸣笛、汽车喇叭声等。也可以选用一些中、大班将要学唱的歌曲作为小班的欣赏材料。

中、大班的音乐欣赏材料,如果选择的是歌曲,则歌曲的内容、性质、表现形式,要比小班更多样化。也可以选用一些少儿歌曲和叙事歌曲作为欣赏材料。如《小东送表》《在卡吉德洛森林里》等。大、中班儿童欣赏的器乐曲要求比较宽泛,但在选择材料时,需要着重考虑的应是结构单纯、工整,长度适中的曲目。如木管五重奏民间乐曲《小放牛》、管弦乐童话故事音乐《骄傲的鸭子》等。还有大量中外著名音乐作品,以及一些音乐童话,在被选为学前儿童的欣赏材料之后,需要再进行一定的节选或改编工作,以使这些材料能够接近学前儿童的接受能力。如贝多芬《第九交响曲》第四乐章中的《欢乐颂》主题,海顿《第九十四交响曲》第二乐章中的《惊愕》,刘铁山等的《瑶族舞曲》中第一乐段的第一主题等,这些片段结构完整,有完满的结束感,形象鲜明生动,长度也比较适中。再如,聂耳的《金蛇狂舞》,原作品的结构是:引子—A—B—A—B—A,现将其中的重复部分删去,就构成了:引子—A—B—A 的新结构。作品经压缩以后,结构变得单纯而清晰,长度也变得较为适中,也就比较容易为学前儿童所接受了。

当然,在为学前儿童选择音乐欣赏材料时,还应注意从总体上考虑材料的多样性和丰富性。如从内容出发,应广泛包含反映社会、自然及儿童生活和内心世界的作品;从表演形式出发,应广泛包含各种形式的歌曲和各种不同的器乐曲;从材料的文化历史代表性出发,应广泛包含不同时代的中外优秀作品。

(二)辅助材料

在音乐欣赏过程中,学前儿童往往需要借助一定的辅助手段,如视觉、运动觉、语言知觉等的协同活动,以丰富和加强听觉感受。所以,在学前儿童音乐欣赏活动中,提供辅助材料,是一种自然的、必要的手段。辅助材料一般有动作材料、语言材料、视觉材料三种。

1. 动作材料

通过跟随做动作的方式参与到音乐进行的过程中去,这是学前儿童感知、理解和表现音乐最自然、最重要的途径之一。它与韵律活动不一样,它更侧重于反映音乐的性质,即动作与音乐在节奏、旋律、结构、内容、情感等方面的一致性。所以一般不宜选择比较复杂陌生的动作,而应选择绝大多数学前儿童能自然做出的动作。而且,应经常让学前儿童有机会自己独立地选择动作,独立地对音乐做出反应。因此,在为音乐欣赏活动选材时,有时只需选择动作反应的性质,不需确定具体动作。如欣赏一首优美的抒情音乐,只需确定学前儿童所做动作的性质应是柔软、连贯、绵长、自由的即可。

2. 语言材料

语言材料特指含有艺术形象的有声文学材料,如故事、散文、诗歌、民谣等。在选择语言材料时,首要条件是要从音乐出发,与音乐欣赏的要求相一致。不仅要求文学作品本身的结构、内容、情感和形象与音乐一致;同时也要求讲述或朗诵文学作品时,语言的音调、节奏、力度、音色、风格等因素与音乐一致。如在欣赏舒曼的《梦幻曲》时,配的故事与诗歌不仅本身内容应具有梦幻的性质,而且在讲述和朗诵时,也应十分注意保持和渲染这种梦幻的性质。另外,选择的语言材料必须语言优美、文学性强,能为学前儿童所熟悉、理解和喜欢。在音乐欣赏活动中,应经常让学前儿童有机会自己独立地选择语言,独立地对音乐做出反应。

3. 视觉材料

视觉材料是指形象具体地反映音乐形象、内容、结构及节奏特点的可视材料。这些材料既可在时空中静止(如图画、雕塑等),又可在时空中流动(如动画、可活动的教具操作等),它们在线条、构图、造型、色彩、形象等方面必须与音乐的性质相吻合。如在欣赏贺绿汀的《森吉德玛》的 A 段时,提供的图片可以是一幅色彩淡雅、安逸、宁静而一望无际的草原风光图;而进入 B 段时,展现的则可以是一幅色彩热烈、画面富有动感而热闹的草原赛马图。若能运用现代教育技术手段,如多媒体课件等,则更有利于幼儿感受和欣赏音乐。

在音乐欣赏活动中,有时也可以让学前儿童自己独立地创作视觉艺术作品,并以此来表达他们对音乐的感受。

四　学前儿童音乐欣赏能力的培养

(一)学前儿童音乐感受能力的培养

音乐感受能力包括音乐的听辨能力、记忆能力和形象思维能力,它是在听、唱、奏等音乐实践中得到发展的,它关系着一个人从审美情感的角度和理性的角度去理解感受音乐的程度。学前儿童在音乐欣赏过程中是注意倾听音乐并且有鲜明的情绪反应,还是听而不闻无动于衷,这是判断学前儿童音乐感受能力高低的一个重要标准。因为大多数有音乐感受能力的学前儿童,都会积极主动地去倾听音乐,同时有明显的与音乐内容相关的情绪反映。

1. 培养对音乐表现手段的感受能力

学前儿童在欣赏音乐时,对形象性强的音乐作品,常常会产生直接的情绪反应,但这种感受往往比较笼统。教师在指导学前儿童欣赏时,既要引导他们对音乐作品的整体有情绪反应,也要引导他们能感受音乐中所采用的种种表现手段,并且使他们知道这些表现手段与情感表达之间的密切关系。

音乐的表现手段一般有力度、节奏、速度、旋律、音色、结构形式等。对音乐表现手段感受能力的培养应贯穿于学前儿童的全部音乐活动之中,还可以有计划地组织一些学前儿童感兴趣的活动,以侧重于对某种表现手段的认识与感受。

下面分别谈谈培养学前儿童对音乐表现手段感受能力的几种活动方式。

(1)力度(音的强弱)。

①用"回音"的方法:让学前儿童轻声模仿教师讲的一句话或唱的一句歌,通过自己的嗓音感受强弱。

②重步走、轻步走:音乐强时用较重的步子走;音乐轻时踮着脚尖走。

③用图形或色彩等表示声音的强弱:在乐器上敲出两种不同力度的声音,一强一弱,让学前儿童用图画表示出来。学前儿童可以画两个大小不同的圆圈、方形、三角形,或用两根长短不同的线条,或用两个大小不同的动物,或用两种深浅不同的颜色等来表示。鼓励学前儿童自己创造更多的表现手法,以后还可以增加到

强、中强、弱三种不同的力度。

④ 在模仿动作中自然结合力度的变化:如"洗手帕"这一模仿动作,在搓板上洗时用力大,在手中轻轻搓时用力小。

(2)节奏(音的长短及强弱拍)。

① 模仿各种声音,如交通工具声(汽车、火车),动物声音,自然界的风声、雨声、雷声等。

② 唱一句歌词,后面加一个节奏型。

(3)速度(快慢)。

① 走步、跑步:弹奏进行曲《小兵》的曲调,让学前儿童随音乐走步,然后将音乐的速度增加一倍。

② 帮妈妈绷毛线、绕毛线:前者慢,后者快。

(4)旋律(音的高低)。

"钢琴会说话":在玩体育游戏"长高了""变矮了"的基础上,告诉学前儿童钢琴也会说"长高了""变矮了",让学前儿童跟随音的高低做站起来长高,蹲下去变矮的动作。

2. 了解常见的音乐演唱、演奏形式,感受其艺术表现特点

音乐是需要表演的艺术,作曲家创作的音乐作品写在乐谱上,音乐形象还不算完成,必须由表演艺术家通过一定的表演形式,把写在乐谱上的音乐作品转化为活生生的音响艺术,才能把音乐的思想感情传达给听众。引导学前儿童在听音乐的过程中了解独唱、独奏、重唱、重奏、合唱、合奏等常见的音乐表演形式,启发他们感知其音响特点,欣赏其艺术表现力,是发展音乐感受能力的重要方面。

(1)在给大班学前儿童欣赏二重唱《蝴蝶歌》的时候,开始由两位教师演唱,让学前儿童边看边听,当他们听出两位教师的歌声不一样时,教师向他们介绍二重唱的演唱特点,同时请两位教师分别唱高声部旋律和低声部旋律,加深他们对两个声部的认识。然后再演唱二重唱并提醒学前儿童注意倾听两个声部合起来的歌声,引导他们欣赏二重唱优美动听的演唱效果。

(2)在欣赏大提琴独奏曲《梦幻曲》和小提琴独奏曲《春之歌》时,用图片或实物介绍大提琴、小提琴的外形特征和用琴弓拉弦的基本演奏姿势,使学前儿童认识乐器,提高倾听乐器音色的兴趣。同时,联系乐曲启发学前儿童倾听大提琴和小提琴的不同音色,感受其丰富的艺术表现力。

(3)在欣赏合奏曲《大马大马告诉我》时,教学前儿童懂得合奏曲是由许多人用许多乐器共同演奏的。教他们区分几种演唱、演奏形式的基本特点就可以了,至于合奏的和声部、分声部等学前儿童难以理解的问题就不必多讲了,但一定要把认识演唱、演奏形式与听音乐结合起来,把音乐知识与感知音响结合起来,发展音乐感受能力。

3. 培养听辨人声和乐器音色的听觉感受能力

(1)人们歌唱的音色和乐器的音色丰富了音乐的艺术表现力。歌唱的声音类型有男声、女声、童声之分;从音域来看又有高音、中音、低音之区别。由于每个人发声器官的构造和发声方法不同,所以,每个人的歌声各具特色,对于熟悉的人,听其声就可知其人。

（2）各种乐器因其构造、发声的动力、共鸣腔体的不同而形成乐器音色的不同特点。音乐作品中常常用某种乐器演奏某一音乐主题，描写某一事物、人物、角色。例如，童话故事音乐《龟兔赛跑》就是用单簧管主奏小兔的音乐主题，描写活泼而骄傲的小兔的音乐形象；用大管主奏乌龟的音乐主题，描写乌龟谦虚勤恳的音乐形象，两种音乐形象特点鲜明而生动。

（3）各种乐器的音色不同，具有丰富的艺术表现力，给人以多方面的艺术享受。为了让学前儿童能够辨别乐器的音色，感受其艺术表现力，可以分别让学前儿童欣赏不同乐器演奏的乐曲。比如，让学前儿童欣赏大提琴独奏曲《天鹅》和小提琴独奏曲《春之歌》，帮助他们丰富听觉实践，提高听觉差别感受力。这两首乐曲旋律优美动听，情感抒发强烈。欣赏时，不必在内容情节上去强作解释，而是引导学前儿童感受作品的基本情绪，听辨乐曲音色的特点，尝试感受乐曲的艺术美。

（二）学前儿童音乐审美能力、创造力、想象力的培养

1. 选择优秀的音乐作品

研究证明，学前儿童不仅喜欢自己能够理解的有歌词的歌曲作品，而且也喜欢不带歌词的器乐作品。许多世界著名作品已经应用于学前儿童音乐教育中，并取得了良好的效果。所以，如果可能，教师应该尽力为学前儿童选择公认的优秀的音乐作品，让学前儿童直接与音乐大师对话，使学前儿童尽早开始发展对优秀音乐作品的敏感性。比如，可以让学前儿童欣赏一些优秀的大型无标题交响乐，让学前儿童用自己的方式和情感经验去理解音乐，让学前儿童自由地、充分地表达自己对音乐的理解，教师不应把自己的观点灌输给学前儿童，更不应要求他们按教师的观点去理解音乐。学前儿童对音乐作品往往有他们自己的理解。心理学家吉尔福在分析创新能力时，有一个维度是"独特性"，即个体产生新思想的能力。学前儿童的想象说明了他们在参与、在创新，教师不应用标准的、僵化的术语去束缚他们的想象力和创造力。

2. 让学前儿童有机会利用更多的感知觉通道进行对音乐的感知

人在认识一个具体事物的过程中，开放的感知觉通道越多，对该事物的认识就会越全面、越丰富、越深刻。音乐认识也不例外。所以，教师在音乐欣赏活动中，不仅要让学前儿童有听觉的参与，也要让学前儿童有视觉、运动觉、触觉，甚至味觉的参与。同时还要让学前儿童有更多的机会表现音乐，让学前儿童在伴随音乐进行的表演过程中直接体验、感知音乐。

3. 启发学前儿童用多种形式表达对音乐的理解

人的感受性和表达活动经常是整体性的，相互不能分割的。人在运用不同的符号体系来表达对音乐的感知结果时，实际上已经是在表达更深一步的感知了。因而在学前儿童音乐欣赏活动中，教师可以启发学前儿童用以下方式来表达：一是用语言表达对音乐的理解；二是用肢体动作表达对音乐的理解；三是用面部表情表达对音乐的理解；四是用美术作品表达对音乐的理解。

五　学前儿童音乐欣赏活动的设计与组织

（一）设计与组织音乐欣赏活动应注意的问题

1. 根据音乐形象为学前儿童创设与之相适应的环境,充分调动学前儿童视觉的参与

音乐形象是一种听觉形象,具有流动性,不易把握。把乐曲的内容转化为相对稳定的视觉形象,可以让学前儿童反反复复地观察和欣赏。教师恰如其分地创设环境,即把音乐形象合理地转化为视觉对象的环境(包括图画、符号等),可以积极地促进学前儿童的视觉发展,对学前儿童的活动起着潜移默化的影响,进而可以帮助学前儿童理解、欣赏音乐作品的形象。

2. 将整个音乐欣赏活动设计成游戏或表演活动,引导学前儿童在游戏或活动中欣赏乐曲

学前儿童年龄尚小,缺乏对音乐的实践体验,需要依靠各种外部可见的音乐操作活动来感知和理解音乐,这也是最自然、最重要的方式。因此,教师在设计活动过程时,可以将欣赏活动设计成一连串游戏,当成串的游戏完成之后,学前儿童也自然地掌握了所欣赏的作品。

3. 重视教师在音乐欣赏活动中的引导

音乐欣赏活动的过程,就是学前儿童应用已有的经验和各种感官感受和表现音乐形象、内容的过程。在这个过程中,教师的引导作用至关重要。

4. 丰富学前儿童的相关经验,让学前儿童更好地感受、理解和表现音乐作品

学前儿童参与音乐欣赏活动,是运用已有的经验体验音乐的过程。注意积累学前儿童的非音乐活动经验是十分必要的。在欣赏活动过程中,围绕所需进行的音乐欣赏内容,需从以下几方面来丰富学前儿童的非音乐活动经验。

（1）丰富学前儿童有关的生活经验。例如,在欣赏歌曲《牧歌》之前,向学前儿童介绍草原生活、放牧的情形。

（2）丰富学前儿童的词汇。例如,教给学前儿童比喻句、拟人句、形象生动的形容词,带领他们欣赏优美的散文、诗歌,这样学前儿童才能用形象的语言描述音乐形象。

（3）丰富学前儿童的"美术"词汇,帮助学前儿童通过美术作品理解和表现音乐。

（4）带领学前儿童做游戏,丰富学前儿童的动作经验。例如,在欣赏《迷路的小花鸭》时,带领学前儿童玩"送小鸭子回家"的游戏。

教师可以在日常生活活动和其他教育环节中,丰富学前儿童的有关知识和印象,从而帮助学前儿童在欣赏音乐时能够引起与音乐作品内容相关的联想和想象,深入、完整地感受音乐作品的内容和情感。

5. 营造适宜的情境、宽松的氛围,让学前儿童充分感受音乐

音乐是最富有情感的艺术,创设一种与音乐协调的情境与氛围,激发学前儿童

学习音乐的兴趣,可以使他们很快进入音乐,充分感受音乐。

(1)给学前儿童充分想象、主动创造的空间。现代儿童学习观认为,学前儿童的学习应该是主动的建构学习,而不是被动的机械学习。教育的基本原则是使学前儿童身心获得主动、全面、和谐的发展。因此,教师在音乐欣赏活动中既要考虑到游戏性、活动性,更要注重活动的有效性。教师要在活动的指导策略上下功夫,多方创造条件,充分调动学前儿童学习的主动性与自觉性,把学习的主动权交给学前儿童。音乐欣赏活动的目的不是让学前儿童创作作品,而是让学前儿童能通过音乐作品把握形式所蕴含的意味,让学前儿童能用整个心灵去感受音乐的美。教师在音乐欣赏教学中,要让学前儿童能在倾听音乐的同时大胆想象、主动创造,让学前儿童充分表达自己对音乐的理解,不能把自己的观点强加给学前儿童,更不能要求他们必须按教师的观点理解音乐。

(2)引导学前儿童自主创编动作和游戏。用动作或语言来表达是学前儿童欣赏音乐作品时最自然的情感流露方式。学前儿童会根据自己的生活经验创编出各种动作,教师可以让学前儿童边听音乐边表演自己创编的角色动作,并自主游戏。例如,在让学前儿童听《口哨与小狗》这一乐曲时,可以让他们自由发挥,表演男孩逛街的动作。教师还可以让学前儿童根据自己对作品的理解,自由创编游戏情节,激发他们倾听音乐的兴趣,提高其创造力与想象力。

(3)鼓励学前儿童积极参与环境创设。在学前儿童音乐欣赏活动中,既要发挥教师的主导作用,更要发挥学前儿童的主体性,使学前儿童真正成为学习的主人。在音乐欣赏过程中,可以把布置游戏场地与制作道具的机会提供给学前儿童,让他们参与到设计者的行列中来,成为主动的学习者。例如,在欣赏乐曲《大森林的故事》时,可以让学前儿童创设包括土堆、猎人的房子、草地等在内的游戏环境。教师让学前儿童先布置环境,然后再做游戏。这一过程可以让学前儿童有更多的机会发表自己独特的见解,培养他们的自信心与创造力。

总之,教师在设计和指导音乐欣赏活动时,要注意以学前儿童为活动的主体,采用学前儿童喜爱的活动方式——表演和游戏,变单纯的"听音乐"为"操作音乐",使音乐欣赏活动游戏化,帮助学前儿童打开尽可能多的感知通道,同时要尊重学前儿童的艺术表现。

(二)设计和组织音乐欣赏活动的一般过程

1. 分析教材

教师在组织学前儿童音乐欣赏活动之前,首先要对欣赏的音乐作品进行深入分析,在充分倾听音乐音响的前提下,分析教材所表现的内容、情绪情感及音乐的基本表现手段,如旋律的进行形态、节奏节拍的特点、曲式结构、力度速度、乐器音色特点等。还要根据本班学前儿童的实际发展水平和以往的音乐欣赏经验,分析教材的难点和重点,即作为新的教材,作品在哪些方面是学前儿童感知理解比较困难,哪些方面又是学前儿童必须通过倾听去理解和掌握的。

2. 教学准备

在学前儿童音乐欣赏活动前,教师要为本次活动做好充分的准备,如活动中需要的音乐及音乐播放设备等,并要在事先检查好。

教学辅助用具如图片、实物、玩教具等也应该在事先准备妥当,放在易于取放的地方,不用时用布盖上,以免分散学前儿童的注意力。

3. 初步欣赏

介绍作品,使学前儿童获得一个初步的、完整的印象,了解音乐作品的主要内容及情绪性质,引起学前儿童对音乐作品的兴趣。

(1)引导性谈话。教师通过讲解、说明和提示等语言的引导,有效地集中学前儿童的注意力,使他们在欣赏前做好一定的心理准备,把学前儿童的思想感情引向与作品内容相一致的方向,以便引起学前儿童有关的联想及想象。

引导性谈话的形式、方法灵活多样,教师要根据音乐作品的内容和形式特点,根据学前儿童的年龄特点、接受能力及已有的音乐欣赏经验来组织。要尽量避免与音乐作品内容无关的或者会引起对音乐作品误解的介绍。一般来说,歌曲有歌词,歌词具体说明了内容,比较容易介绍。器乐曲的介绍则要帮助学前儿童感知音乐的内容,既要使他们对作品有一个准确的印象,产生与作品内容相关的联想和想象,又要避免形成不良的影响,即硬性规定学前儿童一定要想什么。对音乐,尤其是非标题性音乐不宜作过于具体的说明。良好而恰当的介绍不应该离开音乐本身,同时要在与学前儿童自身经验有关的联想的基础上介绍,以引导学前儿童准确地感受音乐作品。

(2)运用直观教具帮助学前儿童理解和感受作品内容。学前儿童的思维具有直观行动性和具体形象性的特点,运用直观教具可以帮助儿童更好地理解和感受作品的内容。如欣赏音乐《倒霉的狐狸》时,可以把音乐转换成相应的故事情节并用狐狸、小鸡的图片表现出来,使儿童更好地理解作品,感受音乐。

(3)教师演示。有些音乐作品反映了某种游戏活动,教师可以随着音乐的伴奏演示这种活动,帮助学前儿童较快地掌握音乐作品内容及情绪特点。如在欣赏《拍球》时,教师可以随着音乐节拍来拍球,根据音乐旋律的起伏、强弱的变化、乐曲结构的变化而改变拍球动作的幅度、力度及拍球动作的方向,由此使学前儿童更好地感知乐曲的节奏特点、结构特点及情绪的起伏等。

(4)利用动画片。学前儿童非常喜爱动画片,有很多动画片的音乐适合学前儿童欣赏。动画片的故事情节及画面能帮助学前儿童较深地感受音乐所表达的内容。

总之,初次让学前儿童欣赏音乐,各种教学手段的运用应该有明确的目的。紧紧围绕乐曲主题,语言要简洁、生动、切题而富有启发效果,既要能引起学前儿童相关的联想及想象,又不限制学前儿童一定要想什么。引导性的介绍、玩教具实物、图片等的运用,应该避免分散学前儿童对音乐作品本身的注意力。

4. 重复深入地欣赏

要求学前儿童不仅要掌握音乐作品的主要内容或情绪性质,还应感受及理解音乐作品的表现手段,较为完整、全面地感知音乐作品,并能记忆和识别音乐作品的主要音调。常用的教学方法如下。

(1)在重复欣赏音乐以前,对学前儿童提出具体的欣赏要求,如请他们感知音乐速度和力度的变化,感知乐曲结构上的重复与变化等。

（2）利用学前儿童生活中一切可以利用的因素及学前儿童已有的知识、生活经验等来帮助他们感受和理解音乐的表现手段。

（3）进行对比和归类,有意识地让学前儿童进行对比,使学前儿童对不同的音乐性质具有较深的印象,帮助学前儿童区别音乐的不同情绪、性质。用对比分析的方法帮助学前儿童欣赏音乐,引导他们对相同体裁、风格的乐曲进行归类,以达到从对个别乐曲的感性的认识提高到对某一类型乐曲的理性的、概念上的认识。如中、大班学前儿童在欣赏了较多数量的进行曲、摇篮曲、舞曲后,可以引导学前儿童进行归类,以掌握这三种音乐的特点,以后学前儿童就会把这些知识迁移到其他新的同类音乐作品上去,从而培养他们独立、主动地欣赏音乐的能力,提高音乐素质。可以对相同类型的音乐作品进行对比欣赏,也可以对同一首乐曲的不同部分进行对比欣赏,如从节奏、旋律的特点或速度、力度上的对比来使学前儿童掌握乐曲的细节。有的乐曲比较长、发展变化较多,为了使学前儿童较全面、完整地掌握乐曲,除了让学前儿童完整地欣赏以外,还可以加上分段欣赏,再加以对比,以帮助学前儿童掌握乐曲的发展线索,感受和理解乐曲的各个细节。

（4）引导学前儿童用动作来表达对音乐的感受。对于形象比较鲜明、节奏性较强的乐曲,教师可以教学前儿童做一些与音乐情绪一致的动作,帮助学前儿童体验音乐的不同特点。而有些乐曲,教师不必告诉学前儿童做什么动作,也不要求动作严格合拍,可以让他们自己创造性地表演,只要求在情绪上与音乐一致,同样能看出学前儿童是否理解了音乐。在运用这种教学方法时,教师应该注意使学前儿童的动作不影响音乐欣赏。

（5）引导学前儿童注意音乐的主要部分及整体,而不是只注意音乐中的模拟因素。学前儿童一般比较容易注意作品中的模拟因素,如小鸟的叫声、火车的隆隆声、吹号声等。但仅仅让学前儿童注意这些是很不够的,教师要利用学前儿童对这些模拟因素的兴趣,引导他们感受音乐作品中各种表现手段的丰富的表现作用。

总之,在学前儿童欣赏音乐作品的这一阶段,要让学前儿童多听、反复听,使学前儿童能够完整地、全面地感知作品,不仅能够感知音乐作品的概貌,而且能够感受音乐作品的各个细节,深化审美效果。

5. 检验音乐欣赏效果

对于已经欣赏过的作品,经过一段时间以后可以再给学前儿童欣赏,一方面是为了复习,以巩固和加深对音乐作品的印象,同时也是为了检验音乐欣赏的效果,包括检查学前儿童对作品的记忆力、对作品内容及音乐表现手段的感受和理解能力、对音乐作品抱什么态度,喜欢还是不喜欢,有什么评价等。检查音乐欣赏效果可以采用以下几种方法。

（1）不告诉学前儿童音乐作品名称,让学前儿童欣赏已经听熟的作品,观察学前儿童的反应。

学前儿童对欣赏的乐曲感兴趣,能感受和理解,往往表现在他们能聚精会神地把音乐听完,也表现在他们的面部表情、身体的姿势及手和脚的动作上,以及他们情不自禁地说出的某些语句上。教师可以观察学前儿童的种种表现,从而了解学前儿童欣赏作品的情况。

(2)欣赏熟悉的音乐作品,检查学前儿童能否说出音乐作品的名称、内容及最突出的表现手段。不要求学前儿童用音乐术语,只要他们用自己的语言和方式来表达对音乐的体验和感受即可。

(3)重复欣赏熟悉的音乐作品的片段,辨认是哪部作品的哪一部分,表达什么内容或情绪。

(4)欣赏不带歌词的歌曲旋律,让学前儿童辨认是什么歌曲,说出歌曲名称。

(5)让学前儿童用动作辨认他们熟悉的音乐,检验音乐欣赏的效果。

(6)可以让中、大班儿童欣赏体裁、风格类似,但未曾听过的新作品,以检查学前儿童是否具有欣赏音乐的迁移能力。

案例评析

案例一 小班音乐欣赏活动:迷路的小花鸭

活动目标

1. 通过听一听、动一动、比一比,让学前儿童了解乐曲的名称、音乐形象(慢的、悲伤的)和主要内容。

2. 在感受音乐的过程中启发学前儿童随音乐做出伤心的动作与表情,激发学前儿童同情、关心迷路的小花鸭的情感,并体验得到别人帮助及帮助别人后的欢畅心情。

活动准备

录有小鸭叫和哭声的音频、贴绒图片(上有池塘、柳树和带有眼泪的小鸭子)或实物小鸭。

小班音乐欣赏活动:迷路的小花鸭

活动过程

1. 语言节奏练习:小鸭子。

学前儿童念着"走来一对小鸭|摇摇又摆摆|尾巴短又短呀|嘴巴扁又黄|队伍整整齐齐|踏着一二一|它们去河里洗澡|嘴里唱着嘎嘎嘎|嘴里唱着嘎嘎嘎‖"走入教室。

2. 发声练习:《跟我唱》。

启发学前儿童观察教师快慢不同的动作,用相应的动作和感情表现。

1 2	3 4	5 -		5 4	3 2	1 -	

（教师）小 鸭　迷 路　了，　（学前儿童）真 呀　真 可　怜。

　　　　我 们　怎 么　办?　　　　　　　把 它　送 回　家。

1 2 3 4	5 -		5 4 3 2	1 -	

（教师）小 鸭 回 到　家，　（学前儿童）真 呀 真 高 兴。

　　　　小 鸭 见 妈　妈，　　　　　　笑 呀 笑 哈 哈。

3. 复习歌曲《快乐的小鸭子》。

（1）听前奏回忆名称。

（2）唱一遍。

（3）边唱边跳，启发学前儿童做出小鸭子快乐的动作和表情。

4. 欣赏《迷路的小花鸭》。

（1）听录音。

（嘎——嘎——，哭声）"谁在哭?"（小鸭子。）"小鸭子为什么哭?"

① 感受音乐的情绪。

a. 教师有表情地清唱。"听听歌曲，想想小鸭子为什么在哭?"（小鸭子迷路了。）

教师告诉歌曲的名称《迷路的小花鸭》。解释"迷路"的意思：就是不知道回家的路，找不到家了。

b. 清唱。"听听《迷路的小花鸭》这首歌，心里觉得怎么样? 和前面唱《快乐的小鸭子》时心里有什么不一样?"

"快乐的小鸭子是怎么唱的?"（唱得很快，跳跃地。）"心里觉得怎么样?"（心里很高兴，快乐地。）

"迷路的小花鸭是怎么唱的?"（唱得很慢，声音软软的，连起来唱。）"心里觉得怎么样?"（心里很难过，很伤心。）

c. 教师边表演边唱。"听完《迷路的小花鸭》这首歌，为什么觉得心里很难过?"学前儿童讨论后教师小结："这段音乐听起来很伤心，小花鸭找不到妈妈很难过。"

② 感受歌曲的主要内容，体验离开亲人独自一人的悲伤心情。

（2）教师边演示贴绒活动图片边唱："小鸭子在哪儿迷路的? 迷路后它怎么样了?"学前儿童泛讲后教师用歌词唱出。

（3）讲述故事。

教师有感情地讲述故事："有一天，小花鸭在池塘边的柳树下玩呀玩，它迷路了，找不到家也找不到妈妈了。它哭了，到处喊妈妈。"教师有表情地演唱歌曲。

（4）教师边唱边表演，启发学前儿童随意跟唱。

学前儿童参与表演：激发学前儿童关心迷路的小花鸭的情感。

a. "小花鸭找不到妈妈怎么办? 我们快帮帮小花鸭找妈妈吧!"引导学前儿童多次练习帮小花鸭向四周大声叫妈妈："妈妈——，妈妈——，你在哪里……"

b. 送小鸭子回家。

教师一边出示小花鸭，一边帮小花鸭叫："妈妈——，妈妈——，你在哪里? 我想你呀!""小朋友,小花鸭迷路了,我们怎么帮它?"(把它送回家。)"我们快点把它送回家吧!"教师抱起小花鸭边唱第二段边带领学前儿童把小花鸭送回家。另一位教师扮演鸭妈妈接过小花鸭:"谢谢你们,把我的宝宝送回家。"学前儿童说:"不用谢,鸭妈妈再见。"

5. 活动结束。

在《快乐的小鸭子》的音乐伴奏下,学前儿童边唱边带快乐的表情做快乐的动作走出教室。

活动评析

《迷路的小花鸭》是一首缓慢的、悲伤的歌曲,表现小花鸭迷路后难过的心情。

歌曲难点如下。

旋律难点:连音、二拍子的延长、附点音符。

歌词难点:池塘边、柳树、迷路、哭着。

歌曲重点如下。

1. 让学前儿童通过欣赏音乐能感受和表现出第一段慢的、悲伤的音乐形象。教师要创设符合内容的情境,提供准确、有感情、恰到好处的动作示范。教师唱第一段时要用中弱、稍慢、连贯的声音,每一句的句首重音要唱好,并要清楚、自然地咬字、吐词。

2. 教师要采用音乐、图片、表演等多种手段创设符合歌曲内容的情境,引导学前儿童积极参与活动,用动作表达对音乐的感受,教师要以自己的真挚情感感染学前儿童,使他们在具有浓厚渲染气氛的活动中体会离开亲人、独自一人时的悲伤心情,以激发学前儿童同情、关心朋友的情感。

3. 对第二段歌词教师要以中强、稍快、跳跃的声音来演唱,吐字要自然、清楚,使学前儿童体会到得到别人帮助及帮助别人后的欢畅心情。

(选自陈淑琴著《学前儿童游戏化音乐教育》,有改动)

案例二 中班音乐欣赏活动:大象和小蜜蜂

设计思路

在新背景下,我们已尝试着将唱唱演演、肢体造型的表现、欣赏乐曲等音乐活动融入主题内容之中。打击乐演奏如何与主题内容自然地整合呢?

在一次名为"我的动物朋友"的主题活动中,教师发现串铃摇动时的声音很像小蜜蜂飞来飞去时的"嗡嗡"声。因此,教师就试着根据小班儿童的年龄特点,借助有趣的故事情节,展开了大象与小蜜蜂之间的演奏游戏。同时,随着故事情节的变化,教师还隐性地投放了多音滚筒、大鼓这两种乐器,使儿童在听听玩玩的过程中充分感受乐器带来的奇妙声响。

活动目标

1. 在有趣的音乐故事情境中,感受不同的音乐形象,体验用串铃表现小蜜蜂的快乐。

2. 愿意唱动物的歌,模仿动物的动作。

活动准备

1. 经验准备：学前儿童对一些动物的外形特征已有一定的了解。

2. 材料准备：多媒体课件"大象和小蜜蜂"，大象走、小蜜蜂飞的录音，串铃（学前儿童人手一个），多音滚筒一个，大鼓一个，立体制作的大象一头。

活动过程

1. 欣赏低沉缓慢的音乐，感受大象的音乐形象。

师：这是什么地方？谁来了？（多媒体演示森林的背景画面，出现低沉缓慢的音乐。）

师：大大的动物走路时会发出怎样的声音？（请学前儿童用肢体动作表现，在音乐的节拍中加入鼓声，让学前儿童感受。）

师：谁来到了草地上？你为什么觉得是大象？（出示大象的背影，请学前儿童猜猜讲讲，并做做大象的动作。）

师：今天，天气真好呀！大象在草地上散步，走着走着走累了，就在大树底下睡着了。（边讲边演示多媒体动画，引入故事情境。）

师：今天的大象和平时有什么不一样？（穿了一件花背心。）

2. 听辨蜜蜂的飞的声音，感受串铃的声音。

师：听！可能是谁？（播放蜜蜂飞的声音，请学前儿童听听猜猜。）

师：哪个音乐魔盒的声音像小蜜蜂飞来的声音呢？（教师分别用圆舞板和串铃在一个空盒子里发出声音，请学前儿童听辨。）

学前儿童玩串铃，伴随音乐哼唱由《伦敦桥快倒啦》改编的歌曲《我是一只小蜜蜂》：

"我是一只小蜜蜂，飞呀飞，飞呀飞！我是一只小蜜蜂，快快飞呀。"

3. 深入故事情境，体验玩串铃的快乐。

师：小蜜蜂看到了大象的花背心可能怎么想、怎么做？（请学前儿童想一想、做一做。）

师：小蜜蜂在草地上飞呀飞，突然发现前面有许多美丽的小花，红的、黄的、蓝的、紫的……真是一个美丽的小花园呀！我去采蜜吧！（边讲边演示多媒体动画。）

师：小蜜蜂飞到大象身上，大象会怎样？（请学前儿童大胆地想象大象的动作，感受刮奏蛙鸣筒。教师根据学前儿童的想象，随着大象甩鼻子、甩耳朵、甩尾巴等动作配上刮奏。）

教师出示纸做的立体大象，请学前儿童扮小蜜蜂做游戏——随着背景音乐，"小蜜蜂"一边玩串铃一边哼唱，飞到"小花园"（大象的花衣裳）采蜜。当出现刮奏时，"小蜜蜂"立即飞回，停止鸣叫（串铃停止）。

师：小蜜蜂又飞来了，听！有什么变化？你的串铃能变出几只小蜜蜂？（由小到大地播放蜜蜂的声音，请学前儿童倾听声音的轻和重，并用串铃演奏出声音的轻重变化。）

师：这是什么声音？这么多小蜜蜂飞来，大象又会怎样？（教师即兴将歌词"我是一只小蜜蜂"改唱为"许多蜜蜂飞来了"，请学前儿童用串铃表现，并将刮奏改为大鼓，鼓励学前儿童想象并模仿鼓声和表现大象的动作。）

师：（多媒体演示大象跺脚的动作）越来越多的小蜜蜂飞来了，大象忍不住啦！"嘣！"大象跺了跺脚说："小蜜蜂，我是大象！那是我的花背心，可不是小花园，你们到别处去采蜜吧！"（引导学前儿童说:"对不起,大象! 我们打扰你了。""小蜜蜂"边玩串铃边飞向真正的小花园……)

(辽宁大连 马海燕)

案例三 大班音乐欣赏活动:中华人民共和国国歌

设计意图

幼儿园每周都要举行升旗仪式,所有的小朋友都跟着演唱国歌,但是孩子们对歌词并不理解,很多孩子唱的歌词不对。因为国歌对于他们来说既熟悉又陌生。为使小朋友们对祖国有更多的了解,以激发他们爱国歌及爱祖国的情感,增强民族自豪感,教师选择了中华人民共和国国歌(《义勇军进行曲》)这个内容进行音乐欣赏。

活动目标

1. 熟悉国歌的旋律,初步理解国歌的意义,培养学前儿童爱国歌及爱祖国的情感,增强民族自豪感。
2. 培养学前儿童的音乐感受力和欣赏能力。

活动准备

国歌音乐、几组升国旗唱国歌的图片、作曲家聂耳的介绍图片、国旗、黑板(上面写国歌歌词)。

活动过程

1. 谈话。

请学前儿童说说我们是哪国人? 中国的全称叫什么?

教师介绍:我们国家有国旗、国徽、也有国歌,它们都是我们中华人民共和国的象征。

这一环节是让学前儿童了解自己是中国人,初步了解国旗、国徽、国歌是一个国家的象征,了解国旗、国歌的相关知识和礼仪,体验作为中国人的自豪感,潜移默化地进行爱国主义教育,为下一个环节做好铺垫。

2. 欣赏国歌。

(1) 教师与学前儿童共同欣赏国歌(第一遍欣赏),提问学前儿童听国歌时应注意什么?(应严肃、认真,需要起立,立正。)

教师小结:全体小朋友请坐。老师刚才发现小朋友们在听国歌的时候,表情都特别严肃,有的小朋友还在小声地跟着音乐演唱。老师想问问小朋友们,当国歌奏响的时候,我们小朋友应该怎样做呢?

幼1:应该立正站好,表情应该严肃。

幼2:眼睛应该看着国旗。

教师小结:小朋友们说得非常好,我们应该立正站好,眼睛看着国旗,行注目礼。

这一环节是基于学前儿童的实际,对于幼儿园大班的孩子来说,单纯的说教不如身临其境的体会。爱国主义教育不能采用理性说教的方式来实现,它必须是具体的、形象的、实实在在的。

教师应该与学前儿童共同体会升旗时应该怎么做。

(2) 听后提问:你在哪儿听过这首歌? 为什么要在这时放这首歌?

幼 1:每周一幼儿园都会有升旗仪式,会升国旗、奏国歌。

幼 2:天安门广场上每天早晨都会升国旗、奏国歌。

幼 3:在北京奥运会上,中国队得冠军时就会升国旗、奏国歌。

教师小结:小朋友们说得非常好。在奥运会上,当中国的体育健儿获得比赛的冠军时,就会升起鲜艳的五星红旗,奏响庄严的国歌。其实在我们每一个黄皮肤、黑眼睛的中国人心中,包括港澳台同胞、海外侨胞的心中,每天都会升起中华人民共和国国旗,奏响国歌。因为国旗与国歌是一个国家、一个民族尊严与荣誉的象征,是我们每个中国人的自豪与骄傲。

(3) 介绍国歌的来历和作者。

本环节播放曲作者聂耳的生平介绍及国歌的来历。(这一环节向学前儿童介绍国歌创作的时代背景、词曲作者及国歌在中国人民争取解放和社会主义建设时期所发挥的重要作用等,既可以让孩子们更好地感受体验乐曲,也进一步拓宽了爱国主义教育的视野。)

(4) 第二遍欣赏国歌,让学前儿童体会歌曲的情绪。

教师提问:听国歌,你想到了什么? 你有什么感觉?

幼 1:我想到了北京天安门。

幼 2:我想到了毛主席。

幼 3:我想到了解放军战士在打仗。

此环节启发学前儿童说出乐曲雄壮有力,听起来全身就有无穷的力量,好像看到勇士们冒着敌人的炮火奋勇杀敌的场面,它还鼓舞着中国人民为祖国的建设奋勇前进。

(5) 第三遍欣赏国歌,同时请学前儿童观看升国旗唱国歌的图片,教师边看边给学前儿童讲解,增强学前儿童的民族自豪感。

(图片中有天安门国旗班战士升旗的场景,幼儿园里升旗仪式的场景,以及奥运会上中国体育健儿为祖国奋力夺冠,站在领奖台上,奏响国歌,看到五星红旗冉冉升起的场景。)

(6) 唱国歌。

此环节在孩子们理解了国歌的含义,明白了什么是"奴隶""血肉""筑成""新的长城"等几个比较难懂的词后进行。在理解了国歌又叫《义勇军进行曲》、义勇军们如何勇敢地和敌人战斗……这些歌词中的大部分内容后,再与学前儿童一起学唱国歌,儿童更容易理解国歌的情绪。

3. 举行升旗仪式(户外)。

要求学前儿童在听国歌举行升旗仪式时,起立、立正、脱帽、对国旗行注目礼。教育学前儿童尊敬国旗,爱国歌。告诉学前儿童今天的幸福生活是许许多多革命先烈用鲜血换来的,我们要珍惜今天的幸福生活,从小好好学习本领,长大后更好地建设和保卫祖国。

活动评析

小朋友们在庄严、雄壮的国歌声中,在教师精心设计的活动场景之中,了解了国旗、国歌的相关知识和礼仪,更体验到了国家的伟大和作为中国人的自豪,潜移默化地接受了很好的爱国主义教育。这是这节课值得称道的地方。但是, 这毕竟是一堂音乐课,是一堂欣赏中华人民共和国国歌的音乐欣赏课,这节课的主要教学目标还不能完全定位在爱国主义教育这一方面,还应该真正让学前儿童欣赏音乐、体验音乐。而对于幼儿园大班小朋友而言,欣赏音乐、体验音乐仅仅靠聆听还不够,教师需要讲解、启发、指导。在这方面,这节课还存在不足。虽然在聆听音乐的过程中,教师有意识地引导学前儿童懂得"应该怎样去做",但这还只是在表演的层面上对学前儿童给予指导,听国歌时应该怎样去做本身不是真正欣赏音乐,只是为了更好地欣赏音乐。因此,这堂课,如果教师能花一定的时间给学前儿童讲讲乐曲的基本情绪和艺术特色就更加完美了。

(辽宁大连　由晓媛)

案例四　小班音乐欣赏活动:蝴蝶找花

设计意图

《梁祝》是我国经典的民族音乐之一,有着鲜明的民族风格和特点。《蝴蝶找花》选取了其中《化蝶》这一篇章的主要旋律,舒缓、优美、感人的音乐极易引起学前儿童情感上的共鸣。结合小班儿童的年龄特点,我们尝试选用了改编后的电子合成音乐。音乐节奏鲜明而富有现代感,通过倾听优美的旋律,欣赏与乐曲相融合的富有动感的多媒体课件,用学前儿童喜欢的游戏形式贯穿始终,使学前儿童在身临其境的场景中自然地感受美、欣赏美、表现美。

活动目标

1. 欣赏《化蝶》,感受乐曲优美抒情的旋律。
2. 学习分辨乐句,知道乐句的开始和结束。
3. 能随音乐做蝴蝶飞舞的动作,并能愉快地与同伴交往。

活动准备

1. 知识经验准备:学前儿童欣赏过活泼欢快情绪的乐曲;组织郊游,丰富学前儿童对蝴蝶、花卉的感性认识;已掌握小碎步及蝴蝶飞等基本动作。
2. 物质材料准备:乐曲《化蝶》、故事《两只蝴蝶》、图谱、多媒体课件、梯形皱纹纸(蝴蝶翅膀)若干。
3. 环境准备:设置成花园场景。

活动过程

1. 情境引导,激发兴趣。
师:你们去过花园吗? 花园里有什么? 今天,我们一起去逛花园吧。我们的花园漂亮吗? 你看见什么了?
2. 完整欣赏,充分感受。
(1) 请学前儿童安静地听乐曲,交流:有什么感觉? 听着音乐想到了什么?
(2) 再次欣赏,并观看课件,交流:听一听音乐里都有谁,它们在干什么? 听着音乐你想做什么？幼儿可随音乐自由表现。

3. 听故事，看图谱，理解乐句的开始和结束。

（1）教师讲述故事《两只蝴蝶》，引导儿童感受乐曲的情绪。

（2）看课件欣赏音乐，说一说小蝴蝶在乐曲的哪个部分飞起来，什么时候停下来，并跟随课件中的蝴蝶飞飞停停。

（3）徒手做蝴蝶，跟着课件表现，教师小结提升。

4. 跟着音乐表现乐句的开始和结束。

（1）教师哼唱，学前儿童跟随教师一起表现乐句的开始（飞）、结束（蹲）。

（2）小朋友手戴"蝴蝶翅膀"飞舞，结束时停在自己或别人身上。

（3）学前儿童做花，教师做蝴蝶表演。

（4）学前儿童做蝴蝶，乐句结束时和好朋友拥抱。

5. 介绍曲名。

活动延伸

在区角设置花园场景，提供蝴蝶头饰、道具等，给学前儿童更多的时间去充分理解和表现音乐。

活动评析

《化蝶》是中国优秀民乐《梁祝》中脍炙人口的片段，教师节选的主要旋律舒缓、优美，同时电声音乐又弥补了交响乐、小提琴曲等在节奏感上的不足。

课件与音乐紧密结合。课件的运用将抽象的音乐形象化，而课件与音乐的结合有利于学前儿童对音乐的理解、记忆。活动中课件的设计、运用称得上是"点睛"之笔，如听第二遍音乐时，采用了整体教授的方法，小蝴蝶从画面的左下角随着音乐的节奏飞舞，每一个乐句结束时正好落在花朵上，既体现了乐曲舒缓、优美的风格，又能形象地帮助学前儿童感知乐句的变化，并且给了孩子一个想象的空间。

倾听与表现紧密结合。教师用故事导入法帮助学前儿童理解音乐，将作品背景内涵用生动的故事展现给孩子，让复杂的旋律简单化，激发小班儿童对音乐的兴趣，从而帮助他们更好地理解音乐。在倾听故事的基础上，结合课件倾听音乐，充分调动学前儿童视觉、听觉等多种感官的参与。随后让学前儿童边欣赏音乐边学做小蝴蝶，创设了小蝴蝶在花园里找花朵、和朋友嬉戏等情节，为学前儿童表现音乐搭建了平台。同时，教师借助一些语言、动作的提示，使学前儿童在轻松快乐的氛围中大胆地用各种动作表现对音乐的理解，在师幼互动中真切地体验和欣赏乐曲的内涵，学前儿童对音乐的理解感受也进一步升华。

化解难点的巧妙。每一乐句的起始掌握对小班儿童来说是个难点，教师恰当地运用课件、形象化的语言和动作巧妙地化解了难点。先是在欣赏时用语言提示："小蝴蝶在音乐的什么时候飞起来，什么时候落在花朵上？"紧接着让学前儿童再次欣赏画面，验证自己的想法。在表现音乐乐句的过程中，让学前儿童用自己的小手表现蝴蝶的动作，戴上用纸折的蝴蝶翅膀飞舞等多种有趣的形式，使学前儿童在一次次的游戏中表现自己对乐句的理解。同时，教师用自己夸张的动作和情绪感染学前儿童，让学前儿童在玩乐中轻松愉快地获得对音乐的感受。

（选自《学前教育（幼教版）》）

岗位对接

● 项目一　音乐欣赏教学设计

1. 帮助学生选材并分析教材

遵循前面章节所讲到的选材要点,根据自己的实际情况,让学生选择好所要教授的曲目,并分析教材,了解教材主题,构想设计思路。

以小班儿童欣赏钢琴小曲《跳绳》为例,音乐形象欢快活泼,描绘出小朋友做跳绳游戏的场景。音乐为 C 宫调式,色彩明朗,音调清新,具有民族风格。

2. 构想设计思路

学生在熟悉教材的基础上,明确活动目标,构思教学方法,思考如何让学前儿童很好地进行欣赏活动,很好地完成活动目标,达到欣赏活动的预期效果。

以小班儿童欣赏钢琴小曲《跳绳》为例,因为学前儿童的经验以感性经验为主,所以,在欣赏音乐以前,可以让学前儿童观察小学生们跳绳的场景,以便为他们的联想提供生活表象。

这首钢琴小曲很短小,但它的节奏型却很鲜明:X X X ｜ X X X ｜ X X X X X ｜ X X X ｜……这种节奏型欢快活泼,鲜明地让人感受到跳绳时的节奏感。因而在欣赏时,让学前儿童注重感受这种节奏型,并掌握它。重点启发学前儿童感知音乐轻快活泼的节奏与跳绳时节奏的一致性,以便从音乐中感受到跳绳的韵律。

在让学前儿童反复欣赏音乐的基础上,可以让学前儿童随音乐拍出节奏（X X X ｜ X X X ｜ X X X X X ｜ X X X ｜……）,以强化学前儿童的音乐感受力、记忆力。也可以请学前儿童边听音乐,边合拍地模仿出跳绳的动作,以发展他们的表演能力。

《跳绳》是一首欢快的钢琴小曲,在欣赏活动中,还可以将其与歌曲《摇啊摇》做一比较,让学前儿童进一步感知活泼跳跃的音乐与安静优美的音乐的不同,提高他们的审美能力。

3. 根据自己的设计思路,设定活动目标,做好教学准备

活动目标是指在整个音乐欣赏活动过程中,教师要让学前儿童学到和感受到什么。如通过欣赏活动,丰富学前儿童的情绪情感体验,提高学前儿童的感受能力、审美能力及创造能力,促进学前儿童个性和社会性的和谐发展。

以小班欣赏钢琴小曲《跳绳》为例,活动目标如下。

（1）欣赏《跳绳》,感受乐曲轻快活泼的情绪。

（2）能够随音乐拍出小曲节奏型X X X ｜ X X X ｜ X X X X X ｜ X X X ｜。

（3）能够边听音乐边合拍地模仿出跳绳的动作。

（4）感受《跳绳》与歌曲《摇啊摇》的不同情绪。

为欣赏活动设定活动目标以后,让学生思考,为了帮助学前儿童更好地进行欣赏,更好地理解音乐,应该为欣赏活动准备哪些活动教具。

4. 思考运用何种导入手法

在让学前儿童欣赏音乐以前，教师一般会采用一种导入方式，可以用谈话的方式导入，可以用讲故事的方式导入，也可以通过游戏、美术作品、动画片等方式导入。在这里我们仍然以小班欣赏《跳绳》为例，可以用情境引导的方式，激发起学前儿童的兴趣。在欣赏活动前，先让学前儿童有观看小学生跳绳的体验。在活动时，首先可以用提问的方式："刚才我们看了小哥哥小姐姐们跳绳。小哥哥小姐姐们开心吗？"等。也可以同时配以跳绳的画面或视频，让学前儿童产生联想。

5. 在欣赏活动过程中，根据实际情况，加以唱诵节奏、游戏、对比等辅助手段

在欣赏活动过程中，为了帮助学前儿童更好地感受乐曲情感，感知表达音乐主题的音乐要素，教师可以采用更多更好的辅助手段。仍然以小班欣赏钢琴小曲《跳绳》为例，在欣赏的过程中，教师可以播放小学生跳绳时欢快场面的视频；可以让学前儿童随音乐唱诵节奏；可以让学前儿童随音乐合拍地做跳绳的动作等。让学前儿童体会到轻快活泼的音乐情绪，感受钢琴小曲《跳绳》中节奏型的表现力。并通过将《跳绳》与《摇啊摇》做比较，让学前儿童进一步感知活泼跳跃的音乐与安静优美的音乐的不同，提高他们的审美能力。

● 项目二　学生合作进行音乐欣赏活动设计

在实际操作中，训练培养学生进行学前儿童欣赏活动教案设计的能力。

学生 5～6 人为一组，在项目一的基础上（a. 学生进行小班欣赏钢琴小曲《跳绳》的活动教案设计；b. 学生自选音乐作品进行欣赏活动教案设计）合作进行符合下列要求教案的设计。

要求：选材适当，安排的内容具有可操作性。以学前儿童为主体，能够发挥学前儿童的主观能动性，激发学前儿童兴趣。围绕活动目标，运用多种多样的方法，帮助学前儿童更好地欣赏音乐，完成活动目标。

注意：教师对学生设计的教案进行评点完善；对实际活动中可能出现的情况给予提示；对学生没有想到的环节给予补充；对欣赏过程中学前儿童音乐能力的表现，学生还没有完全掌握的，给予强调。

● 项目三　以项目小组为单位进行音乐欣赏活动实践

以项目小组为单位、一个学生做教师、其他学生做学前儿童的方式，轮流进行模拟学前儿童音乐欣赏活动实践。学生互评，教师点评。通过这个过程，帮助学生建立自信，从各个方面（语言、体态、教学方法等）逐步提高完善自己。

教师在这个过程中，帮助学生克服紧张心理，对学生做得好的地方，及时给予肯定；对学生还欠缺的部分，提出自己的建议，让学生思考。鼓励学生大胆创新，独立完成，设计出新颖独特的欣赏活动教案。

`设计要点`

在深入准确地分析教材的基础上，设计学前儿童音乐欣赏活动时，应注意如下几个方面。① 设计适合的导入法，如语言导入法等。② 在音乐欣赏过程中，应尽量调动学前儿童多种感官的参与。如可在引导学前儿童听的基础上，加入一些视觉、听觉方面的材料：音乐、画、玩具、工艺品、其他多媒体课件、小动物造型等。辅助使用视觉、听觉材料，目的是使抽象的作品形象化，给学前儿童展示生动而具体的音乐形象。③ 在欣赏活动过程中，还可以运用对比欣赏法，引导学前儿童通过对不同作品的辨别（辨别情感类型、风格、不同形象）来发展学前儿童的听辨能力和审美能力。

指导要点

教师引导学生认真分析音乐作品,确定活动目标,积极思考,拓展思维,大胆设想。以活动目标为中心,采取多种多样的方式,以学前儿童为主体,让他们在欢乐愉快的情绪体验中,实现本次活动目标。

设计音乐欣赏活动方案注意事项如下。

(1) 注意将设计的步骤划分出更多更细致的层次,以便实施时可以灵活进退。

(2) 注意在引导学前儿童感知细节时使用现场的哼唱或演奏,并注意哼唱、演奏速度的适宜性及哼唱、演奏对学前儿童音乐感知、体验、表达的暗示性和激励性。

(3) 注意让学前儿童有更多创造性表达的机会。

(4) 注意利用学前儿童的已有经验,其中应包括音乐及非音乐的感知和表达的经验。

(5) 注意让提示性语言和体态能够更好地引起学前儿童对体验感知的细节的注意。

(6) 注意欣赏活动的整体审美效果,尽量将理性分析思考转换成学前儿童可以理解的和喜爱的感性体验、想象、联想和艺术的表达活动。

(7) 注意在设计和实施音乐欣赏活动的过程中将有关常规整体地融入其中。特别要强调养成注意倾听音乐、注意观看和思考他人意见的习惯。

国考聚焦

笔试部分:活动设计

1. 题目:围绕"我是环保小卫士",为大班幼儿设计主题活动,应包含三个子活动(考试时不提供素材。为便于学生结合岗位实际进行训练,本教材提供相关素材)。

2. 要求:

(1) 写出主题活动的总目标。

(2) 写出一个子活动的具体活动方案,包含活动的名称、目标、准备和主要环节。

(3) 写出另外两个子活动的名称、目标。

素材

1. 主题背景介绍

保护环境是指人类有意识地保护自然资源并使其得到合理利用,防止自然环境受到污染和破坏;对受到污染和破坏的环境要做好综合治理,以创造出适合于人类生活、工作的环境。目前我国环境形势相当严峻:污染物排放量远远高于环境的自净力;工业污染治理任务仍相当繁重;城镇生活污染比重明显增强;不少地区农业水质、土质污染问题日渐突出,有些地方的农副产品出现有害残留物超标现象,影响人体健康等。保护环境,人人有责。保护环境要从身边小事做起。

2. 主题素材

（1）小资料：世界水日

1977 年召开的"联合国水事会议"向全世界发出严正警告：水不久将成为一个深刻的社会危机，继石油危机之后的下一个危机便是水危机。1993 年 1 月 18 日，第 47 届联合国大会作出决议，确定每年的 3 月 22 日为"世界水日"，旨在推动对水资源进行综合性统筹规划和管理，提高公众对开发和保护水资源的认识。

（2）儿歌：节约用水

一滴清水，一片绿地，一个地球。水是生命之源，请君节约用水。淡水在减少，浪费可不好。如果不节约，后果可不小。

（3）歌曲：我们是中华环保小卫士

我们是中华环保小卫士

张建中 词
何仲涛 曲

📚 **参考教案**

活动名称

大班音乐欣赏活动:我们是中华环保小卫士

活动目标

1. 乐于参加音乐欣赏活动,萌发爱护环境、争做"环保小卫士"的情感。
2. 感知并理解歌曲的主要内容和 A 段抒情、B 段激昂的旋律特点。
3. 能用动作创造性地表达对歌曲的理解和想象。

重点难点

活动重点:感知并理解歌曲的主要内容和情绪。
活动难点:能用动作创造性地表达对歌曲的理解和想象。

活动准备

物质准备:雾霾天等环境污染图片、幼儿操作图卡、与歌词相关的多媒体教学课件。
知识经验准备:了解有关环保的知识,已开展社会领域活动"保护水资源",幼儿具有用动作表现音乐的经验。
环境准备:师幼共同布置主题墙"我是环保小卫士"。

主要环节

1. 谈话导入,激趣引题。
(1) 教师提问,出示环境污染图片,引导幼儿观察、感受、表达。
师:世界水日是哪一天? 如果不注意环境保护会发生什么?
(2) 结合谈话内容,引导幼儿操作图卡。
师:小朋友们喜欢、渴望生活在什么样的环境中? 你可以为保护环境做些什么呢?
2. 初步欣赏歌曲,讨论交流对歌曲的感受。
(1) 倾听歌曲,完整欣赏、理解歌曲内容。
师:今天老师带来一首好听的歌曲,请小朋友们听听歌曲里环保小卫士渴望的环境是什么样子的? 他们想怎样保护环境?
引导幼儿观看课件,比较、讨论、交流、回忆歌词内容,教师讲解,帮助幼儿理解"郁郁葱葱"等相对较难的歌词。
(2) 结合奥尔夫声势教学,分段欣赏,感知 A、B 段的不同旋律特点。
师:如果你是环保小卫士,你的心情是怎样的? (快乐、自豪、坚定。)让我们一起来感受一下。
引导幼儿以奥尔夫音乐游戏的形式,用拍手、跺脚等动作感受、表现歌曲 $\frac{2}{4}$ 拍节奏特点和 A 段抒情、B 段激昂的旋律特点。

3. 自主创编动作,表达对歌曲的进一步理解。

(1) 幼儿讨论、交流,自主创编动作。

师:小朋友们想一想可以用什么动作来表现蓝天、花草、河流、小卫士?

(2) 幼儿边欣赏音乐边进行表演。

师:刚才小朋友们想出了很多动作来表现音乐,现在大家一起来听音乐做做吧。(引导幼儿用不同动作表现。)

(3) 教师和幼儿学做动作,教师鼓励幼儿的创造性表现。

4. 完整欣赏歌曲,结合歌曲内容,引导幼儿交流讨论,给歌曲起名。

师:小朋友们给这首好听的歌曲起个名字吧。

教师弹唱歌曲,幼儿完整欣赏,自由哼唱或即兴表演。活动结束。

活动延伸

1. 延伸至领域活动。艺术领域绘画活动:美丽家园。语言领域仿编儿歌:节约用水。

2. 延伸至区域活动。幼儿在科学区进行垃圾分类练习;在美工区进行"环保小卫士"宣传画制作;在建构区合作搭建"美丽家园",用各种插花做装饰。

3. 延伸至家园、社区合作。回家和爸爸妈妈一起制作环保调查表;爸爸妈妈带幼儿在周围社区进行给小树浇水、给垃圾分类、"弯弯腰"捡垃圾活动等。

子活动(略)

拓展练习:说课训练

根据设计的上述教案,就活动内容、目标、方法、过程设计等进行说课,要求语言规范,条理清晰,逻辑性强,表达流畅。

说课参考:

本次活动为大班音乐欣赏活动"我们是中华环保小卫士",我将从内容、目标及重点难点、准备、过程及方法几个方面进行说课。

首先,说活动内容。

《3—6岁儿童学习与发展指南》(以下简称《指南》)指出:艺术是人类感受美、表现美和创造美的重要形式。大班幼儿喜欢欣赏多种多样的艺术形式和作品,用表情、动作、语言等方式表达自己对作品的理解。教师应引导幼儿多接触各类音乐作品,尊重幼儿的兴趣和独特感受,并鼓励幼儿用自己的方式感受和表达。本歌曲为 $\frac{2}{4}$ 拍,歌曲节奏鲜明,曲式分 A、B 两段,A 段抒情、B 段激昂,表现了儿童对美好生活环境的渴望和立志做环保小卫士的决心。我选择本首歌曲组织音乐欣赏活动,以提升幼儿的艺术感知、表现和创造能力,并与环保教育主题高度契合。

其次,说活动目标及重点难点。

根据《指南》《纲要》精神、本次活动内容及大班幼儿的知识经验,我确定了三个维度的目标。

1. 乐于参加音乐欣赏活动,萌发爱护环境、争做"环保小卫士"的情感。

2. 感知并理解歌曲的主要内容和 A 段抒情、B 段激昂的旋律特点。(这是本次活动的重点,依据活动内容的特点制订。)

3. 能用动作创造性地表达对歌曲的理解和想象。(这是本次活动的难点,依据幼儿音乐感知和表现水平制订。)

接下来,说活动准备。

为了达成活动目标,支持幼儿的学习,满足幼儿音乐感知、艺术表现等的需要,我做了以下准备。

物质准备:雾霾天等环境污染图片、幼儿操作图卡、与歌词相关的多媒体教学课件(所用图片均由教师和幼儿共同收集)。

知识经验准备:了解有关环保的知识,已开展社会领域活动"保护水资源",幼儿具有用动作表现音乐的经验。

环境准备:师幼共同布置主题墙"我是环保小卫士"。

最后说活动过程及方法。

为确保三维目标的立体推进,结合歌曲及大班幼儿特点,我将情境化教学理念融入其中,共设计了四个环节。

环节一,谈话导入,激趣引题。

幼儿听音乐律动到达主题墙前。教师结合前期社会领域活动"保护水资源"提问,引导儿童回顾已有经验,引出环保主题,为新经验的获得搭建学习支架。随后教师出示环境污染图片,结合提问,引导幼儿观察、感受、表达,并引导幼儿操作图卡,将环境污染图片替换为与歌词内容一致的蓝蓝的天空、郁郁葱葱的大地等图片,并引出环保小卫士主题,为下一步欣赏歌曲,理解歌曲内容做铺垫。主要运用情境创设法、谈话法、直观提示法等,用时约 4 分钟。

环节二,初步欣赏歌曲,讨论交流对歌曲的感受。

本环节包括两个步骤。

第一步,倾听歌曲,完整欣赏,理解歌曲内容。教师播放多媒体课件,引导幼儿欣赏祖国的美丽风光,对比观看大自然被破坏的景象,讨论、交流、回忆歌词内容,教师讲解,用具体形象的语言帮助幼儿理解歌词内容,如"郁郁葱葱"等。

第二步,结合奥尔夫声势教学,分段欣赏,感知 A、B 段不同的旋律特点。教师结合歌曲图谱,引导幼儿以奥尔夫音乐游戏的形式,用拍手、跺脚等动作感受、表现歌曲 $\frac{2}{4}$ 拍节奏特点和 A 段抒情、B 段激昂的旋律特点,将眼、耳、舌、身等多种感官调动起来,提升活动的趣味性,突破活动重点,为下一步幼儿创造性地表现音乐做好铺垫。主要运用提问法、谈话法、欣赏法、讲解法、游戏法,用时约 10 分钟。

环节三,自主创编动作,表达对歌曲的进一步理解。

本环节包括 3 个步骤。

第一步,幼儿讨论、交流,自主创编动作。教师提问:小朋友们想一想,可以用什么动作来表现蓝天、花草、河流、小卫士?

第二步,幼儿边欣赏音乐边进行表演。教师引导幼儿用不同动作表现对歌曲的感受。

第三步,教师和幼儿学做动作,教师鼓励幼儿的创造性表现。

用动作、舞蹈或语言来表达是学前儿童欣赏音乐作品时最自然的情感流露。本环节引导幼儿在熟悉、理解歌曲内容和情绪的基础上自主创编动作表现对歌曲的理解。教师充分尊重幼儿的兴趣和独特感受,理解幼儿欣赏时的手舞足蹈、即兴模仿等行为,并通过和幼儿一起学动作等方式对幼儿的表现给予积极回应和鼓励。在幼儿自主表达创作过程中,教师不做过多干预或把自己的意愿强加给幼儿,在幼儿需要时给予具体帮助。主要通过谈话法、练习法、表演法等解决难点,用时约 10 分钟。

环节四,幼儿完整欣赏歌曲,教师结合歌曲内容,引导幼儿交流讨论,给歌曲起名。

本环节通过给歌曲起名,引导幼儿思考交流讨论,并进一步激发幼儿环保意识:美好的环境需要大家一起去创造,希望大家都能成为中华环保小卫士。至此,情感目标得到升华。

最后教师弹唱歌曲,幼儿完整欣赏。本首歌曲音域较宽、附点音符、休止符、弱拍起唱反复出现,对大班幼儿学唱有一定难度,所以以音乐欣赏的形式呈现。幼儿可即兴随音乐哼唱或自由表演,在欢乐自由的氛围中自然结束本次活动。

本环节主要运用谈话法、讨论法、表演法,用时约 6 分钟。

说课小结(略)

面试部分

1. 题目:《月亮婆婆喜欢我》
2. 内容:
(1) 弹唱歌曲。
(2) 模拟组织幼儿欣赏歌曲。
3. 基本要求:
(1) 弹唱歌曲。
① 完整、流畅地弹奏,节奏准确。
② 有表情地歌唱,吐字清晰,准确把握音高。
(2) 模拟组织幼儿欣赏歌曲。
组织幼儿欣赏歌曲的方法基本适合 5—6 岁幼儿的特点,能激发幼儿的兴趣,适合幼儿的能力水平。
(3) 请在 10 分钟以内完成上述任务。

月亮婆婆喜欢我

1=F 2/4

佚 名 词
王爱华 曲

中速、稍快、活泼地

5 1 2 1 | 2 3. | 5 1 2 1 | 1 — | 5 1 | 2 5 3 | 3 1 2 1 | 2 5. |

月 亮 婆 婆 喜 欢 我, 撒 下 月 光 把 我 摸。

5	1	2	1	2	3.		5	1	2	1	1	0	5̣	1		2	5̣	3	

我 走 她 也 走, 我 停 她 也 停。 我 走 她 也 走,

5	1	2	1	2	0	5̣	1		2	5̣	3		5	1	2	1	1	—	‖

我 停 她 也 停。 我 走 她 也 走, 我 停 她 也 停。

主要考核目标：

主要考核考生弹唱的基本技能及了解幼儿、组织教育活动的能力等。

参考答案与评分说明：

基本要求（2）评分参考，能教态亲和地自然示范歌唱；通过故事讲述、引导性谈话、运用直观教具、表情动作等带动幼儿理解歌曲内容，引导幼儿用歌唱、肢体动作、绘画、打击乐器表演等方式创造性地表现歌曲，注重师幼互动等。

拓展阅读

● 阅读一　学前儿童音乐欣赏活动的年龄阶段目标

（一）小班

（1）能初步感受性质鲜明、结构短小的歌曲或有标题的器乐曲的形象、内容和情感，并产生一定的外部动作反应。

（2）喜欢倾听周围生活中的各种声音，并能用自己喜欢的方式（嗓音、动作等）表达。

（3）乐意参与集体音乐欣赏活动，并积极尝试和体验音乐欣赏过程的快乐。

（二）中班

（1）能感受性质鲜明、结构短小的歌曲或器乐曲的形象、内容、情感，并产生一定的联想，用外部的动作加以反应。

（2）能初步了解并辨别进行曲、舞曲、摇篮曲等不同风格音乐的特点。

（3）喜欢倾听周围生活中的各种声音，并能大胆地用自己喜欢的方式（嗓音、动作等）来表达。

（4）乐意参与集体的音乐欣赏活动，并积极尝试和体验音乐欣赏过程中的快乐。

（5）初步学习运用不同的艺术表演形式（如文学、美术、韵律动作等）表达对音乐的感受和理解。

（三）大班

（1）能较准确地感受性质鲜明、结构适中的歌曲或器乐曲的形象、内容和情感，并产生一定的联想，用外部的动作加以反应。

（2）能进一步丰富并加深对进行曲、舞曲、摇篮曲等不同风格、性质音乐的认识。

（3）喜欢倾听周围生活中的各种声音，并能用嗓音和动作表现等方式进行创造性的表达。

（4）能主动、积极地参与集体音乐欣赏活动，享受并体验音乐欣赏过程的快乐。

（5）能运用不同的艺术表演形式（如文学、美术、韵律动作等）大胆表达对音乐的感受和理解。

● 阅读二　幼儿园音乐欣赏教学常见问题与应对策略

（一）常见问题

（1）教师缺乏应有的知识储备，对中国名曲和世界名曲知之甚少。

（2）教学方法陈旧。只会采用"老三段"式（即完整、分段、完整欣赏）教学法。

（3）教学术语多。无论在目标表述中还是组织教学过程中，教师经常使用幼儿难以理解的"力度、速度、性质、曲式结构"等术语。

（4）教学方法缺乏灵活性。为幼儿提供想象、创造、感受、体验的空间和时间欠缺。如在一节欣赏活动中，很多时候孩子从头至尾都是坐在小椅子上度过的。

（5）教具运用和情境创设不够，教师不善于运用教具和创设相应的情境来帮助幼儿理解比较抽象的作品。

（二）应对策略

（1）活动前，教师应通过多种渠道帮助幼儿丰富感性经验。

（2）调动幼儿原有经验，为幼儿提供发散、想象空间。

（3）以故事、动作、图片及多媒体教具等帮助幼儿理解作品。

（4）创设一定的情境，为幼儿提供感受、体验的机会。

（5）在适当时机帮助幼儿提升对作品的感受和认识。

教师在进行音乐欣赏教学活动时，一开始，可直接切入主题；在欣赏作品之后，为幼儿提供发散、想象的空间；接着调动幼儿原有的社会经验，用故事、动作及教具等帮助幼儿理解作品；最后，通过一定的情境，给幼儿提供感受、体验的机会，并在幼儿已有经验的基础上，将经验迁移和升华。如某教师在组织小班幼儿欣赏《摇篮曲》时，为了帮助幼儿能更好地理解和欣赏乐曲，在活动前，通过与幼儿谈话、看图片，帮助幼儿将音乐中的情境融入有情节的故事中，并请家里有弟弟妹妹的小朋友介绍如何哄宝宝睡觉，来丰富幼儿的感性经验。活动开始后，教师通过提问："听了曲子你感觉到了什么？想到了什么？"直接切入主题。幼儿带着问题欣赏《摇篮曲》后，用自己的经验和对曲子的理解回答教师的问题。如 A 幼儿说："我觉得自己要睡着了。"B 幼儿说："曲子听起来很美，慢慢的，让人要睡觉。"C 幼儿说："我姑姑哄弟弟睡觉时就唱这个歌。"D 幼儿说："我听了曲子就想闭上眼睛，晃来晃去。"……这时教师出示自己准备的教具——吊床和睡在床上的玩具宝宝，音乐重新开始。在教师深情的故事讲述和表现中，幼儿情不自禁地与教师互动起来，大家都静悄悄地哄着吊床上的宝宝睡觉。教师充分地为幼儿提供了发散、想象的空间，利用故事、动作、教具及真切的表演，帮助幼儿理解作品。在幼儿对曲子有了初步的感知之后，教师再为幼儿创设一个环境，即让幼儿自己来扮演玩具娃娃的爸爸妈妈，幼儿在自己扮演的角色中，进一步加深了对《摇篮曲》的认知和理解，获得了感受、体验的机会。最后在教师与幼儿的交谈中，有的幼儿说："我回家告诉奶奶，拍宝宝睡觉时，要轻轻地拍。"有的幼儿说："睡不着觉时，听这个《摇篮曲》就睡着了。"还有的幼儿说："这个曲子太美了，我要让我妈妈听。"幼儿在已有的经验基础上，通过活动，提升了自己对作品的感受和认知，并将经验迁移和升华。

总之，多听是最重要的。在幼儿欣赏某一首乐曲之前，可以在适当的时间先让幼儿多听几遍乐曲，给幼儿留下感性的印象，便于幼儿模仿，这样可以大大提高幼儿学习的效率。

● 阅读三　中外著名音乐作品和音乐童话赏析

1.《生病的小娃娃》的赏析

这首乐曲是由俄国作曲家柴可夫斯基创作的《儿童钢琴组曲》第 6 首。乐曲为二段式,第 1—16 小节为第一乐段,第 17—42 小节为第二乐段。第一乐段左、右手形成切分节奏,第一句旋律在高音部分断断续续,造成一种忧伤情绪,第二句织体上下调换,旋律出现在重拍上。这一乐段基本速度缓慢,情绪发展为沉痛。第二乐段旋律上下起伏加大,力度加强,忧伤情绪继续发展,第四句旋律逐渐下行,情绪趋于平静,最后旋律在弱拍上平行、渐弱而结束。

我们的生活是丰富多彩的,表现出来的情绪情感是多种多样的,学前儿童有愉快活泼的情绪体验,也有生病、身体不舒服、难过的体验,乐曲表现了小娃娃病痛难过的情绪,是学前儿童能够体验感受的。学前儿童接触的音乐大多数是愉快活泼的,给他们欣赏描写小娃娃生病的音乐,感受病痛、难过的情绪,丰富他们的情绪体验,引导他们懂得关心、爱护他人,对有病痛、有困难的人有同情心,也是十分必要的教育内容。

教师可用讲故事的方式介绍乐曲,如某某小朋友有个心爱的小娃娃,一天,小娃娃生病了,感冒、发烧、头痛,身体很不舒服,病了就不能上幼儿园了。今天要欣赏的音乐叫《生病的小娃娃》,请小朋友认真听,仔细想,小娃娃生病了,音乐是什么样的,是愉快的、难过的,还是有力的? 请小朋友说说听音乐时想到了什么? 音乐是怎么表现小娃娃生病的? 音乐是快的还是慢的,是比较强的还是比较弱的? 引导学前儿童感受音乐的基本情绪,了解音乐表现手段速度、力度在这首乐曲中表达感情所起的作用,培养对音乐的感受力和想象力。

柴可夫斯基(1840—1893) 俄国作曲家,自幼学钢琴,14 岁开始音乐创作。创作了大量音乐作品,其中交响曲 6 部、歌剧 11 部(《叶甫盖尼·奥涅金》等)、芭蕾舞剧 3 部(《天鹅湖》《胡桃夹子》等)。《儿童钢琴组曲》是柴可夫斯基 1878 年创作的,其中包括 24 首钢琴小曲。他的作品注重内心情感的刻画,表情细腻富有表现力,音乐语言平易近人,富有浓郁的俄罗斯民族色彩。

2.《小白兔和大黑熊》赏析

这首乐曲描写的是小白兔去找大黑熊玩,大黑熊出来欢迎它,小白兔就进到大黑熊家去了,情节简单。乐曲从弱拍开始,第 1—13 小节旋律在高音区,速度稍快,节奏短促,轻快跳跃,描写小白兔高兴地、蹦蹦跳跳地去找大黑熊玩。第 14—15 小节,小白兔来到大黑熊家门口。第 16—25 小节,旋律在低音区,速度稍慢,左手伴奏部分,一拍一步描写大黑熊步履缓慢、沉重地出来欢迎小白兔。第 26 小节到结尾,小白兔谢谢大黑熊欢迎它,就蹦蹦跳跳地进到大黑熊家里去了,音乐变化再现了开始描写小白兔的旋律。

引导学前儿童结合生活常识来感知音乐,如小白兔轻巧活泼,蹦蹦跳跳,描写小白兔的音乐在高音区,轻快活泼;大黑熊笨重,步履缓慢,描写大黑熊的音乐在低音区,速度稍慢、沉重。当学前儿童能够感知描写小白兔和大黑熊的音乐的不同特点后,可请学前儿童随音乐和小白兔一起合拍地蹦蹦跳跳,感受小白兔轻巧的动作,愉快活泼的情绪;随描写大黑熊的音乐脚步沉重地和大黑熊一起出来欢迎小白兔,感受大黑熊动作笨重、沉稳的特点。也可请一组学前儿童当小白兔,另一组学前儿童当大黑熊,然后一对一地进行表演活动,感受小白兔和大黑熊友好交往的情谊。

3.《彼得与狼》赏析

管弦乐曲《彼得与狼》是苏联著名作曲家普罗科菲耶夫的代表作之一,作于 1936 年春。这是一部专门为儿童创作的交响童话,由作曲家本人构思情节并撰写朗诵词,具有生动而又深刻的教育意义。同时,作品中那一个个鲜明的人物和动物形象,也给人们留下了难忘的印象。

《彼得与狼》的音乐充满青春的热情,经过拟人化的处理,形式新颖,内容生动有趣。在演奏之前,先由解说员介绍剧中人物,而每个人物都由固定的乐器来表现,这就使人可以通过作品来了解和熟悉每一种乐器的声音特点及其独特的表现力,犹如一堂生动的乐队乐器知识的入门课,成为普及音乐的一种好方法。

作品采用不同的乐器奏出具有特性的短小旋律和音响。彼得的主题选用音色优美的小提琴,贴切地表现了少年人的朝气。主题一经奏响,使人眼前仿佛立即就浮现出一个可爱的少年的形象。彼得的主题旋律高度和谐,紧张度低,其中的附点音符和旋律的上行都表现了彼得活泼、淘气和乐观向上的性格特点。

阴森可怕的狼的形象用圆号来表现。圆号的音色能够与弦乐器很好地融合,表现力丰富,强奏时饱满有力,高音区音色明亮、辉煌,低音区深厚低沉。在这里,狼的主题都是以缓慢的节奏在低音区奏出,尤其是采用 g 小调式,使音色立刻就显得暗淡下来,与彼得阳光般的明朗形成了鲜明的对比。同时,主题旋律不仅具有一定的紧张度,而且和声中出现了不协和的减三和弦,塑造了神秘而诡异的形象。

当然,一部作品的成功不可能仅仅取决于一两个主要角色。在这部作品中,作曲家刻画的几个配角,不仅起到了穿针引线的作用,使故事得到顺利发展,而且也使本来很紧张的剧情显得更加生动有趣,吸引观众。

小鸟灵活可爱、好动机灵的形象是用长笛来表现的。长笛的高音区响亮、清脆,声音的穿透力很强,是乐队中常用的。它的音色华丽,技巧灵活,与灵巧好动的小鸟的形象可谓不谋而合。

鸭子的主题由双簧管模拟奏出。双簧管的低音区音色凄凉而粗野,主题舒展,其中的小二度进行曲,形象地描绘了鸭子的蹒跚步态。

这两个小动物给这个稍具紧张的故事情节增添了几分幽默的气氛。例如,在小鸟围着狼的脑袋飞转时,那活泼的音乐足见小鸟的机灵;而当狼追逐鸭子的时候,不仅音乐的速度加快了,而且都采用强奏,生动地描绘出鸭子被追赶而拼命奔跑的姿态和急于逃命时嘎嘎的叫声。其中最为精彩的无疑是模仿两个小家伙在拌嘴的情节,小鸟和鸭子你一言我一语争论不休的样子被作曲家刻画得惟妙惟肖。长笛的分解和弦进行,就好像在表现小鸟不停地扇动着翅膀忽高忽低地飞舞、盘旋,时不时地还在叽叽喳喳地说点儿什么。这时,双簧管同时奏出的慵懒的主题,则好像表现了鸭子那笨拙的步态和不屑一顾的表情。

猫的出现打断了小鸟和鸭子的争吵。单簧管那轻快活泼的音乐表现了猫的敏捷和机灵的形象,低音区的跳音演奏表现了猫捕捉猎物时的机警神情和小心翼翼匍匐前进的姿态。在这里,临时变化音所带来的听觉上的不稳定感和紧张感仿佛表现了猫对小鸟的不怀好意。当猫的主题第二次重复转到属调上,音乐变成了强奏,表现了猫迫切地想抓到小鸟而逐渐加快了脚步。最后当小鸟得到了彼得的提醒,躲过了猫的袭击以后,猫的主题弱了下来,而且放慢了脚步。而当狼出现以后,单簧管一系列上行的三连音渐快进行,非常形象地表现了猫在飞快地爬树时那敏捷而灵活的动作。

大管是乐队里公认的最适合表现老年人声音的乐器。在这部作品中,爷爷就是由大管那浑厚、粗犷、略带沙哑的声音来表现的,连续的强奏使人联想到老人缓慢的行动,它们的节奏和音调模拟了老人的唠叨,也显示出爷爷对彼得的疼爱。更为形象的是半音和重音的运用,生动地模拟出爷爷对彼得不停地唠叨的语调和喘息的声音。

最后出场的是猎人。作曲家用木管和小号来表现猎人在寻猎时的脚步和姿态,小号和木管奏出的小连音和跳音,非常形象地刻画出猎人小心翼翼地寻找狼的踪迹的场景,同时又以定音鼓和大鼓来模仿猎枪的声音,使整个故事更增添了紧张的气氛,而变得更加引人入胜。

总之,《彼得与狼》采用简洁的音乐手法和不同的乐器来刻画不同的人物和动物的性格、动作和神情,它的音乐技巧成熟,形式新颖活泼,旋律通俗易懂。全曲有贯穿其中的童话故事情节,每一个角色、每一个段落音乐形象鲜明,拥有无穷的艺术魅力,深受人们的喜爱。

> 从美的事物中找到美,这就是审美教育的任务。
>
> ——席勒

单元五

学前儿童打击乐活动的设计与指导

学习目标

- 了解学前儿童打击乐器的种类和有关配器的知识。
- 理解学前儿童打击乐活动的教育作用。
- 掌握打击乐器演奏的简单知识技能。
- 掌握各年龄班学前儿童打击乐活动的特点和指导要点。
- 能根据各年龄班的特点创编有关打击乐器的小游戏。
- 能设计与实施各年龄班学前儿童打击乐教学活动。

　　有心跳的地方就有音乐,我们发出的声音、身体的拍奏,其实是最初也是最自然的音乐。人们在敲敲打打的过程中,发展出各式各样的打击乐器。打击乐教学是学前儿童音乐教育活动的重要组成部分,既能激发学前儿童对音乐的兴趣,帮助学前儿童初步掌握打击乐器演奏的一般知识和技能,发展节奏感,又能发展学前儿童对音色、曲式结构、多声部组合表现力的敏感性,是大部分学前儿童比较喜欢的活动之一。

基础理论

一　学前儿童打击乐器演奏能力的发展特点

　　打击乐器演奏能力的发展主要包括:操作乐器的能力、随乐能力、协调合作能力及创造性表现四个方面。理想的音乐教育能够全面地促进这些方面的发展。

打击乐器教学是学前儿童音乐教育的一个重要的组成部分。儿童天真活泼，对于"听"和"看"有极大的兴趣，喜欢敲敲打打。在学前儿童音乐教育活动中，教师利用打击乐器，或与学前儿童一起拍掌、拍肩、唱节奏等方法有效地刺激孩子的视觉、听觉，来激发学前儿童的学习兴趣，挖掘学前儿童内在的节奏感，提高学前儿童演奏打击乐器的能力，让学前儿童逐步学会舒适有效地、有表现力地演奏。打击乐教学可以培养学前儿童学习音乐的兴趣，提高学前儿童的乐感，满足他们的需要，培养他们的主动性，帮助他们发展节奏感，培养合作意识、创造意识及与音乐交流、与他人交流的能力。

打击乐器是人类最早掌握的乐器之一，在演奏时主要使用大肌肉，因此是学前儿童较容易掌握的。学前儿童演奏打击乐器的能力包括以下几个方面。

(一) 对打击乐器的操作能力

乐器的操作能力主要是指运用乐器奏出特定音响的能力。对于3岁之前的儿童来说，操作乐器是他们以身体创造声音的一种自然而有趣的方式。这一年龄阶段的儿童已经表现出对打击乐活动的极大兴趣。这种兴趣来源于对发出声响的玩具的好奇和探索，他们渴望弄响它，并以此获得满足。逐渐地，儿童对声音探索的范围不断扩大，主动性也更强，能够自发地去敲击盒子、杯子等能发声的物品，以此来探索声音的高低、强弱、长短、音色。

人们根据3—4岁儿童主要运用大肌肉动作来演奏打击乐器的特点设计了一些打击乐器，如铃鼓、串铃、碰铃等。在这些乐器中，3—4岁儿童最容易掌握铃鼓和串铃的演奏方法。不仅仅是因为这些乐器便于模仿，还在于这些乐器可以促使3—4岁儿童去探索同一乐器的不同演奏方法，使得奏出的音乐音量适度，音色较美。

4—6岁儿童，受过简单的打击乐器教育，能够熟悉更多种类的打击乐器，掌握多种打击乐器的演奏方法，并逐步使用小肌肉动作来演奏乐器。4—6岁儿童能够而且喜欢用多种方法探索同一种乐器的不同演奏方法。在控制、调整用力方式和用力强度及奏出所需要的音量和音色方面，中、大班儿童也会更有意识，而且做得更好。

(二) 随乐能力

随乐能力是指在演奏打击乐器的过程中使奏出的音响与音乐协调一致的能力。这里的协调一致是指在奏乐活动中，按照音乐的节拍、旋律、速度等要求，熟练地运用打击乐器演奏，并与音乐的变化协调一致。3岁左右的儿童在刚开始接受简单的随乐训练时，他们的随乐意识和随乐能力都很差，大多数儿童会出现不听音乐只顾玩弄手中乐器而忘记演奏的要求的现象，很少一部分学前儿童能够基本合拍地随音乐演奏。5—6岁的儿童，由于在幼儿园期间接受过一些简单的训练，演奏打击乐器时的随乐能力会有比较明显的提高。在这一阶段，儿童不但能够自如地运用简单的节奏跟随音乐合奏，他们还会更加自觉地注意倾听音乐，并努力使自己的演奏能够与音乐的速度、力度变化相一致。他们能够学会随着节奏较复杂的音乐演奏乐器,其至在这一阶段的末期,还能学会看指挥手势的即兴变化随乐演奏。

(三)协调合作能力

乐器演奏活动中的协调合作主要是指在演奏过程中注意倾听自己、同伴、集体的演奏,并努力使每一个人、每一声部的演奏都能服从于整体音乐形象塑造的效果。构成乐器演奏的协调合作能力的基础主要是对各种音响关系(个人演奏音响、声部音响、整体音响)的倾听、判断、调节能力。

3—4岁的儿童由于自控能力比较弱,在演奏的过程中要使奏出的音响与音乐协调一致是有困难的。但是,让孩子通过看指挥的手势整齐地拿放乐器,通过同一种乐器的演奏,初步体会与别人同时开始、同时结束的基本合作要求,不做与演奏无关的事情是能够做到的。

5—6岁的儿童在打击乐演奏活动中的协调合作能力也得到了很好的发展。他们不仅能够准确地演奏出自己的声部,在许多声部合奏活动中主动地关注整体音响效果,并努力保持整体音响的协调性,而且还能迅速理解各种指挥手势并积极准确地做出反应。教师在担任指挥时,要以明确的手势对演奏者做出指示,以面部表情和体态表情与演奏者进行积极的情感沟通,以唤起全体参加者合作表现的热情。

(四)创造性表现

演奏打击乐器时的创造性是指在进行打击乐器演奏的过程中运用节奏、音色、速度、力度的变化设计配器方案和进行演奏表现的活动。进入幼儿园以后,在良好的教育影响下,尽管3—4岁儿童的演奏技能和随乐能力尚不完善,但是却早早地表现出奏乐活动中初步的创造性。他们能够学会为熟悉的、性质鲜明的音乐形象选择比较合适的乐器和演奏方法。如为表现下大雨的音乐选择铃鼓的强奏,为表现下小雨的音乐选择串铃等。

在良好教育的影响下,5—6岁儿童不仅能够自发地、积极地探索音乐,而且还能积极参与节奏型的选配。不仅能够为鲜明的音乐作品选择打击乐器,而且还能够学会用一些最基本的、简单的节奏型和用各种不同的音色配置方案来"装饰"这些节奏型。

事实上,在良好教育的影响下,学前儿童通过打击乐演奏活动,不仅能逐步激起对打击乐演奏活动比较稳定的热情,积累一定的打击乐作品、节奏、音色方面的语汇,而且也能初步掌握一些简单的、基本的运用打击乐器进行自我表现的知识(图5-1)。

二 学前儿童打击乐器演奏活动的教育内容

学前儿童打击乐器演奏活动的教育内容主要有:打击乐作品、打击乐器演奏的简单知识技能、打击乐的记谱法及打击乐器演奏的常规。

（一）打击乐作品

学前儿童音乐教育活动中使用的打击乐作品一般可以分为两类:一类是纯粹的打击乐曲,即专门为打击乐器创作或仅由打击乐器来演奏的乐曲;另一类是指特定的歌曲或器乐曲。目前学前儿童音乐教育中常见的打击乐作品为第二类。此类作品一般又由两个部分组成:一个部分是歌曲或器乐曲;另一个部分是根据这首特定的歌曲或器乐曲专门创作的打击乐器演奏方案,即配器方案。这些配器方案有的是由专业音乐工作者创作的,有的是由教师创作的,也有的是学前儿童在教师的帮助下自己创作而成的(图5-2)。

图5-1　幼儿打击乐表演
（大连爱儿坊幼儿学苑）

图5-2　幼儿打击乐活动
（大连高新区中心幼儿园）

（二）打击乐器演奏的简单知识技能

学前儿童可以学习的有关打击乐器演奏的简单知识技能主要包括:乐器和乐器演奏的知识技能、配器的知识技能及指挥的知识技能。

1. 乐器和乐器演奏

学前儿童可以接触到的打击乐器主要有大鼓、铃鼓、串铃、碰铃、三角铁、钹、锣、木鱼、双响筒、圆弧响板、蛙鸣筒、沙球等(图5-3)。我们要了解上述乐器的名称、形状、质地、音色特征及一般持握演奏方法等。由相同或相似材料制作的乐器,在音响、音色特点上具有很多共性,使用中可以相互替代。下面我们按照乐器的音响特点来分类。

（1）强音乐器。

① 大鼓:有皮革蒙在筒状的共鸣箱上,靠用鼓槌敲击引起的振动发声,其声音比较低,用力击打时能产生很强烈的音响,轻轻击打时又能发出柔和绵长的音响。敲击鼓面的中心位置时,声音浓、厚且延续音较长;敲击鼓面的边缘部位时,声音稍脆、薄,且延续音较短;敲击鼓的边框(共鸣箱)时,还能获得更脆、更硬、更短的声音。演奏时一般用右手持槌敲击。

② 单面鼓:因只在鼓框架一面蒙羊皮而得名,装有一鼓柄,使用时一手握鼓柄,另一手握鼓棒,敲击鼓面中心部位发声(图5-4)。

③ 锣:一个用铜合金制成的圆盘,用绳子固定在可抓握的木柄上,靠用锣槌敲击引起的振动发声,一般有大锣、小锣两种。大锣声音低沉,延续音长;小锣声音

| ① 大鼓 | ② 铃鼓 | ③ 串铃 | ④ 碰铃 | ⑤ 三角铁 | ⑥ 钹 |
| ⑦ 锣 | ⑧ 木鱼 | ⑨ 双响筒 | ⑩ 圆弧响板 | ⑪ 蛙鸣筒 | ⑫ 沙球 |

图 5-3 学前儿童常用打击乐器

明亮,也有较长延续音。大锣一般用软槌敲击,敲其中心时,声音柔和;敲其边缘时,声音较粗糙。轻击时,声音柔和;重击时,声音刺耳。小锣一般用硬槌敲击,轻击时,声音清脆明亮;重击时,声音尖锐刺耳。演奏时,一般是左手持锣,右手持槌。

④ 钹:一对用铜合金制成的大圆盘,中央微凸,靠撞击或摩擦发声。其声音响亮,延续音长,在强奏时音色比较粗糙、刺耳。一般奏法是双手各持一面,相互撞击,或者以边缘相互摩擦,也可将其中一面悬挂在支架上,用锤敲击。敲击时用力的方法、程度不同,发出的声音就不同。如果不需要过长的延续音,可在敲击后将钹面捂在身体上,或用手将其边缘捏住。

⑤ 镲:一对用铜合金制成的小圆盘,中央微凸,靠撞击或摩擦发声。相互撞击发声,音色响亮,有延续音。演奏方法较多,同钹。

（2）弱音乐器。

① 串铃:用金属制成的小铃,串在圆形、半圆形或棒形的固定物上。音色较碎,音量较小。靠敲击、摇晃或抖动引起的振动发声,也可左手握串铃,右手拍击左手背使其发声。

② 碰铃:一对用金属制成的小铃,各自固定在一个可抓握的柄上,靠相互撞击引起的振动发声。其声音清脆明亮,相比锣、钹等金属乐器,音色也较柔和。

③ 腰铃:用金属制成的小铃均匀地固定在皮条或布条上,戴在学前儿童腰上,随学前儿童摇晃、跳动引起振动发声。其声音清脆明亮,音色柔和。

④ 三角铁:一根弯成等边三角形的圆柱形钢条,用绳子悬挂,靠用另一根金属棒敲击发声。其音色与碰铃的音色相似,但音量比碰铃大,延续音也比碰铃长。演奏时一般是左手提着悬挂三角铁的绳子,右手持棒敲击三角铁的底边。如在三角铁的上端快速左右撞击,或在三角铁内快速转动撞击各边,可以产生激动人心的音响效果。

⑤ 沙锤:用椰壳或塑料制成的空心球体,内装细小粒状物,腔体全封闭,下端装有握柄,靠摇晃或抖动发声。其声音轻柔,有微弱毛糙感。演奏时一般是双手各持一个沙锤,用臂带动手腕上下震动。可左右手依次震动,也可双手同时

震动。

⑥ 沙筒:筒形壳内装铁砂,有手柄,两只一副。使用时双手各握一只,上下抖动,让铁砂在筒内滚动,发出声音(图5-5)。

⑦ 棒镲:三根细长木棒,中间一根较长的连有手柄,两旁短棒之间嵌有几副金属小镲片,也有的是用木片或木板制成,称为板镲,是木制与金属的混合音响乐器。使用时右手握柄,左手拍击右手,使镲片互击并碰击木框架发声,音量小。也可两手各握一只,摇动发出声响。

图5-4 部分打击乐器
从左往右依次是
单面鼓(3个)和小镲(3对)

图5-5 部分打击乐器
从左往右依次是串铃、
沙锤、铃板、沙筒、三角铁(2个)、碰铃

(3)特色乐器。

① 铃鼓:将皮革蒙在带有可活动的金属小钹的木制圆框上,靠用手敲击或摇晃引起的振动发声,其声音很特殊,既具有鼓的声音,又具有铃的声音。铃鼓可以有多种演奏法,不同的演奏法可使之发出不同的声音。如击奏鼓心时声音较柔和;击奏鼓边时声音较明朗;用手击鼓面时,鼓的声音比较明显;用鼓身撞击身体(如肩、肘、膝等)部位时,铃的声音比较明显;猛烈地摇动时,所发出的音响容易让人感到激动;轻柔地摇动时,所发出的音响会让人感到安宁。

② 双响筒:一段中间有节的木筒,下端装有握柄,靠敲击引起的振动发声。其声音与木鱼很相似——干脆、清亮,几乎无延续音。与木鱼不同的是,双响筒被节分开的两头各自可发出高低不同的音,这两个音大约相差五度。当一下一下地连续敲击时,可发出类似马蹄踏地的声音。演奏时一般是左手持柄,右手持棒,敲棒的敲击点一般是节到边缘的中点。

③ 圆弧响板:两片贝壳状木块,中间用松紧带连接构成。靠敲击引起的振动发声,其声音与木鱼、双响筒很相似,但由于共鸣腔较小,所以声音也更脆、更亮、更短。演奏时可用单手捏合的方法使两板撞击发声,也可将其放在左手手心,用右手向下拍击发声。

④ 手拍板:在一片带有手柄的长方形木板前后各放一片长方形的小木板,在带有手柄的长方形木板中部用松紧带连接构成,靠摆动碰撞引起振动发声。音色与响板相似,声音短促、清脆、明快。单手演奏。

⑤ 蛙鸣筒:一段带有握柄的木制圆筒,筒的表面刻有若干沟槽,靠竹或木制小

棒刮、擦发音。用刮擦的方式演奏蛙鸣筒,其音色类似青蛙的叫声。强奏音响刺耳,弱奏音响柔和。蛙鸣筒也可敲奏,此时音色与木鱼等乐器类似。演奏蛙鸣筒时,一般也是左手持蛙鸣筒的握柄,右手持棒。

⑥ 木鱼:用木头刻制,类似鱼状,中空,在头部开口,用木制敲棒敲击,声音清亮干脆,几乎没有延续音。演奏时一般是左手握住木鱼的"尾部",右手持敲棒敲打"鱼头"的顶部(图5-6)。

(4)旋律乐器。

① 铝板琴:有固定音高的打击乐器,由长短不一的铝板条或钢片组成。每根音条上刻有音名,按照基本音级顺序排列,固定在一个梯形木制共鸣箱上,配有一副橡皮头的音槌或金属小槌,直接敲击音条发声。有单槌击打或双槌轮击、滚奏、刮奏等奏法,音色清透、响亮,属色彩性乐器(图5-7)。

② 木琴:有固定音高的打击乐器,由长短不一的硬木条按音的高低顺序排列组成,配有一对木槌。靠敲击音条发声,可用单槌单击也可以双槌轮击、滚奏、刮奏等,音色清脆、响亮,弱奏时又柔和、甜美,属色彩性乐器。

图5-6 部分打击乐器
从左往右依次是铃鼓、双响筒、
木鱼(2个)、响板、齿木、蛙鸣筒

图5-7 部分打击乐器
从左往右依次是第一排:木琴、
铝板琴、木琴。第二排:钟琴

③ 电子琴:电子琴有立式和便携式两种。便携式电子琴体积小、便于携带,可供学习和演奏两用,因而受到普遍欢迎。便携式电子琴又分为玩具琴、练习琴、演奏琴三大类,其中演奏琴的音色最为优美,模拟乐器声音逼真,和弦伴奏更为丰富,幼儿园通常用的是这类琴。

④ 自制乐器:近年来,一些幼儿园为了培养儿童的创造性思维和动手能力,还充分利用废旧材料自制打击乐器。如往废旧的易拉罐、塑料瓶里装一些沙子,可制作成沙锤、沙筒,用树杈、塑料瓶盖、铁皮瓶盖制成棒镲,用竹板制成响板等小型打击乐器。还有用奶粉桶做成的架子鼓、编钟等大型打击乐器。总之敲击声音悦耳、安全的材料,均可制成给儿童用的打击乐器,不仅丰富了打击乐活动,也培养了儿童的创造力和动手能力(图5-8、图5-9)。

与演奏打击乐器有关的技能主要有:用自然协调的动作演奏,奏出适中的音量和美好的音色;注意倾听音乐和他人的演奏,并使自己的演奏与整体音响相协调。

图 5-8　自制大型打击乐器
从左往右依次是架子鼓、
音条琴、编钟、屏钟

图 5-9　自制小型打击乐器
从左往右依次是铃鼓、大鼓、
铃鼓、沙棒、手铃、铃鼓

2. 配器

在学前儿童的音乐学习中,"配器"主要是指教师引导、组织儿童用集体讨论的方式,选择适当的节奏型及合适的乐器,为儿童所熟悉的歌曲或乐曲设计伴奏的一种活动形式。与此有关的知识技能如下。

(1) 知道如何按乐器的音色给乐器分类。如碰铃、三角铁等音色较明亮、柔和,通常分为一类;圆弧响板、木鱼、手拍板、双响筒、蛙鸣筒等,音色较干脆、坚实,通常分为一类;串铃、铃鼓等,摇奏时有一定的毛糙感、波动感,通常分为一类;铝板琴、木琴、电子琴等带有音高的为一类;大鼓音色沉着、厚实,锣、钹、镲等音色较为尖锐、粗糙,带有撕裂感,通常单独使用。

以上这些乐器及音色特点,是学前儿童打击乐器学习中音色知识的主要内容,而且学前儿童一般只要在感性上知道怎样使用它们就可以了。更细致的内容一般不在学前阶段学习。

(2) 知道如何利用乐器的搭配制造某种特定的音响效果。如要制造强烈的效果,可在乐曲高潮处用较多的乐器齐奏,可用大鼓、钹或其他可摇响的乐器持续猛烈摇奏等;制造热烈欢快的音乐形象也适宜选用铃鼓、大鼓、锣、钹等乐器。如要制造轻快、柔和的效果,可用响板、串铃等乐器演奏。如要制造优美、抒情的音乐效果,适合选用音色清亮、有延音的三角铁、碰铃等柔和地弱奏。如要制造轻盈、跳跃的音乐形象,适宜选择声音清脆、响亮的木鱼、蛙鸣筒等,也可用可摇响的乐器轻柔地持续摇奏,如铃鼓、串铃等。总之,乐器的选配要考虑到使乐器的音响特点与音乐形象、情绪、风格相适应、相协调,这样才能够更好地表现出乐曲的特点。

(3) 知道如何为指定的歌曲或乐曲选配合适的节奏型。学前儿童可以掌握的节奏包括二分音符、四分音符、八分音符等,节奏型的选配可以采用固定的均匀的节奏型,也可以是歌曲或乐曲本身的节奏。

例:固定的均匀节奏型

$$\frac{2}{4}2 \quad 2 \quad | 4 \quad 4 \quad | 3 \quad 3 \quad | 1 \quad 1 \quad \|$$

$$X \quad X \quad | X \quad X \quad | X \quad X \quad | X \quad X \quad \|$$

例：歌曲或乐曲本身的节奏

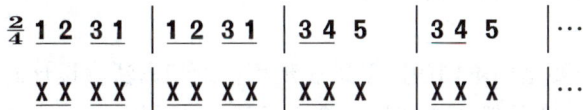

$$\frac{2}{4}1\,2\,3\,1 \quad | 1\,2\,3\,1 \quad | 3\,4\,5 \quad | 3\,4\,5 \quad | \cdots$$

$$X\,X\,X \quad | X\,X\,X\,X \quad | X\,X\,X \quad | X\,X\,X \quad | \cdots$$

（4）选择配器方案。教师在选择配器方案时第一，要考虑到儿童的实际能力，也就是说所选乐器及演奏方法必须为该年龄阶段的儿童所掌握；第二，音乐节奏的变化频率及复杂程度也必须为该年龄阶段儿童所能够接受；第三，所选择的音乐节奏要鲜明，结构要工整；第四，所选择的配器方案要能够符合乐曲和旋律的风格特点，并注意配器方案的整体音响效果。为小班儿童选择的打击乐应该简单，以齐奏为主，音色、节奏变化不宜频繁，一般以一个段落换一种节奏型为宜。可选择儿童熟悉的歌曲或结构短小、节奏变化较少的曲子。为中、大班儿童选择的打击乐可用不同的乐器轮奏或合奏，不同乐器的节奏型也可不同，教师可以启发儿童用不同音色、音量的乐器和节奏型来表现音乐的特点。

3. 指挥

学前儿童打击乐演奏活动中的"指挥"和"看指挥演奏"内容的学习，对学前儿童的音乐成长和全面发展有着特殊的意义。这些意义与成人在专业音乐活动中指挥的意义有较大的不同。

在这种活动中，学前儿童学习的内容主要是如何与人沟通、与人合作，以及如何与人相互协调。因此，指挥者一般情况下可以不必学习专业性的起势、收势和划拍，而只需要学习如何自然地开始、结束、轮流、交替和击打出所要求的节奏型，必要时还可用相应乐器演奏方式的模仿动作作为指挥动作，如在指挥小铃演奏时，教师可以用两手食指轻轻相触的方式指挥。

与此有关的知识技能如下。

（1）知道如何用动作表示"准备""开始"和"结束"，并能使自己的动作清楚、明确，易于让被指挥者做出反应。

（2）在指挥时应将两腿稍稍分开，站稳，以便于灵活地将身体转向任何声部。

（3）在指挥时应将身体倾向于被指挥者，用眼睛亲切、热情地注视被指挥者，并能用体态和表情激起被指挥者的合作热情。

（4）知道如何用指挥动作表现节奏和音色的变化，并能使自己的动作与音乐协调一致。

（5）在声部转换之前，提前将自己的头部和目光转向下一个将要演奏的声部。在组织建立声部时，尽量使用手势和眼神，减少语言指示（这一点不对学前儿童提出要求）。

（三）打击乐器记谱法

常用的打击乐器记谱法主要有图形记谱法、语言记谱法和动作记谱法三种。由于用图形、语言、动作符号记录设计的配器方案谱子比较直观，内容简单明了，因此，目前被大多数的学前教育机构普遍使用。

1. 图形记谱法

图形记谱法主要是用不同的图形来表现配器的记谱法。设计时可以使用几何图形、形象化图形或者其他图形、图片，要注意颜色的运用。

	3 3 5 3	5 3 2	(5 3 2)	2 4 3 2	3 1 2	(3 1 2) ‖
图形	□ □	□ □	⊙ ⊙	□ □	□ □	⊙ ⊙ ‖

□——响板   ⊙——串铃、沙锤

2. 语言记谱法

语言记谱法主要是用语言表现配器的记谱法。所用的语言应该是能够激发儿童兴趣的、容易上口和记忆的词语或者句子。

	3 3 5 3	5 3 2	(5 3 2)	2 4 3 2	3 1 2	(3 1 2) ‖
语言	喵 喵	喵 喵	汪 汪	喵 喵	喵 喵	汪 汪 ‖

喵——响板   汪——串铃、沙锤

3. 动作记谱法

动作记谱法即通过使用不同动作来表现配器的记谱法。可以使用舞蹈动作、身体动作（如拍手、拍腿等）。在节奏较密集的节奏型上，应该安排简单的动作，这样儿童容易掌握。

	3 3 5 3	5 3 2	(5 3 2)	2 4 3 2	3 1 2	(3 1 2) ‖
动作	拍手	拍手	拍腿	拍手	拍手	拍腿 ‖

拍手——响板   拍腿——串铃、沙锤

注：在以上介绍的三种记谱法中，儿童所要做的只是跟着旋律看图、歌唱和做动作，不要求看谱。

（四）打击乐器演奏的常规

1. 活动开始和结束的常规

（1）听音乐的信号整齐地将乐器从座椅下面取出或放回。这些音乐信号可以由教师提出，也可以由教师和学前儿童共同商议而定。

（2）乐器拿出后，凡不演奏时须将乐器放在腿上，不发出声音，眼睛也不看乐器。有些乐器应双手分开持握，放在两腿上，如碰铃、沙锤等；有些乐器只需单手拿放，如可用左手手掌托住圆弧响板放在腿上；还有些乐器应双手同时持握，如双手同时抓住铃鼓的木制圆框,鼓面朝下,放在腿上等。

（3）开始演奏前,按指挥者的手势整齐地将乐器拿起,做好准备演奏的姿态。如看到指挥者双手向前伸出,手心向上,就表示"拿起乐器做好演奏的准备"。

（4）演奏结束后,按指挥者的手势将乐器放回腿上。如看到指挥者两手手心朝下,缓缓地放下,就表示"演奏结束,将乐器放在腿上"。

（5）活动结束后,自己收拾乐器和整理场地。

2. 活动的常规

（1）演奏时身体倾向指挥者,眼睛注视指挥者,积极地与指挥者交流。

（2）演奏时注意倾听音乐和他人的演奏。

（3）演奏时注意力要集中,不做与演奏无关的事情。

（4）交换乐器时,须先将原来使用的乐器放在座椅上（不要放在座椅下面）,再迅速无声地找到新的座位,拿起新乐器,坐下后马上把新乐器放在腿上做好演奏准备。在交换过程中不与他人或场内的座椅相互碰撞,坐下时不使座椅发出声音或发生移动。

三　学前儿童打击乐活动的设计与指导

学前儿童打击乐活动的组织步骤和方法如下。

（一）欣赏音乐

欣赏音乐主要是让学前儿童熟悉音乐要表达的主要内容和曲式结构特点,感受音乐的速度力度变化,节奏快慢的变化,音乐风格和情绪的变化。

（二）介绍乐器的名称和使用方法

活动前儿童先观察乐器的外形特征,探索乐器如何发声,听辨乐器的声音特点之后,再由教师统一讲解各种打击乐器的使用方法。

（三）配器的简单知识

了解为乐曲配器的情况,如一首乐曲中共用了几种打击乐器,哪几种打击乐器在本首乐曲中起了支柱作用,分别演奏的是哪几种节奏型,在音乐中表现什么样的音乐形象等。而哪几种打击乐器在本首乐曲中起的只是辅助作用,没有这些起辅助作用的打击乐器会不会影响整首乐曲的实际演奏效果和音乐情绪等。

（四）空手练习

教师应该带领学前儿童以各种节奏动作（拍手、捻指等）练习各种乐器和各个声部的节奏型,帮助学前儿童尽快掌握各种节奏,待整齐之后再过渡到使用乐器阶段。需要注意的是,长时间空手练习会大大降低学前儿童学习的积极性、主动性,减少儿童在集体练习打击乐器的过程中的乐趣。同时,还会失去让学前儿童感受乐器不同音色、不同音响特点在合奏中会产生何种效果的机会。

（五）随音乐打击乐器

随音乐打击乐器主要可以从三个方面来练习。首先，可以分声部练习。按照曲谱的各声部分组练习，掌握节奏后，再逐步逐次递增一个声部，直到各个声部都可以结合在一起。其次，可以分段练习。每首乐曲都是由不同的乐段构成的，可以让儿童分段掌握各个乐段的重点、难点节奏，一段一段地练习。最后，是整体练习。整体练习是在分声部练习和分段练习的基础上进行合奏。在合奏的过程中，儿童不仅要学会聆听自己的声部与别人的声部及整体的音响效果，还要让自己与整体配合协调。

打击乐最容易打动人心，能够亲自动手打击乐器，乐趣无穷。打击乐不仅是人类最早的音乐形式之一，也是最国际化、最便于沟通的音乐之一。学前教育工作者应充分利用这一教育形式，提升学前儿童的音乐素质，培养学前儿童的音乐能力（图5-10）。

图5-10　幼儿打击乐表演

案例评析

案例一　小班打击乐活动：大象和小蚊子

活动目标

1. 引导学前儿童了解串铃发出的声音，会用臂部大肌肉带动手腕摇串铃，并能在了解大鼓和蛙鸣筒所表现的声音形象的基础上参与游戏。

2. 培养学前儿童的倾听辨别能力和根据故事情节进行乐器匹配的能力。

3. 激发学前儿童对打击乐的兴趣，体验乐器演奏带来的快乐。

重点难点

活动重点:要求学前儿童通过大象和小蚊子的故事情节,了解故事与乐器演奏的对应关系,并使用乐器进行演奏。

活动难点:能在了解大鼓和蛙鸣筒所表现的声音形象的基础上合作游戏,并能控制自己的串铃。

活动准备

小班打击乐
活动:大象
和小蚊子

1. 知识准备:通过图片、录像等方式,引导学前儿童观察大象和小蚊子的形态,并能够模仿它们的各种动作。

2. 物质准备:"大象和小蚊子"的故事课件,串铃、蛙鸣筒和大鼓,《大象进行曲》和《小蚊子》两段音乐。

活动过程

1. 情境导入,激发兴趣。

师:小朋友们,瞧! 森林里的景色真美啊,让我们跟着音乐到森林里去玩吧! (引导学前儿童听音乐手拉手,愉快入场。)美丽的森林到了,小朋友们找个位置休息吧。

2. 观看课件,理解故事。

师:小朋友们,你们看,谁来了?

幼:大象。

师:大象是什么样子的?

幼:大大的身体,长长的鼻子……

师:是的,大象有长长的鼻子,粗粗的四肢和大大的身体。这只大象在森林里散步,接下来会发生什么事呢? 请小朋友们认真听一听。

3. 出示乐器,辨别音色。

(1)老师今天带来了三样乐器宝宝,看看它们是谁呀? (串铃、蛙鸣筒和大鼓。)

今天请小乐器和我们一起玩游戏,小乐器来当大象和小蚊子,我们一起听听什么乐器声音像大象走路的声音? 为什么? (教师先摇串铃,再敲大鼓。)

(2)什么乐器声音像大象在甩尾巴? 为什么? (先摇摇铃,再刮蛙鸣筒。)(在这里要尊重孩子对音乐的理解,让学前儿童说出自己的选择理由。)

(3)拿出摇铃边摇边问:摇铃声音像谁的声音?

请学前儿童拿出摇铃模仿蚊子飞(教师参与,引导学前儿童注意摇铃的轻重、快慢。)

4. 游戏体验,乐器演奏。

师:小朋友们耳朵真灵,现在我们一起来玩大象和小蚊子的游戏吧!

分好角色:扮大象——大鼓、蛙鸣筒;扮小蚊子——串铃。

(1)初步学习使用串铃。学前儿童扮演小蚊子,他们每人拿一个串铃轻轻摇动,表示蚊子飞,在教师的提示下摇动手臂。

师:现在小朋友们就是一只只小蚊子,我是大象,我们一起做游戏,好不好? (学前儿童一人一个串铃扮蚊子飞,教师扮大象让学前儿童以故事中角色去参与活动。)

（2）介绍游戏规则：大象睡着打呼噜时小蚊子才能去叮它的屁股，大象一甩尾巴（刮蛙鸣筒），小蚊子就躲起来（回座位）。

（3）第一遍：边讲述故事边用乐器演奏，当讲到"大象"睡着了打起呼噜时，"小蚊子"摇串铃"叮""大象"，"大象"甩尾巴时（刮蛙鸣筒）"小蚊子"躲回去（收起串铃），鼓励幼儿积极地参与游戏。

（4）第二遍，不再讲述故事，单纯使用乐器伴奏。提醒学前儿童，躲回去时控制自己的串铃不发出声音。

5. 倾听音乐，演奏乐器。

活动延伸

在音乐角继续投放更多的"乐器宝宝"，让学前儿童继续探索哪些乐器发出的声音像大象走路，哪些乐器发出的声音像小蚊子在飞，哪些乐器发出的声音像大象甩尾巴，继续听音乐用乐器进行演奏。

（常小芳，有改动）

案例二 中班打击乐活动：小小乐队

中班打击乐
活动：小小
乐队

活动目标

1. 在学会身体动作的基础上，学习用沙锤、响板、鼓、锣等乐器为乐曲伴奏。
2. 模仿乐器的声音，能集体演奏，能看指挥协调一致地演奏。
3. 体验师幼合作和同伴合作的乐趣。

活动准备

1. 乐器：沙锤（6对）、响板（6对）、鼓（3个）、锣（3个）。
2. 音乐图谱一张、邀请函一封。
3. 奖状、轻松愉快的颁奖音乐。

活动过程

1. 开始部分：导入活动。

师：今天我的心情真好，因为早上我收到了一封邀请函（出示邀请函），我来看看里面写了些什么？哦！原来是森林里的小动物寄来的，它们要在森林里举办一场"音乐会"，想邀请我们中班的小朋友去表演节目。你们想去吗？（想。）那我们要好好地准备。

2. 基本部分。

（1）出示乐器。

师：我们可以组成一个小小乐队去参加演出。瞧，这里有我准备的四种乐器，谁能举手告诉我它们叫什么名字？（最后两个乐器一起说。）

师：它们还会唱歌呢，一起来听听。请小朋友们模仿乐器的声音，可以轻轻拍手（注意强弱）。

小结:刚才小朋友们手拍得很不错,模仿小乐器的声音也非常动听。现在我们来听一曲以前学过的音乐,并请小朋友们用小手为乐曲伴奏。

(2)听音乐,学前儿童跟随歌曲节奏拍手。

① 学前儿童集体拍手,有节奏地拍打完 A 段音乐。

师:谁能告诉我,这是一首几拍子的音乐?($\frac{2}{4}$拍乐曲的特点就是前一拍重,后一拍轻。)

② 播放 B 段音乐,学前儿童分组在 **X　　X │X　-　│** 处拍手三下(强、弱、强 -)。

师:现在我把小朋友们分为四组,第一组的小朋友在"沙沙沙"的时候站起来拍三下手,拍完后坐下。接着第二组站起来在"卡卡卡"的时候拍三下手,拍完后坐下。就这样,一组接一组。当第四组小朋友拍完后,所有的小朋友一起坐着伴奏,好吗?(注意别的组在拍手的时候自己组要保持安静;注意强弱拍、一重一轻;小眼睛一定要看着老师。)

播放音乐,教师指挥,学前儿童分组拍手练习。

(3)练习沙铃、响板、鼓、锣的演奏方法。

① 出示音乐图谱,介绍图谱。

师:你们看,我这里有一张《小小乐队》的图谱,上面有什么?(歌曲的名字、音调、节拍、旋律,还有乐器。)乐器宝宝正在干什么?(为歌曲伴奏。)

② 学前儿童取乐器。

师:今天这些"能干"的乐器来到了这里,它们正藏在每个小朋友的椅子下面呢!现在小朋友轻轻地把乐器拿在手上准备好。注意不能让乐器唱歌,看谁的乐器最安静。

③ 集体与分组练习。

教师唱节奏,学前儿童集体练习两个八拍的强弱,接着集体练习 **X　　X │X　-　│**。

师:现在我们要分组练习,但是练习前老师提一个小小的要求:当有一种乐器在唱歌的时候,其他三种乐器都不能发出声音。

④ 根据图谱打击乐器。

播放音乐,学前儿童听着音乐、看着图谱(**X　　X │X　-　│**)打击乐器,要完整地打击一遍。

(4)学前儿童表演。

师:音乐会开始啦!小朋友们,一起大声地告诉观众我们的节目是什么?(音乐《小小乐队》。)

再次播放音乐,教师指挥,学前儿童完整演奏一遍。

3. 结束部分。

师:现在请把乐器轻轻地放回原处。森林国王说刚才小朋友们表演得非常好,音乐《小小乐队》获得最佳表现奖,所有小朋友起立拍手。请小朋友们上台领奖。

(黄艳玲)

案例三 大班打击乐活动:小小演奏家

设计意图

奥尔夫音乐活动很受幼儿和教师欢迎。幼儿可以通过各种途径来表现音乐,有律动、打击乐、说唱等,这些形式可以帮助他们加深对音乐的理解。5—6岁幼儿对各种事物充满好奇,乐于尝试,所以教师要给他们多一些尝试的机会。幼儿在进行打节奏练习的时候,会想象一些不同的表现方式,这给了教师很大的启发。在让幼儿自己尝试用乐器打节奏的时候,有的幼儿拿乐器的方法不对,有的幼儿打击乐器的方法不对,为了能让幼儿正确地打击乐器,并把打节奏的各种形式加进去,教师设计了本次活动,通过让幼儿充分发挥想象力并亲自动手打击乐器为音乐伴奏来满足幼儿求知和动手的欲望。

活动目标

1. 学习 X X │ 和 X X X X │ 节奏型,尝试用语言和肢体动作表现节奏。

2. 会按图谱用乐器打节奏,并为音乐伴奏。

3. 在节奏练习中锻炼合作能力。

大班打击乐活动：小小演奏家

活动准备

动物手饰、节奏图谱、响筒、铃鼓、动物图片、音乐。

活动过程

1. 讲故事,引出动物。

(1) 教师讲故事,边讲故事边出示动物手饰。

导入:今天老师给小朋友们带来了一个有关动物的故事,请小朋友们认真听听,动物们发生了什么事情?

(2) 提问:故事里都讲了哪些动物? 它们在干什么?

(3) 教师总结。

2. 出示节奏图谱,练习打节奏(图5-11)。

(1) 师:今天大象和小老鼠也来到了我们的活动室,看看是谁先来的?

(2) 教师出示大象的图谱,教师与幼儿打节奏。

师:看老师是怎样和大象打招呼的。(X X │ X X │ X X │ X X │)

图5-11 打节奏练习

大象是怎么走路的? 大象走路的声音是什么样的? 用大象走路的样子和走路时发出的声音来打节奏。(小老鼠也是用同样的方式来出示。)

大象的节奏型: X X ｜ X X ｜ X X ｜ X X ｜

小老鼠的节奏型: X X X X ｜ X X X X ｜ X X X X ｜ X X X X ｜

3. 节奏练习。

(1) 教师变化节奏请幼儿来练习打节奏。

师: 老师把大象和小老鼠重新排排队,看看它们的节奏有什么变化,我们一起来试一试。

(2) 引导幼儿用不同的肢体动作来表现大象和小老鼠的节奏。

(3) 幼儿分组(大象组和小老鼠组)进行节奏练习,教师引导幼儿运用语言和动作分组表现节奏。

4. 用乐器打节奏。

(1) 出示铃鼓和响筒。

师: 大象和小老鼠还给小朋友们带来了好玩的乐器,咱们来看看是什么?(铃鼓和响筒。)

(2) 讨论适合表现大象和小老鼠的乐器。

(3) 请幼儿选择自己喜欢的乐器进行节奏的练习。

(4) 将幼儿分组,利用乐器进行节奏的练习。

5. 小小演奏家。

(1) 欣赏音乐。

师: 我们班的小朋友像演奏家一样,老师想考考大家,请小朋友们为一首音乐配伴奏。我们先来听听这首音乐。

(2) 分析音乐。

提问: 音乐第一段是谁走来了?(大象。)第二段是谁走来了?(小老鼠。)教师根据幼儿的回答来调整图谱。

(3) 为音乐配伴奏。

将幼儿分成大象组和小老鼠组为音乐配伴奏。

6. 结束。

让我们先休息一会儿,然后去给小弟弟小妹妹们表演吧!

活动评析

兴趣是产生学习动机的重要心理因素,大班幼儿学习动机与活动本身有着更为直接的联系,因此,教师可以用幽默的语言、生动的比喻使音乐活动充满情趣,尤其可以通过教具引导幼儿。幼儿随着教师简练和游戏性的语言进入活动的情境,在教学过程中,教师努力将"好奇""形象"两者有机地结合起来,力争生动形象、充满情趣。本次活动的目标之一是让幼儿练习打节奏。首先,是借用节奏图谱来打节奏。在节奏图谱上教师设计了动物的头像,并用动物的名字打节奏,这样更能吸引幼儿的注意力,肢体的动作也使幼儿加深了印象。幼儿表现得很好,能正确地将节奏打出来。其次,是借用乐器来打节奏。为了让幼儿能更好地打击乐器,教师选择了两种乐器(响筒、铃鼓),待幼儿熟悉后可以在课后再逐渐加上几种乐器。在打击乐器前,教师应将乐器的正确拿法告知幼儿,幼儿反复练习后都能正确地打出节奏。最后的环节就是请幼儿为音乐配伴奏,在听音乐的时候幼儿很认真,听了几遍后可以正确地说出哪些部分是大象,哪些部分是小老鼠。因为前一阶段用乐器打节奏的时候,幼儿很熟练,所以在配音乐的时候,练习1~2遍就很熟练了。为了能让活动更生动,教师还可以请每组幼儿来扮演动物,一边扮演动物一边打击乐器配伴奏。在愉快的情绪中教师再给予技能技巧上的指导,如节奏、旋律方面的指导、示范。让幼儿给熟悉的歌曲配上节奏,既能提高幼儿的兴趣,也有利于培养幼儿的创造力。幼儿爱音乐,他们在唱唱跳跳中受到熏陶,形成活泼开朗的个性,在唱唱跳跳中感受音乐的美,产生愉快的心情。

（大连亿达世纪城幼儿园　张晶）

岗位对接

● 项目一　教学观摩或现场教学后进行评课技能训练

观摩打击乐教学录像或到幼儿园进行现场教学,结合教学活动的组织,以上课教师自评、学生评价、幼儿园园长评价的方式进行评课技能训练。

● 项目二　设计课程与模拟教学

将班内同学分成若干组,由教师确定活动内容或小组同学自选内容,每组设计一个活动方案,小组内利用课余时间进行说课练习、模拟教学、评课练习。

● 项目三　班级范围内进行说课、模拟教学、评课训练

在项目二的基础上,每组推选代表利用课堂教学时间在全班范围内进行说课、模拟试教。模拟教学后,由学生自评、互评,教师点评。以小组为单位写出教学反思。

国考聚焦

笔试部分：活动设计

1. 题目:围绕"海底总动员",为中班幼儿设计主题活动,应包含三个子活动。
2. 要求:
（1）写出主题活动的总目标。
（2）写出一个子活动的具体方案,包含活动的名称、目标、准备和主要环节。
（3）写出另外两个子活动的名称、目标。

参考教案

活动名称

中班打击乐活动:海底总动员

设计意图

《指南》指出:"幼儿喜欢进行艺术活动并大胆表现。"艺术活动要面向全体幼儿,要针对他们的不同特点和需要,让每个幼儿都得到美的熏陶和培养。本次音乐活动,从幼儿的生活实际出发,拓展幼儿的思维,运用图谱的方式帮助幼儿理解和感知 X-和 X 节奏型;指导幼儿正确使用铃鼓和沙锤,为音乐伴奏;在音乐活动中,感受到快乐。

活动目标

1. 初步感知 X-和 X 节奏型,并尝试用声势感知节奏。
2. 能正确使用铃鼓和沙锤;并能为音乐伴奏。
3. 感受音乐活动的快乐。

重点难点

活动重点:初步感知 X-和 X 节奏型,并尝试用声势感知节奏。
活动难点:能正确地使用铃鼓和沙锤;并能为音乐伴奏。

活动准备

电子图谱、海底总动员音乐、《海底总动员》动画视频、铃鼓若干、沙锤若干。

主要环节

1. 播放《海底总动员》动画视频。
师:今天老师要带小朋友们到海底看一看,好吗?
2. 播放音乐,让幼儿感知音乐的节奏变化。
(1) 只播放音乐,让幼儿自主感知音乐。
(2) 出示电子图谱,进行声势练习(图5-12)。
① 听音乐,看图谱,做动作。
A段:X - X -,　　X - X -,　　X X X X,　　X X X X,
　　拍手 拍手,　拍手 拍手,　拍腿 拍腿,　　拍腿 拍腿
B段:X - X - X - X - X - X - X - X -
模仿游泳的动作
② 教师提问:小朋友们在水里看到了什么?(螃蟹,鱼,虾,水母……)
③ 教师根据幼儿说的出示图片,根据图片做动作。

动作:"水母"做手的抓、放动作,上下起伏;"虾"做虎口收缩的动作。

A 段:X - X -,   X - X -,   X X X X,   X X X X

       水母水母   水母 水母   虾虾虾虾   虾虾虾虾

B 段:X - X - X - X - X - X - X - X -

       水母 水母 水母 水母 水母 水母 水母 水母

3. 乐器演奏。

(1)出示乐器铃鼓、沙锤并讲解铃鼓和沙锤的正确演奏方法。(图 5-13)

图 5-12 电子图谱   图 5-13 讲解乐器演奏方法

师:今天老师带来了长得像水母一样的乐器——铃鼓。它看到小朋友特别"高兴",看,它听到音乐开始翩翩起舞了。(教师展示铃鼓的动作。)

师:小虾喜欢点头,沙锤朋友也喜欢点头的动作。(教师展示沙锤的动作。)

(2)放音乐,教师示范。

师:老师先来演奏一遍,小朋友们认真看。

4. 合奏表演。

(1)分组演奏:铃鼓组演奏水母,沙锤组演奏虾。

(2)不加音乐的练习。

(3)加音乐进行合奏练习。

5. 结束。

(1)收乐器:沙锤。

师:好,现在我们请沙锤朋友先回家。

(2)收乐器:铃鼓。

师:现在我们请铃鼓朋友回家。

活动延伸

1. 在表演区添加"海底总动员"图谱和音乐;鼓励幼儿区域游戏时,继续演奏"海底总动员"。

2. 小朋友们回到家里也可以和爸爸妈妈一起演奏,而且还可以根据自己喜欢的方式,进行创编。

活动反思

本节教学活动目标明确,活动步骤比较合理。《海底总动员》音乐以二分音符和四分音符为主,音乐轻快优美,节奏感较强,幼儿容易掌握。幼儿很喜欢音乐活动,特别是对"海底总动员"的人物很熟悉,在导入环节积极性一下子就被调动起来了。首先只播放音乐,让幼儿自主地感知音乐的节奏变化;紧接着再出示图谱,反复播放音乐,让幼儿感知音乐节奏的变化;接下来通过声势,鼓励幼儿用拍手、拍腿的方式进一步体验音乐;然后通过铃鼓和沙锤乐器的演奏进一步感受音乐的变化;最后通过乐器合奏的方式,鼓励幼儿为音乐伴奏。

音乐活动给予孩子的应该是美的感受,所以教师在做肢体律动时一定要注意动作的美感。同时还要注意提升幼儿动作的美感,孩子在想象、创造动作时,常常不会注意到这一方面。其次,是节奏感的培养,在活动中,教师的思路一定要清晰,目标要明确,并能结合目标展开活动。孩子是非常有潜力的,会给教师带来惊喜。

子活动(略)

(大连高新技术产业园区中心幼儿园　周申爽)

面试部分

1. 题目:《亲爱的回声》
2. 内容:
(1) 弹唱歌曲。
(2) 模拟组织幼儿运用打击乐器为歌曲伴奏。
3. 基本要求:
(1) 弹唱歌曲。
① 完整、流畅地弹奏,节奏准确。
② 有表情地歌唱,吐字清晰,准确把握音高。
(2) 模拟组织幼儿运用打击乐器为歌曲伴奏。
组织幼儿运用打击乐器为歌曲伴奏的方法基本适合5—6岁幼儿的特点,能激发幼儿的兴趣,适合幼儿的能力水平。
(3) 回答问题。
① 儿童常用打击乐器有哪些?
② 打击乐教学的组织环节可以有哪些?
(4) 请在10分钟以内完成上述任务。

亲爱的回声

1=C 6/8

[美] 菲利斯　曲
文　辉　编配

热情　欢快地

5. 65　1 7 6 | 5　5 3　6 | 5　6 5　5 | 6 5.　|
亲　爱 的 回　声 你　可 好？哈　罗， 哈　罗， 哈　罗， 哈　罗。

5. 65　1 7 6 | 5　5 3　6 | 5　6 5　5 | 1 5 1 1 |
回　声 它 也　向 你　问 好，哈　罗， 哈　罗， 哈　罗， 哈 罗， 哈

6　1 6　1 | 5　1 5　0 | 6 6 6　6 7 1 | 2.　2 5 5 |
罗，哈 罗，哈　罗，哈 罗！　你 可 愿 来　游 玩？　我 们

1 1 1　7 7 7 | 6 7 1　5 3 4 | 5 6 5　2　5 | 1.　1 0 ‖
知 道 你 是 一 个 好　伙 伴，但 你　总 是 那 样　遥 远。

主要考核目标：
主要考核考生弹唱的基本技能及了解幼儿和组织教育活动的能力等。

参考答案与评分说明：

基本要求（2）如能教态亲和地、自然地范唱；能通过引导性谈话、运用直观教具、表情动作等带动幼儿理解歌曲内容，引导幼儿结合歌曲选择适合的打击乐器、编配简单的节奏型等方式创造性地表现歌曲，注重师幼互动等。

回答问题（3）。

① 儿童常用打击乐器有哪些？

答案：大鼓、铃鼓、串铃、三角铁、双响筒、碰铃、锣、木鱼等。（说出 5～6 种即可。）

② 打击乐教学的组织环节可以有哪些？

答案：欣赏音乐、介绍乐器的名称和使用方法、了解简单的配器知识、空手练习节奏、随音乐打击乐器、创造性编配打击乐等。

拓展阅读

● 阅读一　学前儿童打击乐演奏活动的年龄阶段目标

（一）小班

（1）学习并掌握几种最常用的打击乐器（如碰铃、串铃、铃鼓等）的演奏方法。

（2）喜欢操弄打击乐器，喜欢参加集体打击乐演奏活动。

（3）能够为简单、短小的二拍子和四拍子的歌曲、乐曲伴奏。

（4）初步学会看指挥开始和结束演奏。

（5）了解并遵守集体打击乐演奏活动中的一些基本规则，如乐器取放的恰当位置等。

（二）中班

（1）进一步学习并掌握更多打击乐器（如三角铁、双响筒、钹等）的演奏方法。

（2）喜欢并积极参与集体打击乐演奏活动，能部分地参与打击乐演奏配器方案的设计。

（3）能正确地根据指挥的手势开始、结束和变化演奏。

（4）能在集体打击乐演奏活动中有意识地注意在音色、音量和表情上与集体协调一致。

（5）能自觉地遵守集体打击乐演奏活动中的一些常规，养成爱护乐器的态度和习惯。

（三）大班

（1）进一步学习并掌握一些打击乐器（如木鱼、响板、沙锤等）的演奏方法。

（2）喜欢操弄打击乐器，喜欢参加集体打击乐演奏活动。

（3）能够用乐器为二拍子、三拍子、四拍子的歌曲和乐曲配不同的简单伴奏。

（4）进一步学会看指挥开始、结束和变化演奏。

（5）能初步尝试部分地参与打击乐演奏配器方案的讨论。

（6）能较自觉地遵守集体打击乐演奏活动中的一些常规，养成爱护乐器的态度和习惯。

● 阅读二　幼儿园打击乐教学常见问题与应对策略

（一）常见问题

（1）教师对打击乐教学没有足够的重视，表现在乐器少、教师组织活动少。

（2）有乐器但束之高阁，幼儿看得见但摸不着。

（3）教师应用乐器方面的知识薄弱。对有的乐器名称说不出，对乐器的音色很难区分，对乐器的使用方法单一。

（4）为歌曲或乐曲自主配器进行演奏的能力较弱。

（5）教师指挥常识和指挥技术匮乏。

（6）缺少自制的乐器。

（二）应对策略

（1）教师应在音乐区里定期投放不同乐器，也可根据单元主题投放。

（2）经常开展打击乐活动或为幼儿提供视频欣赏片段，丰富幼儿的相关经验。

（3）教师应主动学习和掌握乐器的名称和使用方法。

（4）在幼儿初次接触乐器时，一定要向幼儿介绍名称，示范使用方法。

（5）在组织教学活动时，可先让幼儿徒手练习乐器的打法，切忌让幼儿过早拿乐器，以免分散幼儿的注意力，影响正常教学。

（6）在乐器合奏时，要注意让幼儿按所持乐器分组坐，正式表演时可以设计成半圆形、八字形、扇形或马蹄形等。

（7）乐器摆放应有固定位置。可将乐器区和操作区分开，乐器不要集中放于一个箱子里，应散开摆放以便于幼儿取放，逐渐培养幼儿的秩序感。

（8）教师应经常带领幼儿用身边的废旧材料自制乐器，探索声音和节奏。

（9）教师要善于探索和创编乐器的多种使用方法。

（10）教师要学会使用指挥棒，并且指挥的手势要清晰、明了，要提前两小节将身体或头转向即将敲打乐器的幼儿。

行是知之始，知是行之成。

——陶行知

单元六
学前儿童音乐教育活动教学案例评析

学习目标

● 全面并深入了解学前儿童音乐教育活动教学方案的设计模式。
● 能够从教师行为、师幼互动以及活动组织形式、结构、效果等方面进行评价。
● 树立正确的教学观、儿童观、课程观、方法观,培养良好的职业意识。

案例评析

案例一　小班音乐游戏:哈巴狗

设计意图

　　每当听到《哈巴狗》的音乐,孩子们就会表现得非常兴奋,有的幼儿甚至会跟着音乐手舞足蹈起来。《哈巴狗》的歌词非常简单,易于理解,具有极强的韵律感,而且每句歌词都可以直接用动作表现出来。这首歌适合作为一种载体,让幼儿用动作表现歌词,教师也可以此设计游戏规则,使幼儿巩固歌曲、律动,学习音乐游戏,理解游戏的规则。这样既可以满足幼儿的心理需求,又可以使幼儿在能力上得到提高。

活动目标

1. 初步学习音乐游戏"哈巴狗"。
2. 能根据规则做游戏。
3. 在唱唱玩玩中感受音乐游戏的快乐。

活动准备

1. 玩具大门、哈巴狗玩具、装有肉骨头图片的餐盘、小狗头饰、软垫、《哈巴狗》音乐。
2. 幼儿已会唱歌曲《哈巴狗》。

活动过程

1. 复习歌曲《哈巴狗》。

（1）教师和幼儿围坐在大门口，引出活动主题。

师：一只哈巴狗，蹲在大门口，两眼黑黝黝，想吃肉骨头。

（2）幼儿跟教师完整演唱歌曲一遍。

（3）教师边唱歌曲边做动作，引导幼儿模仿（图6-1）。重点指导幼儿跟随歌词的变化变换动作。

2. 音乐游戏"小狗抓肉骨头"。

（1）教师演"哈巴狗"，示范游戏玩法。

① 教师讲解游戏玩法：一只"哈巴狗"蹲在大门口，其余幼儿当"肉骨头"。"哈巴狗"蹲在垫子上，其余幼儿边唱歌边向"哈巴狗"靠近，当唱完歌曲后，"哈巴狗"大声喊"汪汪"，从垫子上跳起去抓"肉骨头"，"肉骨头"赶紧跑回自己的位置。被抓住的"肉骨头"就被"哈巴狗"吃掉了。

② 教师示范游戏玩法。重点强调：只有当歌曲唱完了，"哈巴狗"才能"汪汪"叫，"肉骨头"赶紧跑回自己的位置。

（2）请一个幼儿做游戏演示（图6-2）。

小班音乐游戏：哈巴狗

图6-1　教师示范

图6-2　幼儿演示

（3）请不同的幼儿扮演"哈巴狗"，做游戏。

3. 活动结束。

请小朋友们都来当"哈巴狗"，你们想吃"肉骨头"吗？到外面找找去！

（辽宁大连　官元军）

活动评析

　　生活中,幼儿经常能够接触到各种各样的小狗,对小狗有着莫名的喜爱。他们同时更喜欢唱歌、跳舞、模仿、游戏。根据这一特点,我们结合托班幼儿教育的目标设计本次活动。班里大多是2岁多的孩子,刚踏进幼儿园的大门。在目标的制订和把握上,应考虑不超出幼儿的能力范围。考虑到幼儿的年龄特点和能力水平,教师挑选了一首幼儿已经会唱的歌曲《哈巴狗》,以此为媒介,通过复习歌曲、模仿动作、新授游戏、巩固练习的形式开展整个活动。复习歌曲是整个活动的必要准备,幼儿只有会唱歌曲才能够参与以后的活动。由于年龄小,单纯的歌唱容易使幼儿失去兴致,所以,我们将歌曲和动作有机结合,让幼儿在歌唱的同时模仿动作,起到动静交替的作用,并为之后的游戏做好铺垫。学习游戏并遵守游戏规则是整个活动的重点。通过教师的示范,幼儿对游戏的玩法有了直观的了解后,再重点强调游戏的规则。之后请个别幼儿做游戏,巩固游戏的玩法及规则。几轮之后,幼儿已经完全掌握活动的重点,并能够在教师的引导和组织下顺利开展游戏。活动目标达成的效果很好。

资源包

哈 巴 狗

1=D 2/4

1 1 1 2 | 3 - | 3 3 3 4 | 5 - | 6 6 5 4 | 3 - | 5 5 2 3 | 1 - ‖

1.一只哈巴　狗,　　蹲在大门　口,　　两眼黑黝　黝,　　想吃肉骨　头。
2.一只哈巴　狗,　　吃完肉骨　头,　　尾巴摇一　摇,　　向我点点　头。

案例二　中班音乐活动:可爱的小鳄鱼

设计意图

　　《纲要》指出:幼儿园艺术教育活动要激发情趣,使幼儿体验审美愉悦和创造的快乐,体验自我表现和创造的成就感,并指出,要避免仅仅重视表现技能或艺术活动的结果,而忽视幼儿在活动过程中的情感体验和态度的倾向。中班幼儿的年龄特点为活泼好动,具有丰富而生动的想象力,愿意通过手、口、动作、表情来进行表达、表现、创作。

　　"可爱的小鳄鱼"是一项原创活动,设计本活动是基于以下三方面的原因。

　　（1）中班幼儿体力明显增强,动作发展逐渐完善,思维具体形象,开始按事物的表面属性概括和分类。此活动能使幼儿在教师的引导下区分乐曲的前奏与演唱部分,掌握"**X X X**"节奏型,并尝试跟随乐曲有节奏地做动作。

（2）在活动中可以让幼儿根据故事情节来创编相应的简单舞蹈动作,培养幼儿的想象力和创造力,发展幼儿的音乐表现力。

（3）可以让幼儿在活动中体验与同伴共同游戏的快乐,了解和学会与人交往及合作的方式。

活动目标

1. 能在教师引导下区分乐曲的前奏与演唱部分,尝试跟随乐曲有节奏地做动作。
2. 能根据故事情节创编相应的简单舞蹈动作。
3. 乐于与同伴共同做游戏。

活动准备

德国童谣 *Schnappi* 音乐、地垫(与幼儿人数相等)。

活动过程

1. 故事和讨论。

（1）提出问题,请幼儿讨论。

师:你们在电视或动物园里见过鳄鱼吗? 鳄鱼身体的什么部位给你的印象最深? (引出鳄鱼的嘴。)

（2）根据故事情节创编动作。

师:在雪白的蛋壳里有一只可爱的小鳄鱼宝宝,小鳄鱼宝宝在睡觉。你们猜一猜,小鳄鱼在蛋壳里睡觉是什么样的姿势?

幼儿尝试摆出小鳄鱼的姿势。

（3）完整倾听音乐。

师:这是一只爱跳舞的小鳄鱼,只要听到歌声它就会开心地跳起舞来。我们一起听一听好听的歌声,边听边想,小鳄鱼在蛋壳里是怎样跳舞的?

2. 创编动作。

（1）幼儿创编小鳄鱼跳舞的动作。

师:这天早上,小鳄鱼听到了动听的歌声,它想跳舞,于是它就在小小的蛋壳里跳起舞来。你们想一想,小鳄鱼在小小的蛋壳里是怎样跳舞的?

（2）师:小鳄鱼觉得蛋壳实在太小了,它想了一个办法,把蛋壳咬破! 小鳄鱼就跟着歌声的节奏咬起蛋壳来。(教师哼唱一次。)我们一起来帮小鳄鱼咬蛋壳好不好?

（3）请幼儿创编不同的咬蛋壳的动作。

3. 尝试跟随音乐表演相应动作。

（1）幼儿在地上的地垫(蛋壳)上随音乐表演,教师用语言引导(图6-3、图6-4)。

（2）反复表演。

4. 根据故事第二段创编动作。

（1）请幼儿合作创编小鳄鱼跳舞的动作。

师:小鳄鱼宝宝来到世界上,发现身边有好多的朋友,它马上跟着歌声与朋友跳起舞来。

图 6-3 幼儿表演(1)

图 6-4 幼儿表演(2)

小鳄鱼可以用身体的什么部位与好朋友跳舞呢?

幼儿合作表现。

(2)幼儿随音乐创编。

师:你会和朋友一起跳舞吗?我们一起跟着音乐的节奏试试吧!

幼儿合作创编不同的动作(图6-5)(教师语言提示)。

图 6-5 幼儿合作创编动作

中班音乐活动:可爱的小鳄鱼

5. 尝试随音乐表演。

6. 完整表演。

活动评析

　　本次活动选择的音乐是德国童谣 *Schnappi*,这是一首节奏欢快、富有趣味性的歌曲。演唱歌曲的是一个6岁的德国小女孩。第一次听到这首歌时,听者便会被她稚嫩、甜美的童声深深打动,更加吸引人的是歌词。当这首歌在区角活动作为背景音乐播放时,孩子们竟不约而同地停下了手中的游戏,瞪着眼睛听了起来,有的孩子也跟着歌中重复的地方哼唱起来。好多孩子对歌曲充满了好奇,如何让孩子们用一种不一样的方法来感受这首歌曲成为该活动构思的起点。

　　在活动的第一环节,教师首先提出问题,帮助幼儿回忆已有经验。在幼儿的印象里,鳄鱼都是庞大、可怕、凶猛的,而这个故事的主人公却是一只可爱、乖巧、爱跳舞的小鳄鱼宝宝。对于刚从小班升入中班的幼儿来说,小鳄鱼宝宝的形象更容易让他们产生亲切感和安全感,激起他们参与模仿、创编的兴趣。

在活动的第二环节,教师通过小故事来引导幼儿创编小鳄鱼宝宝跳舞的动作。先请幼儿集体创编自己的跳舞动作,在幼儿创编的过程中,教师利用亲切的肢体语言、鼓励的眼神来引导幼儿将自己的动作展示给同伴,并通过"我来学学你的动作"将幼儿的动作逐渐变为有节奏的舞蹈动作。在帮助幼儿积累了一定的跳舞动作后,请幼儿跟随音乐来创编小鳄鱼宝宝跳舞的动作。这时,教师通过语言的引导:"睡觉的小鳄鱼在听到歌声时就会开心地跳起舞来",帮助幼儿很容易地区分乐曲的前奏与演唱部分,幼儿在乐曲的前奏部分做出各种小鳄鱼睡觉的样子,当听到小女孩唱歌的声音时,孩子们像接到指令似的一下跳起来,开心地表演起各种小鳄鱼跳舞的动作。

故事的情节很快发展到"小鳄鱼长大了,要将蛋壳咬破",教师首先通过夸张的示范引出"X X X"的节奏型,然后请一个节奏感较好的幼儿来表演咬蛋壳的动作,幼儿学着教师的样子做出了"X X X"的节奏型,教师应马上给予鼓励,并继续请几名幼儿来学习咬蛋壳的样子,当这个节奏型基本稳定时,应开始引导幼儿思考:"还有你身体的什么地方可以当小鳄鱼的大嘴巴呢?"幼儿马上开始用手臂、手掌、腿和脚等做出了"咬"的动作,这时幼儿的动作会开始变得随意、没有节奏,教师可以边学幼儿创编的不同动作边引导他们的节奏,同时用"咔咔咔"的声音来提醒幼儿"咬"的节奏。通过前期的模仿与练习,听到音乐时,幼儿很快便能跟随乐曲中的节奏来做小鳄鱼咬蛋壳的动作。

为了避免幼儿在创编动作时的拥挤,教师应在场地上摆放与幼儿人数相等的地垫,让幼儿扮演小鳄鱼住到自己的小蛋壳里去。幼儿在地垫内表演小鳄鱼"睡觉、跳舞、咬蛋壳"的动作,当小鳄鱼咬破蛋壳后,幼儿可以跳出地垫,在活动的第四环节来创编与同伴合作跳舞的动作。

幼儿的舞蹈经验比较少,在表现两人合作跳舞的环节中一般只能做出拉手、转圈的较单一动作。教师可以再次向幼儿提出问题:"除了两个好朋友一起做一样的动作,还可以做什么动作? 怎样能看出你在跟谁跳舞呢?"幼儿受到启发后能创编两人交替等动作,两个幼儿之间也有更多的身体接触和眼神交流。在这一环节可以创设一定的情境,如两个小鳄鱼宝宝出壳后一起玩跷跷板的游戏,为幼儿提供创编动作的素材和基础,帮助幼儿进行合作创编。

通过对动作的创编,幼儿区分了乐曲的前奏与演唱部分,并能跟随乐曲的不同乐段有节奏地做出不同的动作。在创编的过程中,幼儿对歌词内容也有了一定的了解,他们更懂得:也许平时看起来凶猛可怕的鳄鱼也会有它可爱、美丽的一面,所有的事物都有它的相对性,看待事情要拥有一双公平、客观的眼睛,对待别人要怀有一颗宽容、友善的心灵。

(辽宁大连 梁莹)

案例三 大班音乐活动:春天

设计意图

《纲要》明确指出:要培养幼儿初步感受并喜爱环境、生活和艺术中的美;喜欢参加艺术活动,大胆地表现自己的情感和体验。而在《纲要》发展目标中又指出:培养幼儿为简单的歌曲增编和改编歌词的能力。本案例根据大班幼儿的年龄特点和实际发展状况,从幼儿的现实生活出发,选择了"春天"这个主题,让幼儿根据春天事物发生的变化来创编简单的歌词,让幼儿在创编的过程中感受自然的美,达到教育的目标。

活动目标

1. 根据春天的特征,尝试创编歌词。
2. 能发现并大胆讲述歌词的特点。
3. 体验创编歌词的乐趣,感受春天的美好。

活动准备

《春天在哪里》音乐、歌曲图谱、幼儿画的春天事物图片。

活动过程

1. 律动:《春天在哪里》。
教师引导幼儿随歌曲做律动。
2. 发声练习:《春天到了》。

春 天 到 了

1=C 3/4

| 1 1 5 5 | 6 6 5 3 | 2 3 4 4 | 3 2 1 - |

春 天 到 了	小 雨 来 了,	沙 沙 沙 沙	沙 沙 沙。
春 天 到 了	小 鸟 飞 来,	吱 吱 吱 吱	吱 吱 吱。
春 天 到 了	我 们 唱 歌,	啦 啦 啦 啦	啦 啦 啦。

3. 复习歌曲《春天》。
(1) 引导幼儿复习歌曲《春天》。
师:请小朋友用优美的声音唱《春天》这首歌,可以边唱边打节奏。
(2) 分析歌曲并提问。
① 这是一首几拍子的歌曲?($\frac{3}{4}$拍子的歌曲。)
② $\frac{3}{4}$拍子的歌曲节奏有什么特点?(强弱弱:第一拍强、第二拍弱、第三拍弱。)
③ 唱完这首歌曲后,你有什么感觉?
(3) 出示歌曲图谱,再次演唱歌曲。
教师请幼儿回答这首歌曲的歌词描写了哪些事物,(边说边出示图谱)请幼儿看图谱,用甜美、抒情的声音演唱歌曲。
4. 创编歌词
(1) 引导幼儿找出表现春天大自然变化的三句歌词,发现歌词特点。

师:请小朋友将歌曲中表现春天大自然变化的三句歌词找出来,我们唱一遍这三句歌词,边唱边数一数每句有几个字。(8 个。)

这三句歌词唱的是什么东西?(草儿、小河、小鸟。)

它们怎样了?(引导幼儿发现景物的变化。)

(2)尝试创编歌词(出示幼儿提前画好的春天事物变化的图片),请幼儿相互讨论歌词,练习演唱。

① 集体创编:教师请幼儿相互讨论歌词,集体创编一首歌曲。

② 分组创编:教师将幼儿分为三人一组,每人编一句,然后分组到前面演唱。

③ 个别创编:请幼儿独立创编三句歌词,并到前面演唱。

5.表演。

教师带领幼儿将自己创编好的歌曲唱给其他班的小朋友听。

活动评析

　　本次活动从幼儿的现实生活出发,依据大班幼儿的年龄特点和发展现状,选择了他们很喜欢的季节——春天。活动过程的设计紧紧围绕活动目标,教学环境过渡自然,环环相扣,体现了层层递进的原则。为了更好地达成活动目标,应采用适宜的教学方法和策略。

　　1.在教学方法的选择上,因为幼儿已经有了前期观察经验的储备,加之课前已将自己对春天的发现以图画的形式展现了出来,所以在活动中,能参考春天的图片将自己对春天的发现用语言表述出来。通过教师的引导,孩子们明白了创编歌词时要将什么景物发生了什么变化编成8 个字说出来,因而达到了很好的教学效果。

　　2.在教学策略的使用上,通过引导幼儿观察、发现歌词特点来启发幼儿用"什么景物怎么了"来创编歌词。在活动中,教师应自始至终扮演一个支持者、引导者、合作者的角色,让幼儿充分发掘自己的智慧,认真探索,这样可以达到很好的教学效果。

　　在幼儿创编歌词时,应充分注意幼儿的个体差异,对幼儿给予个别引导。

资源包

春　天

4. 3 5 | 2 - - | 6 3 3 | 2. 3 2 | 1. 7 2 | 6 - - |
流 水 啦， 快 乐 的 小 鸟 吱 吱 叫。

5 5 5 5 | 5 - 6 | 4 - - | 3 3 3 3 | 5. - 2 | 1 - - |
啦 啦 啦 啦 春 天 到， 啦 啦 啦 啦 春 天 到。

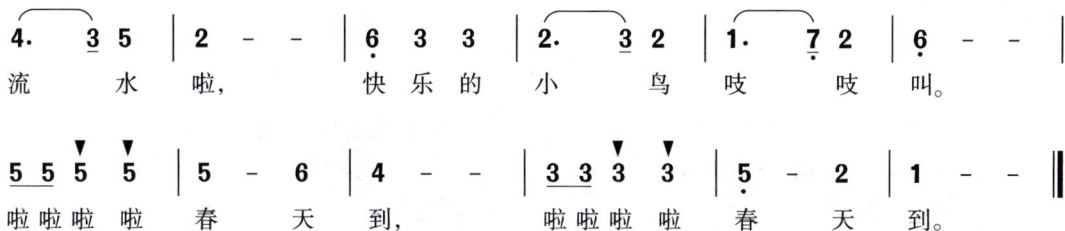

案例四　小班音乐游戏:大拇指

设计意图

皮亚杰指出,在前运算期(幼儿期)要发展智慧,关键是让幼儿做各种各样的游戏,从娱乐中学,从玩耍中学。音乐游戏能充分展示幼儿活泼好动的天性,在宽松的氛围中发挥其潜能。著名哲学家康德曾说过:"手是身体的大脑。"著名教育家苏霍姆林斯基也曾说过:"儿童的智慧在他的手指尖上。"对于婴幼儿来说,手指的活动是大脑的体操。活动的是手,得到锻炼的是大脑。手的动作与人脑的发育有着极为密切的关系。

对于刚入园不久的孩子,首先要培养他们玩音乐手指游戏的兴趣,让孩子们在欢快的音乐手指游戏中,灵活运用自己的小手,发展音乐感受力;愉悦身心、增加智慧,使孩子们健康和谐地发展。

活动目标

1. 尝试跟教师哼唱歌曲并替换歌词中的手指名称。
2. 能运用手指跟随教师做音乐游戏。
3. 体验玩音乐手指游戏的快乐。

活动准备

1. 在教师的每根手指上画上笑脸娃娃。
2. 笑脸指偶每人两个。
3. 《大拇指》音乐。

小班唱歌游戏:大拇指

活动过程

1. 出示手指娃娃,引起幼儿兴趣。

师:今天,老师给大家请来了几个非常可爱的小客人,看! 他们来了。(教师晃动十个画有笑脸娃娃的手指。)

教师出示大拇指(图6-6),说:"小朋友们好,我是大拇指,咱们做个朋友吧!"然后与每个小朋友的大拇指碰一下,并且说"你好!"

2. 学习游戏。

师:小朋友们看,大拇指娃娃要做游戏啦!

(1)教师示范游戏(图6-7)。

图6-6 教师出示大拇指

图6-7 教师示范

(2)请小朋友戴上笑脸指偶,随着音乐和教师边唱歌边做游戏。

提醒幼儿当唱到"你好不好"时大拇指要反复弯曲。

(3)请小朋友面对面,指偶对着指偶跟随教师唱歌玩游戏(图6-8)。

(4)请个别幼儿到前面带领大家玩游戏(图6-9)。

图6-8 幼儿面对面游戏

图6-9 幼儿游戏

3. 替换歌词中的手指名称。

师:小朋友们,你们还想请哪一根手指做游戏呢?

教师引导幼儿替换手指做游戏。重点指导能力弱的幼儿。

4. 教师小结。

表扬所有小朋友,把笑脸指偶作为奖品送给大家,请幼儿回家表演给爸爸、妈妈看。

活动评析

本次活动是根据《纲要》中的要求,结合本班幼儿的年龄特点和兴趣、爱好而创编的教育活动。音乐手指游戏是幼儿很喜欢的游戏活动之一。为了吸引孩子们的注意力,可在开始部分出示手指娃娃,当孩子们看到教师的手指上也有娃娃时立刻感到很兴奋,所有的注意力都会集中到教师的手指上,同时也都很快地找到了自己的大拇指。为了满足他们的好奇心,教师请孩子们也戴上笑脸指偶做游戏,这样可增强幼儿的表演欲望,活动他们的小手。伴随着优美的音乐,孩子们能充分体验到做音乐手指游戏的快乐,展现出他们活泼好动的天性。

在替换手指这一环节,通过教师的引导,大部分幼儿能正确找到自己所要替换的手指,并且能够灵活地舞动。但是个别幼儿的手指还不够灵活,虽然知道要寻找的手指在哪里,但是不能及时地伸出来。所以,在其他活动中教师也可以经常组织幼儿锻炼自己的小手,例如,舀一舀,让幼儿锻炼舀豆子喂小动物的动作;捡豆豆,锻炼幼儿手指的精细动作等,使孩子们能够灵活运用小手,更加喜欢做音乐手指游戏。

资源包

大 拇 指

$1=C$ $\frac{2}{4}$

| 3 4 5 | 3 4 5 | 5 5 i | 5 — | i i 5 5 | i i 5 5 | 3 2 3 | 1 — ‖ |

大拇指　　大拇指,　你在哪　里?　　我在这里,　我在这里,　你 好不　好?

（辽宁大连　吕秀敏）

案例五　小班音乐活动:可爱的小鸭子

设计意图

在打击乐的学习上,小班幼儿属于比较基础的阶段。在节奏型的选择上,教师选用了 X X | X X X 的节奏型,比较适用于此年龄段的幼儿。在歌曲的选择上,教师选用了幼儿非常熟悉的歌曲《数鸭子》,这首歌曲活泼可爱,朗朗上口,节奏明显,比较适合用于打击乐的学习,也能带给幼儿愉快的情绪,引起幼儿学习的兴趣。

📱 小班音乐活动:可爱的小鸭子

活动目标

1. 认识响板,知道响板的使用方法。
2. 能跟随音乐打节奏 X X | X X X 。
3. 体验与同伴合作的快乐。

活动准备

《数鸭子》音乐、节奏图、与幼儿人数相同的响板、鸭妈妈和小鸭子的手偶。

活动过程

1. 根据《数鸭子》的音乐,设置情境,引起幼儿兴趣。

(1) 全体幼儿跟随《数鸭子》音乐进入活动室。

(2) 教师请小朋友说一说歌曲里都有谁? 它们怎样叫?

(3) 教师分别出示鸭妈妈和小鸭子的手偶进行自我介绍。

我是|鸭妈妈|嘎嘎|嘎嘎嘎|

我是|小鸭子|嘎嘎|嘎嘎嘎|

2. 感受 X X | X X X | 的节奏型。

(1) 通过互相问好的形式感受 X X | X X X | 的节奏。

鸭妈妈的问候:你好|小朋友|你好|小朋友|

小朋友的回答:你好|鸭妈妈|你好|鸭妈妈|

(2) 边说边拍手的小鸭子问候。

小鸭子的问候:你好|小朋友|你好|小朋友|

小朋友的回答:你好|小鸭子|你好|小鸭子|

3. 认识响板,学习使用响板。

(1) 教师出示响板,请小朋友看看,响板像什么? 它像不像小鸭子扁扁的嘴巴?

(2) 教师用响板发出声音,请小朋友看一看,听一听,响板是怎样发出声音的? 它的声音是什么样的?

(3) 请小朋友自己试一试让响板发出声音。

4. 用打击乐器响板感受 X X | X X X | 的节奏。

(1) 教师出示节奏图(图6-10): X X | X X X | X X | X X X | ,示范并随音乐用|嘎嘎|嘎嘎嘎|说节奏,请幼儿感受节奏。

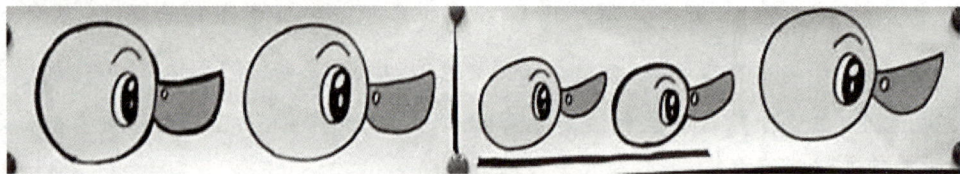

图6-10 节奏图

(2) 请小朋友随音乐边拍手边说,练习节奏嘎嘎|嘎嘎嘎|。

(3) 教师请幼儿使用响板根据图谱打节奏。

(4) 幼儿随音乐用响板打节奏。

5. 初步尝试合作演奏歌曲。

(1) 可以先分两组,根据教师的手势示意,一组一段。

(2) 熟练后,可以分乐句一组一句来表演。

活动评析

在这次活动中,教师注意了活动难度的层层递进。首先,教师运用鸭妈妈、小鸭子问好,以及和小朋友打招呼的形式来练习节奏,使幼儿对节奏型有初步的感知。然后,将节奏型的练习由口头感知过渡到动作练习,使幼儿对这个节奏型有了进一步的了解。最后,教师请幼儿使用打击乐器——响板,进一步学习打节奏。因此,幼儿对本课节奏型的学习是比较顺利的。

由于是幼儿第一次看节奏图,这部分只作为一个初步的尝试。教师在设计节奏图时应注意形象性和趣味性,让幼儿一看到节奏图就感到非常有趣。教师要以此为契机,紧紧地抓住幼儿的注意力,使幼儿能够很好地掌握这个难点。刚开始有个别幼儿会觉得有点困难,但几次之后,因为有了第一部分和小鸭子及鸭妈妈打招呼的节奏练习作为基础,幼儿逐渐学会了看节奏图,也可以比较顺利地进行演奏。打击乐活动是幼儿比较喜欢的音乐形式,它满足了幼儿喜欢动的需要,只要教师组织得当,环节合理,就不会出现所谓的"乱"的现象。这次活动比较顺畅,活动推进富有节奏感,幼儿的注意力集中,并且能在教师的指挥下演奏乐曲。

该活动教师的指导比较多,教师相对处于主导的地位,儿童的自我发挥显得很少,这是教师需要注意的地方。虽然打击乐活动有看指挥演奏的特点,相对地对幼儿的表现有所限制,但教师也应考虑留给幼儿一些自主探究的空间。如可以让幼儿自己总结节奏型,或是让幼儿自主地选择打击乐器等。

(辽宁大连 史波)

案例六 小班音乐游戏:鲨鱼和小鱼

设计意图

音乐游戏是幼儿比较喜欢的游戏之一。考虑到小班幼儿的年龄特点,教师选取了"ABA"曲式结构的乐曲,并且选取了旋律反差比较明显的两段音乐,表现欢快游动的小鱼及凶猛的鲨鱼。在幼儿初步欣赏了音乐之后,教师将重点放在创编小鱼游动的动作上,使幼儿在创编的过程中充分欣赏和感受音乐。教师通过音乐游戏让幼儿既欣赏了不同旋律的音乐,也激发了幼儿想象的空间。

活动目标

1. 区分两种不同的音乐旋律,并创编简单的小鱼游动的动作。
2. 能随音乐的变化做音乐游戏。
3. 提高同伴间相互合作的能力。

活动准备

鲨鱼和小鱼的音乐旋律、鲨鱼和小鱼的头饰、水草的场景。

活动过程

1. 完整地播放音乐,请幼儿欣赏。

师:小朋友们,今天老师请你们来听一段音乐。仔细听听这是哪里?这段音乐告诉我们一个什么样的故事呢?(请幼儿听完音乐后回答。)

师:小朋友们说得都非常好,大海里每天都有许许多多的故事发生。今天我们听到的这段音乐,讲的是一群生活在海底的既勇敢又快活的小鱼们躲过敌人鲨鱼的袭击的故事。

2. 播放小鱼的音乐,请幼儿欣赏。

师:你听了这段音乐,觉得小鱼在水中做什么呢?请你用好看的动作做一做。

请幼儿充分回答和表演,鼓励幼儿和同伴合作。

3. 第二次播放小鱼的音乐,引导幼儿创编小鱼游动的动作(图6-11)。

师:小朋友们都做得这么美,不如我们来做小鱼,怎么样?(请幼儿戴上胸饰。)小鱼们,这就是我们的家了,蔚蓝的海水,美丽的海草、珊瑚,就让我们在这里游戏、生活吧。(播放音乐,幼儿舞蹈。)

4. 总结幼儿创编过程中的问题,和幼儿讨论。

请个别表演好的幼儿到前面做示范,提醒幼儿和周围的水草、珊瑚也可以做游戏,分散开来做动作。

5. 欣赏鲨鱼音乐。

师:这段音乐告诉我们是谁来了?(鲨鱼。)鲨鱼是一种很凶猛的动物,小鱼看见鲨鱼后,表情是什么样子呢?想想凶猛的鲨鱼表情是什么样子的?它在海里是怎样游的呢?(请2~3个幼儿表演,图6-12。)

图6-11　幼儿活动现场

图6-12　模仿鲨鱼

6. 游戏"鲨鱼和小鱼"。

师:我们来玩一个游戏"鲨鱼和小鱼",老师请一名小朋友来做鲨鱼,其他小朋友来做小鱼。过会儿我们会听到三段音乐,第一段是小鱼的音乐,中间一段是鲨鱼的音乐,最后一段还是小鱼的音乐。当听到小鱼的音乐的时候,小鱼们出来做游戏、表演,当听到鲨鱼的音乐时,小鱼们赶紧躲到水草后藏起来,不然被鲨鱼捉到的小鱼就会被吃掉,不能再游戏了。当小鱼的音乐再响起的时候,说明鲨鱼已经走了,小鱼们继续出来游戏。

游戏2~3遍。

7. 小结,自然结束。

活动评析

在本次活动开始部分,教师先请幼儿完整地听一遍音乐,给幼儿一个完整的印象。在接下来的环节中,教师请幼儿分段听音乐,引导幼儿创编小鱼游的动作。这个环节也是本次活动的难点,怎样让幼儿创编出不同的小鱼游的动作呢?首先,教师先请幼儿自由创编小鱼的动作,幼儿在第一次创编的时候,动作比较单一,教师引导幼儿想象小鱼在水中可以做什么?幼儿开始了丰富的想象,有的说小鱼在水中吐泡泡,有的说小鱼在水中捉迷藏,有的说小鱼在水中吃东西……在此基础上,教师请幼儿把刚才说的用动作表现出来,幼儿的积极性一下子被调动起来。在幼儿的游戏过程中,教师把小鱼游的动作作为重点来进行总结,并要求听清不同的乐句。幼儿在游戏过程中,对鲨鱼的到来十分感兴趣,游戏的高潮部分也在此出现。在第一次游戏的时候,教师发现幼儿只是跟着教师来游,此时教师可这样引导:小鱼们,大海真大啊,看看我的小鱼们都跑到哪里玩耍了。小朋友在教师的引导下,四散跑动起来。

本次活动贴近幼儿,容易激发幼儿的活动兴趣,也比较容易引发幼儿的想象。需要注意的是活动时间的把握。在创编小鱼游的动作的环节,教师反复请幼儿创编动作并进行总结,在让幼儿再次进行创编的环节如果没有递进的层次,会把活动时间拖长,个别幼儿的积极性会受到影响。

(辽宁大连 文涛)

案例七 小班音乐活动:小白兔和大灰狼

设计意图

根据幼儿的年龄特点及对音乐已有的初步感知和表演的能力,教师设计了音乐活动"小白兔和大灰狼",目的是让幼儿在活动中能边听音乐边做小兔跳跃和静止的动作。由于幼儿年龄较小,自控能力较差,教师应通过反复的游戏活动,提高幼儿的自控能力。

活动目标

1. 能边听音乐边做小兔跳跃和静止的动作。
2. 能根据音乐的变化变换相应动作。
3. 喜欢参与音乐游戏。

小班音乐欣赏活动:小白兔和大灰狼

活动准备

背景图一幅,小白兔、大灰狼的手偶,头饰,音乐。

活动过程

1. 教师讲故事,引起幼儿兴趣(图6-13)。

教师讲故事:春天到了,兔妈妈带着兔宝宝们蹦蹦跳跳地到树林里采蘑菇。树林里的蘑菇可真多! 它们这边跳跳,那边跳跳,开心极了。

这时,一只大灰狼出来找东西吃,兔妈妈赶紧告诉宝宝们:"大灰狼来的时候,我们要在原地一动也不动,大灰狼就不会发现我们了。"兔宝宝们看见大灰狼来了,有的像大石头一样蹲下来一动也不动,有的像大树一样站着一动也不动。一会儿,大灰狼走远了,兔宝宝们又开心地采起蘑菇来。

2. 提问引导,幼儿随音乐体验小兔跳跃和静止的动作(图6-14、图6-15)。

图6-13 教师讲解   图6-14 跳跃动作   图6-15 静止动作

(1) 提问:兔宝宝是怎样跟着妈妈去采蘑菇的? 请小朋友们跟着好听的音乐一起来跳一跳。(放小兔跳跃的音乐,请幼儿模仿小兔跳跃的动作。)

(2) 提问:大灰狼来的时候,兔宝宝们是怎样做的? (一动也不动。)请小朋友们试一试。(放大灰狼的音乐,请幼儿做静止的动作。)

3. 游戏:小白兔和大灰狼。

(1) 介绍游戏玩法。

师:老师扮演兔妈妈,小朋友们扮演兔宝宝,咱们一起去采蘑菇。

规则:大灰狼来的时候,一定要一动也不动。

(2) 给幼儿戴头饰,随音乐做游戏。

(3) 小结游戏的情况,再次做游戏。

师:兔宝宝们,咱们玩累了,跟兔妈妈回家休息吧。活动自然结束。

活动评析

本班幼儿对音乐已有了初步的感知能力,并且能够通过肢体动作表现音乐的情绪,但在表现时缺乏自控能力。教师通过音乐活动"小白兔和大灰狼"让幼儿在游戏中学习小兔跳跃及静止的动作,提高幼儿根据音乐变换做相应动作的能力。

在活动中,孩子们始终能在教师创设的情境中做游戏,这和形象鲜明的音乐及教师在游戏中对语言的运用、情绪的把握是分不开的。考虑到幼儿的年龄特点,活动开始时教师以讲故事的方式吸引幼儿的注意力,并且配合手偶动作,直接告诉幼儿小白兔是蹦蹦跳跳地去树林里采蘑菇的,当遇到大灰狼的时候,小白兔是一动也不动的。在讲述的过程中教师强调两个动作,一是"蹦蹦跳跳",二是"一动也不动"。

在欣赏音乐的环节中,教师引导幼儿注意分辨小白兔和大灰狼的不同音乐形象,并且让幼儿亲自来模仿小兔跳跃及大灰狼来时如何躲避,为下面的游戏做好准备。

在最后的游戏环节中,教师用语言对幼儿做出积极的引导,以兔妈妈的口吻对幼儿说:"春天来了,兔宝宝们很开心,在树林里蹦蹦跳跳地采蘑菇,它们这边跳跳,那边跳跳……"当音乐变化时可以对幼儿说:"大灰狼来了,它的耳朵可灵了,眼睛也很尖,快快躲起来不要让它发现……"为了避免幼儿对游戏产生恐惧而不愿意参加游戏,可以请配班教师扮演兔妈妈,当有些幼儿被抓住时,配班教师会以兔妈妈的身份将幼儿解救出来,这样幼儿便会在安全的心理气氛中主动地感受和表演。由于音乐效果的烘托和教师情绪的带动,幼儿在几次游戏过后都能完全沉浸在游戏情境中,大灰狼来时都能遵守游戏规则,一动也不动地躲好,活动目标完成得较好。

该活动需要注意的地方是,在开始环节直接将如何躲避大灰狼的做法告诉给幼儿,剥夺了他们探索发现的权利。当幼儿模仿小兔跳跃的动作时,教师不应急于将自己编好的动作告诉给幼儿,对于小班幼儿来说,让他们自行探索"不能动"的游戏规则效果会更好。

(辽宁大连　谢婷婷)

案例八　小班韵律活动:洗手帕

设计意图

在生活中,教师发现幼儿会"噌噌噌,噌噌噌……"用力地搓着手绢,嘴里还不停地配音,当问起她在干什么时,她顽皮地一笑,说:"我洗手绢儿呢!"原来,她在模仿搓手帕的动作和声音,可见,幼儿已经开始观察成人"洗"的动作,有的幼儿是十分细心的。几个小朋友凑在一起洗手帕的样子十分可爱,教师便组织了韵律活动"洗手帕"。

活动目标

1. 观察洗手帕的方法,模仿洗、搓、拧、晒及卷袖子的动作。
2. 能够根据乐曲的快慢做出相应的动作。
3. 通过洗手帕活动,知道自己的事情自己做。

活动准备

手帕、肥皂、盆、《洗手帕》音乐。

活动过程

1. 以猜谜的形式导入,激发幼儿的兴趣。

猜谜语:一个东西四方方,天天带在我身上。有了鼻涕用它擦,出汗也要去找它。

2. 幼儿通过观察学习模仿洗手帕的动作。

(1) 了解手帕的作用。

提问:小手帕有什么作用?小手帕脏了怎么办呢?

(2) 观察洗手帕。

师:请小朋友们看看老师是怎么洗手帕的。洗手帕以前做什么?(卷袖子。)你也来学学吧。不要把水弄在地上,请小朋友们仔细看看,老师是怎样洗手帕的?

重点:在幼儿洗手帕的过程中,教师要注意启发幼儿体会搓、洗、拧、晒的动作(图6-16、图6-17)。

小班韵律活动:洗手帕

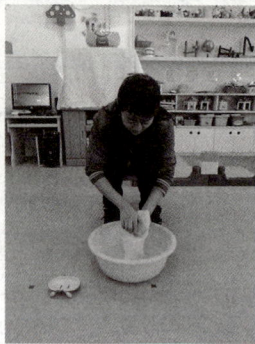 

图6-16 洗手帕　　　图6-17 拧手帕

师:你们看看老师在做什么?(搓、洗、拧。)那你们也来学学吧。

师:手帕洗好了,和老师一起晒晒手帕吧。

3. 学习韵律活动"洗手帕"。

(1) 欣赏乐曲,随着乐曲的旋律拍手。

师:老师给大家带来了一段非常好听的乐曲,名字叫《洗手帕》。请小朋友边听边和老师一起拍手。(拍手感受音乐旋律的不同。)

(2) 律动学习,分解学动作。

提问:洗手帕以前做什么?(卷袖子。)

① 教师示范翻手腕动作,幼儿模仿。

提问:洗手帕前要干什么?谁能到前面来试试?你是怎么卷袖子的?(提示按照乐曲旋律一拍一下地做动作。)

师:我们一起随着乐曲旋律试试吧(图6-18、图6-19)。

图6-18 卷袖子　　　图6-19 随韵律表演

② 教师示范搓肥皂、洗手帕动作,幼儿模仿。

重点:学习洗手帕动作。

搓肥皂:洗手帕时要用什么?我们一起来试试搓肥皂。这段音乐很慢,我们可以怎么做? (提示按照乐曲旋律一拍一下地做动作。)

洗手帕:现在我们要开始洗手帕了,看看老师是怎么洗的。

提问:你是怎么洗的?这段音乐速度变快了,我们可以怎样洗?我们一起来学学。(提示按照乐曲旋律一拍一下地做动作。)

师:手帕洗好了要做什么?

③ 教师示范拧手帕、左看看,右看看、晒起来动作,幼儿模仿。

提问:手帕洗得真干净,你们高兴吗?教师示范,幼儿模仿。

4. 随着音乐完整地做动作。

师:这次我们随着音乐完整地洗一次吧。(教师在音乐变化处有节奏地提示。)

5. 结束。

小结:今天,小朋友们和老师一起洗手帕真是太棒了!以后你们也要自己的事情自己做!

活动评析

教师根据小班幼儿好动、好玩、好模仿,注意力容易转移的特点,对本次教学活动采用了循序渐进的教育方法,以孩子的兴趣——愿意模仿洗手帕的动作为起点,感受律动的乐趣,运用提示语:"你是怎样做的?"充分发挥了幼儿的想象力,从而激发了幼儿表现乐曲内容的欲望,在活动中幼儿始终情绪高涨。

兴趣是幼儿学习的关键。而猜谜语是小班幼儿很喜欢的游戏。在活动的第一个环节中,教师通过猜谜语充分调动起了幼儿的学习兴趣。

活动的第二个环节,教师选择了教师洗、幼儿观察的教学方法。主要目的是为了让幼儿观察洗手帕的正确方法,帮助幼儿梳理已有的生活经验。教师通过真实再现生活中洗手帕的过程,增强了幼儿的学习兴趣。

第三个环节是本次活动的学习重点。在学习模仿洗手帕动作的过程中,教师首先请幼儿完整地欣赏乐曲,感受乐曲的节奏,然后请幼儿听乐曲随着教师拍手打节奏,等到幼儿熟悉乐曲的节奏后将拍手动作换成搓、洗、拧、晒的动作。这样做的主要目的是为了突破本次活动的难点,让幼儿能够根据乐曲的快慢旋律,做出相应的动作。根据本班幼儿的年龄特点及实际情况,教师把洗手帕的四个步骤分解开来,每个步骤都作了充分的挖掘,并运用发散式的提问引导"还可以怎样做?"充分发挥了幼儿的创造性。在活动中幼儿的积极性很高。

特别值得一提的是,在教学活动中,教师有节奏的语言提示有助于幼儿对音乐的分辨。整首旋律中,由于乐曲存在快慢之分,根据小班幼儿的年龄特点,如果注意力完全集中在倾听上,会影响幼儿做动作。为了让幼儿在不枯燥的反复倾听中听清音乐的快和慢,教师根据音乐中的节奏,引导幼儿一拍一下地做动作,使幼儿能够按照乐曲节奏做出相应的动作。

结束环节,教师的小结提示幼儿自己的事情要自己做,完成了本次活动的第三个目标。

本次活动乐曲旋律贯穿始终,幼儿感受到了模仿生活中常见场景的乐趣。

(辽宁大连　杨子娇)

案例九 中班韵律活动:啄木鸟治病

设计意图

在区域活动中,一个幼儿脱口而出:"大树生病了,你看它的样子特别难过。"另一个幼儿紧接着说:"这不要紧的,大树生病有啄木鸟医生给它治病。啄木鸟这样一点点地啄,就把虫子全部吃光了,大树的病就好了。"音乐活动取材于生活,而生活中的点滴可以融入音乐活动。所以,教师以此为主题创编了一个中班韵律活动,使幼儿在活动中能够有节奏地创编各种动作,培养幼儿对音乐的兴趣。

活动目标

1. 通过音乐及真实的情境理解乐曲内容,创编简单的动作并用肢体表现啄木鸟医生为苹果树捉虫、治病的一系列过程。

2. 学习有节奏地捉虫,乐意用动作来表现对乐曲的感受。

3. 在创编中能与同伴共享空间,学习合作表演,鼓励幼儿眼神的交流并感受表演的乐趣。

活动准备

《啄木鸟》音乐、啄木鸟与大树的头饰若干。

活动过程

1. 故事导入。

师:美丽的田野里有一片苹果园,有些苹果树病了,它们请来了啄木鸟医生。啄木鸟医生经过检查,发现是小蛀虫在捣乱,于是啄木鸟医生就"笃笃笃、笃笃笃"地把小蛀虫捉完了,苹果树的病治好了,又长出了茂盛的树叶,变得更美丽了,啄木鸟医生高兴地飞了起来。

2. 欣赏乐曲《啄木鸟》,初步感受乐曲的平稳和优美(图6-20)。

图6-20 活动现场

（1）完整地欣赏音乐，了解音乐结构。

师：我们一起听一段好听的音乐，请小朋友们边听边想这是一段怎样的音乐。

（2）再次感受音乐的平稳和优美。

师：我们再来感受这段好听的音乐，听一听，哪一段是表现啄木鸟医生为苹果树检查病的音乐？哪一段是表现苹果树的病治好了，它感觉很舒服，不断长出新叶子的音乐？为什么？

3. 引导幼儿尝试创编不同的动作与神情。

（1）师：我们一起欣赏音乐的第一段，请小朋友们边听边想：啄木鸟医生用一些什么样的动作给苹果树检查病呢？它的神情是怎样的呢？苹果树会有一些什么样的动作呢？它的神情又是怎样的呢？鼓励幼儿自由讨论交流，并尝试创作不同的动作和神情。（如由上而下抚摸树干、转圈检查及眼神的交流）。

幼儿随着第一段音乐有节奏地表现出啄木鸟和苹果树各自不同的动作和神情。

（2）师：我们一起欣赏音乐的第二段，请小朋友们边听边想：啄木鸟医生又用了一些什么样的动作给苹果树治病？它的神情是怎样的？苹果树又会有一些什么样的动作呢？它的神情又是如何的呢？

鼓励幼儿自由讨论交流，并尝试创作不同的动作和神情。（如用嘴捉虫子、不断地啄树、飞着治病及眼神的交流。）

幼儿随着第二段音乐有节奏地表现出啄木鸟和苹果树各自不同的动作和神情。

（3）师：我们一起欣赏音乐的第三段，请小朋友们边听边想：啄木鸟医生治好了苹果树的病，会有一些什么样的动作和神情？苹果树又会有一些什么样的动作和神情呢？（很舒服、很高兴、不断长着新叶）鼓励幼儿自由讨论交流，并尝试创编不同的动作和神情（如大树高兴的眼神、长出新叶的动作，以及啄木鸟有节奏地飞的动作和神情的交流，图6-21）。

图6-21 创作不同的动作

4. 角色扮演。

（1）幼儿两人一组，分别扮演啄木鸟医生和苹果树，随着音乐有节奏地创编出各自不同的动作和神情。

（2）互换角色：随着音乐有节奏地创编出啄木鸟与大树的不同的动作和神情。

活动评析

对于中班幼儿来说，这是一个十分有趣的小故事。为了让孩子们更好地根据故事用肢体动作和神情交流表现，教师引导幼儿了解音乐结构，并通过提问使孩子们依据故事线索进一步理解乐曲，并能将其进行分段表演。

在创编动作的过程中，大部分的孩子都能积极地表现自己，用自己的身体动作根据乐曲节奏、段落来表现啄木鸟和大树。如啄木鸟给大树检查身体，有些孩子就会用小手做检查的动作，不断地在大树上爬、移动或转圈，而也有的孩子将大树得病时无助的眼神及浑身无力的动作尽情地表现出来，并根据故事的推进将大树治好病的动作、神情及长出新叶子时小手的动作完全展现出来，十分投入在故事的表演中。

孩子们在表演的过程中,能随着故事的发展而创编不同的动作,在创编的过程中,孩子们学会运用眼神的交流,将故事推向高潮。最有趣的是,孩子们在创编的过程中非常热情,他们能够运用自己的想象,做出各种不同的动作,有的孩子能够将几个动作组合在一起,当教师用哼唱的方法为孩子们伴奏时,孩子们的表演十分积极,甚至当教师停止哼唱的时候,有小朋友会非常认真地告诉教师:"老师,我还没做完呢,有好几个动作呢!"这说明孩子们的潜能很大,不容小看。在创编的过程中,孩子们不仅体现出自身的创编优势,并且在一定程度上提高了语言组织能力,他们不受教师的约束,而是有着一些自发的创造性表演,正是这种内心的潜能,使得孩子们很自然地将对音乐、对故事的理解滔滔不绝地表达出来。

（辽宁大连 张慧君）

案例十 中班韵律活动：龟兔赛跑

设计意图

喜欢听故事是孩子们的天性,尝试扮演故事中不同的角色,并进行情境性的表演更是他们喜爱的活动。设计本次活动,意在让孩子们在了解故事的基础上,感受音乐的节奏特点,尝试模仿、创编各种动作,使孩子们在音乐的氛围中进行情境表演,充分地展示、表现自己。

活动目标

1. 感受音乐的节奏快慢,尝试用肢体动作表现。
2. 能根据故事情节创编相应的动作。
3. 能与同伴在活动中进行交流、合作表演。

活动准备

幼儿了解《龟兔赛跑》的故事,头饰(小兔子、小乌龟)、音乐。

活动过程

1. 讲述与讨论。

引导幼儿回忆故事。请幼儿讨论故事中主人公的性格特点,如乌龟谦虚、努力,小兔骄傲。

2. 感受音乐的 A、B 段。

（1）幼儿感受音乐的 A、B 段,教师请幼儿找出哪段音乐是表现哪个形象的动作的,引导幼儿边说边用动作表现出来。

（2）幼儿完整地欣赏一遍音乐。

师:听完这段好听的音乐,谁来说一说哪一段是表现小兔子赛跑的音乐? 哪一段是表现小乌龟赛跑的音乐?

3. 交流与创编。

（1）欣赏 A 段音乐。

引导幼儿根据音乐节奏创编小兔子在赛跑时用的不同的动作、神情（骄傲、自大）。

师：我们一起来听第一段表现小兔子赛跑的音乐。请小朋友们边听边想：小兔子在赛跑时用了哪些不同的动作？它的神情是怎样的？

请幼儿根据 A 段音乐有节奏地创编小兔子在赛跑时用的各种不同的动作和神情。

师：我们跟随第一段音乐，有节奏地把小兔子在赛跑时用的不同的动作和神情表现出来。（播放第一段音乐，全体幼儿创编小兔子赛跑时不同的动作和神情。）

（2）欣赏 B 段音乐。

引导幼儿根据音乐节奏创编小乌龟赛跑时用的不同的动作和神情（谦虚、谨慎、努力）。

师：我们一起听第二段表现小乌龟赛跑时的音乐。请小朋友们边听边想一想，小乌龟在赛跑时用了哪些不同的动作？它的神情是怎样的？（播放第二段音乐。）

师：请幼儿有节奏地创编小乌龟在赛跑时用的不同的动作和神情。引导幼儿表现出小乌龟谦虚、谨慎、努力、不服输的特点。

请幼儿根据 B 段音乐有节奏地创编小乌龟在赛跑时用的各种不同的动作和神情。

（3）欣赏表现取得胜利时高兴的音乐，请幼儿有节奏地表现。请幼儿创编不同的动作和神情，全体幼儿一同模仿（图 6－22、图 6－23）。

图 6－22　动作创编

图 6－23　动作模仿

4. 表现。

（1）组织幼儿随音乐完整地欣赏"龟兔赛跑"的音乐。

师：请小朋友们完整地欣赏一遍音乐，请小朋友们边听边想，小兔子和小乌龟在赛跑时都用了哪些动作和神情？

（2）角色表演：一部分幼儿扮演小兔子，另一部分幼儿扮演小乌龟。请幼儿随音乐有节奏地表现小兔子、小乌龟在赛跑时用的不同的动作和神情。

（3）交换角色：根据幼儿表演的情况，再次引导幼儿随着音乐节奏将小兔子、小乌龟在赛跑时做的不同的动作、神情表现出来（图 6－24）。

韵律活动:
龟兔赛跑
(上)

韵律活动:
龟兔赛跑
(下)

图 6-24 角色扮演

活动评析

本次活动教师选择了幼儿喜爱的故事《龟兔赛跑》作为背景,结合中班幼儿的年龄特点,将幼儿一贯的模仿学习变为创造性学习,提供给幼儿主动活动的空间,让幼儿在匹配的音乐下,产生表演的激情,创编出与同伴不一样的身体动作和神情,让幼儿在主动探索中学习和发展,从而使孩子们对活动更感兴趣、更加投入、更富成就感。

1. 重视师幼互动

通过创编《龟兔赛跑》的动作,激发幼儿的兴趣和表现的欲望。在师幼互动的过程中,使幼儿懂得相互帮助,增进团结友爱。在互动中,教师采用提问的方式,通过一问一答一模仿的形式,使幼儿可以在自己创编的基础上,结合别人的经验,产生丰富的联想,创编各种不同的动作。师幼互动可以拉近教师与幼儿的距离,使幼儿产生亲切感,从而在活动中更好地体现出幼儿的主体性。

2. 重视情感交流

在韵律活动中,幼儿之间的交流很重要。幼儿在交流中,可以将自己的想法、创意等信息传递给同伴,增进相互之间的感情,这样可以使幼儿在融洽的气氛中产生愉悦的心情。交流中,有的小朋友说:"小乌龟可以趴着跑,但我觉得它也可以站着跑,因为这是表演呀!"而当其他的小伙伴听到这个想法时,顿时思路开阔了许多:"对,我也想到了,小乌龟可以站着跑,它一边跑还一边擦汗呢!"情感的交流,提高了幼儿的想象力,使他们在交流中做出不同的动作。

3. 重视角色表演

由于受到经验水平、理解能力及表达能力方面的限制,幼儿自己对作品的理解还不能很好地表现出来,当幼儿脑子中是一片空白的时候,是很难表演的,只有具备基本的经验、技能,才有可能创编出多种肢体语言来表达。教师将充满童趣的动物角色贯穿活动始终,使孩子们在创编的基础上,渗入角色表演,并且较完整地理解作品,将这种理解融入创编、表演的过程中。角色表演的环节能突出幼儿在活动中的主导作用。孩子们能够随着音乐节奏的渲染,发挥自己的想象,将小动物的神情、动作通过自己的动作加以表现。

在分发头饰的时候如果幼儿能够自己选择所喜欢的头饰,会更有利于他们的表现。

(辽宁大连 张慧君)

案例十一　中班韵律活动：小彩条跳跳跳

设计意图

4—5 岁的幼儿愿意表现自己,喜欢交流想象。秋天是收获的季节,孩子们会观察到这个季节的变化,如多种果品成熟、树叶变化飘落的样子让秋季色彩缤纷,也带给幼儿无限的想象。结合这个特点,教师为幼儿准备了各种彩条,通过小小的彩条充分调动孩子们的想象力和创造性思维,让幼儿大胆创编动作,感受音乐带来的乐趣。幼儿能够通过彩条及肢体语言表现出音乐给自己带来的感受,在游戏中活动,在玩中学、学中玩,培养起对音乐的热爱。

活动目标

1. 感受音乐的旋律美,热爱音乐。
2. 能根据音乐,按自己的意愿自由创编舞蹈动作和歌词,体验艺术活动的快乐。
3. 选择适当的位置和空间大胆地进行活动。

活动准备

皱纹纸制作的彩条若干、《红绸舞》音乐、红绸子若干。

活动过程

1. 音阶律动。

配班教师弹琴,教师带领幼儿排成一队蹲下行走,随音阶慢慢站起,再次从站立到蹲下,每走一步代表一拍,让幼儿感受音阶从低到高又从高到低的音调变化(图 6 - 25)。

2. 导入。

直接出示小彩条,引导幼儿想象彩条像什么,引出歌词。

(1) 师:小朋友们,老师今天带来了小彩条,小彩条喜欢到处跳,看它又开始跳了,小彩条跳跳跳,跳到……?(教师做动作,幼儿回答"头上")小朋友快看看小彩条跳到头上像什么?(教师引导幼儿引出歌词。)教师将完整歌词念出来。

(2) 引导幼儿用完整话语回答,例如:小彩条跳跳跳,跳到我头上,变成花头绳……(要求幼儿说的时候和节奏一致)。

3. 新授。

(1) 教师让幼儿起立,在座位前手拿彩条给教师伴舞,教师范唱《小彩条跳跳跳》的歌曲,让幼儿学习及感受歌曲的旋律。

师:小朋友们起立,你们可真棒!想出来这么多连老师都没有想到的好主意。为了表扬小朋友们,老师来给小朋友们唱一首《小彩条跳跳跳》,现在拿起你们椅子后面的小彩条和老师一起动起来吧!

（2）鼓励幼儿跟教师一起唱。

师：老师唱完了，老师要听听谁唱得最好听。

4. 创编。

（1）分组创编，先找 3 个幼儿，让幼儿自由创编。例如，小彩条跳跳跳，跳到花盆里，变成一朵花……然后幼儿集体演唱，引导幼儿自由创编动作（图 6-26）。

图 6-25 音阶律动

图 6-26 创编

师：小朋友们，小彩条跳到了我们的头上、身上、裤子上还有鞋子上，快想想它还会跳到什么地方变成什么呢？

（2）幼儿集体自由演唱。

师：小朋友们，你们真棒！有这么多连老师都没有的想法，那么我们一起把我们刚才创编出来的歌曲唱给小彩条听吧！

5. 小结。

播放《红绸舞》音乐，出示红绸子，所有红绸子的一端绑在一起，由教师拿着，另一端由幼儿每人拿一条，让幼儿随音乐自由创编动作，感受音乐，活动随音乐结束而结束。

活动评析

本次活动来源于幼儿生活中常见的彩条，幼儿在这个年龄阶段喜欢将注意力集中在小而易见的事物上，这个年龄阶段是喜欢观察、想象力丰富的阶段。在本次活动中幼儿都能积极回答问题，认真思考。活动开始环节，教师运用律动来让孩子们对音阶的顺序进行肢体的感知，从而使幼儿对音阶有所了解。在导入环节，教师选择了直接导入的方法，彩色的纸条加上很有节奏感的歌词足以引起孩子们的兴趣，激发他们的想象力。"小彩条，跳跳跳，跳到我的……？变成……？"这时幼儿都能通过日常积累的经验进行抢答，还能说出很多自己的想法。创编环节，歌词很有韵律，节奏感很强，使得幼儿都愿意尝试自己去创编。游戏是孩子们的天性，教师在带领幼儿进行创编时，能鼓励孩子们大胆说出自己的想法，让孩子们创编动作，对孩子们加以肯定，使得这次活动达到高潮，孩子们都能够大胆地创编、尝试。让幼儿集体演唱幼儿自己创编出来的歌词，这样加深幼儿对歌曲的记忆，使他们充分感受音乐的美。结束时通过《红绸舞》音乐让幼儿随音乐随意舞动，将注意力转移到倾听上，随音乐结束本次活动。

（辽宁大连 张瑜）

案例十二　大班音乐活动：神奇的脚印

设计意图

大班幼儿的动手操作能力和角色扮演能力有了一定的发展,对于带有角色扮演性质的活动兴趣极其浓厚。孩子们经常相互商量着扮演家庭成员中的一分子,如爸爸、妈妈、哥哥或姐姐……。幼儿这样喜欢扮演家人,何不把幼儿的这种兴趣引入音乐教学活动中呢? 认识音符并感受其时值的长短,幼儿不太容易理解和掌握。考虑到幼儿的喜好,教师尝试将几个音符设计成几个家庭成员,目的是让幼儿更好地认识音符,因此,设计了这次以"神奇的脚印"命名的音乐活动。

活动目标

1. 复习二分音符、四分音符的节奏,认识八分音符。
2. 根据音乐节奏模仿动物走路,感受各音符时值的长短。
3. 喜欢动脑思考,愿意参与创作活动。

活动准备

音符卡片(二分音符、四分音符和八分音符的卡片)、音符大楼卡片、串铃、活动场地、律动音乐、节奏音乐。

活动过程

1. 韵律活动"找朋友"——引起幼儿活动的兴趣。

师:请小朋友和老师一起来玩游戏"找朋友"。

教师与幼儿根据音乐的不同乐段做相应手拉手、排火车、打节奏等动作(图6-27)。

2. 复习二分音符、四分音符——感受二分音符、四分音符时值的长短。

(1) 复习音符的名称和时值。

师:音符家族又来和大家见面了,请小朋友看一看,第一位小客人是谁?（音符哥哥）音符哥哥很勇敢,它要一个人住一个房间(图6-28)。（教师把四分音符放满音符大楼的最上面一层）请小朋友一起拍手,为音符哥哥打节奏。

师:接着出来的小客人是谁?（音符妈妈）音符妈妈有好多的衣服,她要一个人住两个房间（教师把二分音符放满音符大楼的第二层）。请小朋友一起拍手来为音符妈妈打节奏。

(2) 教师把四分音符、二分音符放在音符大楼中,请幼儿看图谱分别练习,为二分音符、四分音符打节奏。

师:请小朋友拍手为音符哥哥和音符妈妈一同打节奏。

3. 学习并认识八分音符——感受八分音符的时值。

(1) 教师出示八分音符,向幼儿介绍。

师:今天,音符家族又来了一位新朋友,她是可爱的音符妹妹。（出示一个八分音符）请小

图 6-27 "排火车"活动

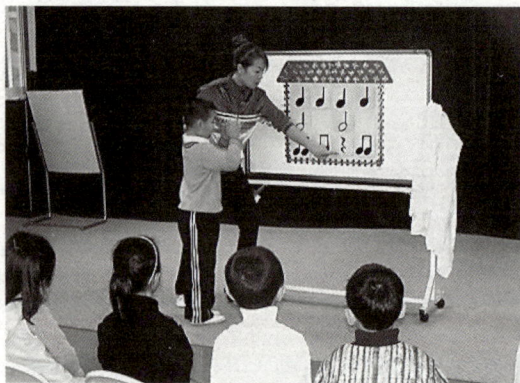

图 6-28 认识音符

朋友看一看,音符妹妹和音符哥哥有什么不同? 她长得是什么样子? 音符妹妹有一条小辫子。

师:音符妹妹的胆子很小,要两个人牵着手住一个房间(出示两个八分音符)。

(2) 教师把四对八分音符放在音符大楼的最底层,示范打八分音符的节奏,带领幼儿一起学习为音符妹妹打节奏。

师:请小朋友认真看,老师是怎样为音符妹妹打节奏的(教师示范)。

师:请小朋友一起拍手来给音符妹妹打节奏。除了拍手我们还可以拍哪里? (拍肩、拍头、拍椅子、拍腿等。)

师:请小朋友一起拍手来为音符家族打节奏。

(3) 教师把音符大楼填满音符,并留出相应空格作为空拍,引导幼儿练习打节奏。

师:请小朋友看,这个房间里没有人住,我们应该怎样表示呢?(双手握拳呼一口气表示。)

师:请小朋友再来拍手为音符大楼打节奏。(也可以拍腿或拍肩等。)

(4) 教师请幼儿调换音符谱中各音符的不同位置来变化节奏,继续练习。

师:老师请一个小朋友到前面换一换音符成员的位置。我们来试一试打节奏。

4. 节奏练习——感受并区分四分音符和八分音符时值的长短。

(1) 教师讲故事,引导幼儿找音符家族的脚印。

师:快乐的音符家族在一个周末去郊游。在路上,他们要经过一座小桥,音符妈妈和音符妹妹是排着队走过小桥的,请大家听一听,是谁排在了前面(放音乐)?幼儿回答:音符妈妈。

师:我们跟着音乐一起来学一学音符妈妈走路。

师:请小朋友再来听一听,是谁走在了音符妈妈的后面,并且听着音乐来学一学她走路的样子。幼儿回答:音符妹妹。

师:我们再来学一学音符妹妹走路的样子。

(2) 引导幼儿根据节奏模仿动物走路。

师:请小朋友猜一猜,音符妈妈走路的节奏比较像哪些动物呢?音符妹妹走路像哪些动物呢?请小朋友跟着音乐的节奏学一学小动物们都是怎样走路的。

教师引导幼儿根据音乐节奏的快慢来模仿不同的动物走路。游戏进行三遍后,模仿小动物走路的样子走出活动室(图 6-29、图 6-30)。

图 6-29　模仿小动物(1)

图 6-30　模仿小动物(2)

活动评析

　　本次音乐活动的知识目标是引导幼儿认识八分音符和感知八分音符的时值。教师应首先明确,认识音符的学习内容是比较枯燥乏味的,为了能充分调动幼儿学习的主动性和积极性,教师将二分音符、四分音符和八分音符分别设计成音符家族中的几个成员,并创设了一定的情境,让幼儿有一个更直观的感受,而不是抽象化的想象,这有助于幼儿对音符及音符时值的理解,从而激发幼儿学习的兴趣。在整个活动过程中,教师将活动设计为四大环节,分别为:

　　(1)韵律活动"找朋友"——引起幼儿活动的兴趣。

　　(2)复习二分音符、四分音符——感受二分音符、四分音符时值的长短。

　　(3)学习并认识八分音符——感受八分音符的时值。

　　(4)节奏练习——感受并区分四分音符和八分音符时值的长短。

　　在教学活动的组织中,教师通过"引发兴趣—复习音符—新授音符—节奏练习"这一流程实现了预期的教育目标。每一流程都环环相扣,从而较好地实现了教育目标。

　　活动中,教师教态应亲切自然,语速适中。对于幼儿的提问,语言引导适当,采用层层递进的提问方式和由易到难的教育指导策略。通过音符家族的几个家庭成员,在引导幼儿认识音符的环节中,幼儿很好地感受和理解了二分音符、四分音符和八分音符的不同时值。教师不是完全干预,而是极力鼓励幼儿大胆地用动作表现,从而拉近了与幼儿的距离。在提示语的引导下,孩子们都能在掌握音符时值的基础上创造性地根据音乐节奏创编出自己喜欢的小动物走路时的样子,很好地发展了自己的创造力和丰富的想象力。

（辽宁大连　赵芝霞）

案例十三　中班音乐游戏:小老鼠上灯台

设计意图

　　在一次儿歌学习中,幼儿接触到了这首儿歌,而且学得非常认真,幼儿在学习的时候,还自己创编了一些动作来配合儿歌,玩得不亦乐乎。教师发现幼儿对这首儿歌中的小动物很感兴趣,所以根据本班孩子的年龄特点设计了本次音乐游戏活动。

音乐《小老鼠上灯台》的节奏比较明快,适合作为游戏音乐。本次活动的主要目的是让幼儿在游戏中了解游戏规则,并在教师的带领下尝试角色扮演的乐趣,从而乐于参与游戏活动。

活动目标

1. 学唱歌曲《小老鼠上灯台》。
2. 根据歌曲内容进行游戏表演。
3. 体验同伴合作游戏的快乐。

活动准备

音乐《小老鼠上灯台》、小猫头饰一个、老鼠头饰若干。

活动过程

1. 看图讲述。

幼儿围成半圆坐好,教师面向幼儿站好。

师:今天老师给大家带来了几幅图片,我们一起来看看图片上画的都是什么?

(这一环节,通过让幼儿观察图片、描述图片,让幼儿初步了解歌词的内容,发展他们的语言表达能力。)

师:图片都看完了,请小朋友来告诉我图片上都画着谁?

幼1:大花猫。

幼2:小老鼠。

(目的是让幼儿能够清晰地记住图片中的主要角色,为做游戏活动做铺垫。)

2. 设计动作。

(1) 教师边读歌词边表演,激发幼儿进行动作模仿。

师:下面咱们一边读歌词一边表演大花猫。老师来演大花猫,小朋友扮演小老鼠。

(教师提示幼儿倾听音乐。)

① 师:小老鼠上灯台,我看看小老鼠是怎样走路,怎样爬上灯台的。

幼儿随着音乐,轻手轻脚地慢慢往前走,爬上小椅子。孩子们学得很像。

② 师:小老鼠爬上灯台去干吗? 它下不来了怎么办?

幼儿装作在吃东西的样子,当听到提示下不来时,他们表演出很着急的样子。

③ 师:快听是谁来啦?

幼:大花猫来了。(教师提示幼儿大花猫是怎样走路的:静悄悄地。)

师:那小老鼠是怎样下来的呢?

幼:叽里咕噜滚下来。(孩子们做出了在地上翻滚的动作。)

(本环节,教师演唱歌曲,幼儿观察教师的表演,进行创造性的模仿学习。)

(2) 师幼互换角色,鼓励幼儿自己创编动作。

师:下面我们换一下角色,这次我演小老鼠,我请一个小朋友来扮演大花猫。

(在互换角色后,因为教师在前面的表演中有过先前的示范,所以在请幼儿表演的时候,要提醒幼儿做跟教师不一样的动作,发挥自己的想象。)

本环节教师引导幼儿用动作表现歌词中的内容。第一,教师先做示范,考虑到幼儿的年龄特点,如果先让幼儿进行表演,幼儿不一定能表演出来,所以教师先示范,激发他们的想象。第二,让幼儿自己创编动作,这是在教师的带动下,充分发挥幼儿的想象力,引导幼儿跟随音乐做游戏。

3. 整体欣赏音乐。

师:接下来,让我们一起再欣赏一遍音乐,小朋友们仔细听听每一句歌词,应该做哪个动作。

幼儿与教师坐在一起,安静地欣赏一遍歌曲。

(这一环节主要体现了动静的结合,坐着听歌曲不仅是让幼儿休息,而且是让幼儿在休息的同时能在脑海中再现歌曲的内容及动作,同时,也是为了让幼儿在后面的环节中能更好地为游戏做准备。)

4. 听音乐做游戏。

(1) 听音乐,分组做游戏。

师:下面我们来分组,两个小朋友为一组,你们互相商量一下,谁扮演小老鼠、谁扮演大花猫?

在进行角色分配的时候,教师要有意识培养幼儿分工合作的意识和沟通能力。

幼儿自由分组、协商选择角色后,教师分发头饰。

教师提示幼儿在做游戏的时候要注意安全,每两组同时做游戏。

(幼儿在第一次做游戏的时候,教师要在适当的时候给予语言的指导。)

(2) 幼儿互换角色做游戏。

师:请小朋友们互相交换头饰做游戏。

(在幼儿互换角色做游戏的过程中,教师要以一个旁观者的身份,不要过多地干涉幼儿的活动,体验他们在游戏中的乐趣。)

师总结:小朋友们演得非常棒,但是有个别的小朋友在做游戏的时候,没有遵守规则,下次在游戏中要注意。小朋友们可以把这个音乐游戏教给你们的爸爸妈妈。

活动评析

整个音乐游戏在幼儿的欢笑声中结束,幼儿在游戏中学习,体验游戏的乐趣。"小老鼠上灯台"这一教学活动,着重体现了以下四个环节的教学策略。

1. 看图讲述

本环节,教师根据歌曲事先准备好了四幅图片,让幼儿通过对图片的观察,初步了解歌词的内容,发展幼儿的口语表达能力。

2. 设计动作

本环节,教师根据图片的内容进行有序的提问(如图片中有谁?发生了什么事情?结果怎样?),在教师语言和动作的指导下,幼儿根据歌词,通过模仿及自己的创编进行游戏。这个环节很好地激发了幼儿的创造性。

3. 整体音乐欣赏

本环节教师很好地运用"动静结合"的教学策略,使幼儿在活动中体现出"运动和静止"的交替,使整个活动达到了很好的效果。

4. 听音乐做游戏

本环节是教学活动的升华,是幼儿在熟悉了故事情节、理解了音乐作品之后,将歌曲和动作完整地结合在一起的过程。本次活动为了激发幼儿的表演兴趣,教师根据歌曲中的角色制作了小老鼠和大花猫的头饰,这些教具在活动中得到了很好的运用,加深了幼儿对小老鼠和大花猫生活习性的理解,吸引了幼儿的兴趣和注意力。当幼儿戴上小老鼠和大花猫的头饰时,他们的表演欲望也随之而来,他们积极地投入游戏中,感受与体验着音乐游戏带来的快乐。

"小老鼠上灯台"这一教学活动通过游戏让幼儿体验快乐,学唱歌曲。幼儿基本了解了小老鼠和大花猫的生活习性,游戏也培养了幼儿遵守游戏规则的习惯。

（辽宁大连　米兰）

案例十四　小班音乐游戏:雨点滴答滴

设计意图

在日常活动中,教师观察发现小班幼儿对于小手的本领有着无尽的探索欲望,尤其是对用手来敲打等行为具有极高的兴趣,小手没事的时候经常是东摸摸、西摸摸,左敲敲、右打打。教师通过这次活动,利用音乐游戏这种孩子比较感兴趣的教学形式来带领孩子进行一次"音乐之旅"。小班幼儿好动、好玩、好奇、好模仿,情绪变化快,注意力易转移,兴趣短暂。他们大多喜欢唱一些熟悉的歌曲,对新授内容一般兴趣不大,但对以游戏的形式打熟悉的音乐节奏具有浓厚的兴趣。

本次活动意在通过带领幼儿尝试打简单的音乐节奏,使幼儿体验音乐游戏的快乐,喜欢参与音乐活动,引导幼儿理解音乐内容,并正确地打节奏,通过共同演奏达到游戏和音乐交融的双重目的。

活动目标

1. 乐于倾听豆子掉落时发出的不同声音。
2. 能随歌曲内容敲打出节奏。
3. 享受打节奏的乐趣。

活动准备

豆子、粗吸管、盘子、挡板、响板、歌曲《滴答滴》音乐。

活动过程

1. 导入环节。

教师与幼儿互动、打招呼,以拍手、打节奏的形式互相问好。幼儿围坐成半圆形,教师面对幼儿坐下。

师:小朋友们好!

（XX　XXX　‖）

幼:杨老师您好!（或杨老师好!）

(**X X X X X** ‖)或(**X X X X** ‖)

（以音乐律动为活动导入环节,教师有意识地将互动打招呼以打节奏的音乐形式渗透到活动中。）

2. 教师操作。

（1）教师把挡板放在桌子的前面,在挡板后面把豆子从一个盘子通过吸管倒到另一个盘子里。

师:请小朋友们仔细听有什么声音?

幼:哗啦哗啦的声音。

师:哗啦哗啦声像什么?

幼:像下雨的声音。

（本环节,教师操作,幼儿倾听,并结合问答的生动教学方法引出活动的主题。）

（2）播放歌曲《滴答滴》,教师朗读歌词,然后与幼儿一起唱歌。

（本环节是一个教学环节,教师带领幼儿先学唱歌曲,为下面的环节作铺垫。）

（3）听歌曲《滴答滴》音乐,打以下节奏: **0 0 0 | X X X | 0 0 0 | X X X** ‖。

师:小朋友们听的歌曲是不是特别有节奏感啊?

幼:是。

师:那我们就一起为歌曲打节奏吧。

教师示范,强调当歌曲唱到"滴答滴"时就有节奏地拍手。

（本环节是一个重要的教学环节,教师通过空手练习的形式,引导幼儿了解打节奏的基本方法,也通过这个环节的着重学习,为下面的环节作铺垫。）

3. 利用乐器进行游戏。

（1）引导幼儿使用响板代替拍手来练习打节奏。

师:老师还给小朋友们带来了响板和大家一起游戏,应如何使用响板呢?

幼:用手拍。

师:对,我们用响板来试一次。

（响板的使用大大激发了幼儿的学习兴趣,幼儿的学习热情得以延续。利用这种有声的教具,孩子们能通过节奏是否整齐来进行自我校对并及时纠正自己的错误。）

（2）请幼儿像小乐队一样进行音乐游戏《滴答滴》。

（幼儿进行表演时,教师只是在必要的时候适当地提示幼儿在节奏敲打上的变化,教师不做过多的指导,而是退到观众的位置上欣赏孩子们的表演,充分体现幼儿的主体地位。）

师总结:我们的小乐队在进行表演的时候还真是很神奇呢! 只是有个别小表演者的节奏敲打得不是很整齐,希望下一次表演的时候会做得更好!

活动结束。

活动评析

幼儿在音乐游戏中要听辨音乐的不同旋律、节奏、速度、力度、音色,要熟悉游戏的内容和规则,音乐游戏在幼儿园的音乐教学中占有独特的、重要的地位。音乐游戏满足了幼儿的好动性和表演欲望,所以,音乐游戏是幼儿园不可缺少的一种活动形式。基于对音乐游戏的喜爱及其价值的认知,教师以音乐游戏为平台,通过精心设计,把自己所理解的创新理念融入活动中,对已有的教材进行再创作,使原本统一的活动变成适合本班幼儿的、有个性的活动。本次活动旨在拓展音乐游戏素材,探寻适宜的教学策略,提升教师的指导能力,从而充分发挥游戏的价值,促进幼儿的全面发展。

通过本次活动的实践,教师发现幼儿对打节奏特别感兴趣,能根据教师的引导正确地打出节奏,并且适当加入可以操作的乐器——自制响板,幼儿同样很感兴趣。

(辽宁大连 杨阳)

案例十五 小班音乐活动:小木匠

设计意图

在一次活动中,教师拿了一个一敲就会响的锤子,幼儿很喜欢。受此启发,教师选了一首和锤子有关的歌曲《小木匠》来开展此次音乐活动。《小木匠》是一首旋律欢快、节奏鲜明、富有感染力、符合小班幼儿年龄特征的音乐。歌曲中的:"叮叮当当叮叮当"朗朗上口,易于模仿。因此,教师利用歌词的特点创设模仿游戏,激发幼儿的兴趣,引导幼儿在玩中学,在学中玩,以游戏为主线,贯穿活动始终,使幼儿置身于模仿的情境中,大胆、愉快地参加音乐活动,充分体验参与音乐活动的乐趣。

活动目标

1. 学唱歌词,能尝试用自制的乐器表现节奏 X X X X | X X X |。

2. 能大胆、愉快地参与音乐活动,体验旋律的欢快、活泼。

小班音乐活
动:小木匠

活动准备

自制的乐器"沙锤"人手两个、《小木匠》音乐。

活动过程

1. 开始部分:故事引入。

幼儿围坐成半圆形,教师面对幼儿坐下。

师:老师给你们讲一个故事,故事的名字叫《小木匠》,请听(见创编故事)。

(这一环节,教师绘声绘色地讲述故事《小木匠》,并有意识地表演故事情节的变化动作。例如,讲到"一个锤子"时,举起右手变成锤子状;讲到"两个锤子"时,举起左手和右手一起变成锤子状。讲完故事后连续放两遍《小木匠》的歌曲。)

师:好了,故事讲完了,歌曲也听完了,请小朋友来告诉我故事里谁是小木匠?

幼1:小熊。

师:小木匠用什么工具做小椅子?

幼2:锤子。

师:它一开始用几个锤子干活?

幼3:一个。

师:后来变成了用几个锤子干活?

幼4:两个。

师:小锤子干活的时候发出什么样的声音?

幼5:叮叮当当叮叮当。

(目的是让幼儿清晰地记住故事中与歌词相关联的部分,为学习打节奏作铺垫。)

2. 中间部分:击打节奏。

尝试用"沙锤"打节奏 X X X X | X X X |。(将"沙锤"放在小朋友的椅子下面。)

(1)教师前半句唱,后半句一边用"沙锤"敲腿模仿小木匠打节奏 X X X X | X X X |,一边唱"叮叮当当叮叮当"。

师:下面,老师来扮演小木匠,小朋友们来扮演其他小动物。我们一起来表演。(教师提示幼儿注意后半句,倾听音乐 X X X X | X X X |。)

(本环节,幼儿通过倾听教师的清唱、观察教师形象的动作表演,进行模仿学习。反复进行两次。)

(2)请幼儿扮演小木匠,鼓励幼儿模仿学习。

师:接下来老师也请你们当小木匠,我们一起来做小椅子,请大家把椅子下面的"沙锤"轻轻拿出来,不要发出声音。

(在上一环节,由于教师已经表演了小木匠,无形中起到了示范作用。所以,幼儿在扮演小木匠的角色时,教师指导的侧重点是引导幼儿学会倾听节奏 X X X X | X X X |,并逐渐摆脱教师语言上的指导,为幼儿提供更多的感受节奏和理解节奏变化的机会。)

师:小锤子总干活会累的,所以当我们唱完了一遍,小锤子就要停下来休息一下,然后再开始。

(在设计尝试用"沙锤"打节奏的环节中,是教师示范表演在前,幼儿模仿表演在后。教师通过示范表演小木匠角色,有意识地引导幼儿倾听音乐节奏的变化,减弱语言上的指导,潜移默化地引导幼儿注意音乐节奏的变化。)

3. 结束部分:游戏自然结束。

请幼儿扮演小木匠,用"沙锤"修自己的小椅子。边修椅子边唱歌词,唱到"一个锤子"时,举起右手的"沙锤"来表演;唱到"两个锤子"时,举起左手和右手两个"沙锤"一起来表演。

师总结:小朋友们今天扮演小木匠真不错,下次我们再一起来表演好吗?

幼:好。

活动结束。

活动评析

1. 教学设想。

(1)在教学设计过程中,教师始终把"在玩中学,在学中玩,以游戏为主线"贯穿在教学的始终,力求在教学中以幼儿为主,使幼儿置身于模仿的情境中,大胆、愉快地参加音乐活动,充分体验参与音乐活动的乐趣。

（2）注重培养幼儿的实践与模仿能力,在教学中体现以"学生为主体,教师为主导"的思想。

（3）力求在每个环节中突出音乐活动的趣味性、生动性,让幼儿在宽松的氛围中轻松地学习音乐,感受音乐,表现音乐。

2. 教学特点。

（1）创设情境,以兴趣导入。俗话说:"兴趣是最好的老师""良好的开端是成功的一半"。如何引发幼儿的兴趣使之乐学成为本次活动的主要问题。教师自己创编了与歌词内容相关的故事,引起幼儿的兴趣。

（2）采用教师和幼儿轮流表演、共同表演的方式使幼儿真正体会、理解、表现音乐节奏。

（3）教师将本次活动知识点的学习转化为富有童趣的模仿游戏,使幼儿在积极的兴趣中愉快地学习,活动气氛活跃、轻松。每个幼儿在活动中都展现出一种积极的学习心态。

需要注意的是,教师应积极对幼儿的每一个细微的表现予以评价,教师应该通过对幼儿表现的评价让幼儿了解自己的进步。

资源包

1. 歌曲《小木匠》。

2. 原创故事。

在一个大森林里住着许多小动物,有小猪、小兔、小青蛙等,它们每天都很快乐地生活在一起。有一天森林里来了一只小熊,它是一个小木匠。小木匠每天都用它的小锤子做一些漂亮的小椅子送给其他小动物,小动物们都很喜欢这些小椅子。一开始小熊用一只锤子干活,后来请它帮忙的小动物越来越多,它忙不过来,就用两只锤子干活了。

小熊每天都很快乐,它总是一边唱歌一边用小锤子干活。你听,它又开始唱歌了（放音乐《小木匠》）。

（辽宁大连　张丹）

案例十六 大班音乐游戏:我的大鞋会唱歌

设计意图

一些孩子不太爱动,不善于去发现周围的事物,虽然对音乐感兴趣,但没有基本的节奏感,身体的协调能力也较弱。教师设计这次音乐游戏活动"我的大鞋会唱歌",旨在培养幼儿对音乐、旋律的初步感知能力和动作协调能力,并激发他们对此活动的兴趣。

活动目标

1. 感受大鞋踏出的不同声音。
2. 创编出不同的节奏。
3. 体验"穿大鞋"游戏的快乐。

活动准备

报纸、硬纸板、铁板、塑料袋、塑料板。

活动过程

1. 充分体验。

教师与幼儿听着音乐光脚进入教室。(音乐。)

以谈话的形式导入,通过猜一猜的方式激发幼儿发现大鞋的不同特征。

师:小朋友们猜猜,老师这里面放的是什么?(很多大鞋用布蒙好。)

师:请小朋友们说一说都有什么样的大鞋。

幼:高跟鞋、大皮鞋、旅游鞋、运动鞋、布鞋、靴子……

师:这是谁穿的鞋?

幼:爸爸、妈妈、姐姐。

请幼儿穿上大鞋感受并说出体会。

师:小朋友们想不想穿上大鞋走一走?

师:我们穿上大鞋走走有什么感觉呢?

请幼儿穿着大鞋自由活动,感受踏在周围自然环境中的物体和教师提供的物品上时产生的声音。

师:我们去踏踏周围的其他物体,听听有什么不一样的声音?声音像什么?有什么不一样的感觉?

幼:穿妈妈的高跟鞋走在塑料袋上,像下雨的声音。

师:刚才小朋友们踏了许多东西,谁来讲讲有什么感受。

幼:走不稳。

幼:很好玩。

2. 游戏:我的大鞋会唱歌。

教师出示一面小鼓和小朋友们做游戏。

教师敲打出不同的节奏并说"我的小鼓会唱歌"。然后小朋友们说"我的大鞋会唱歌"。并跟着小鼓踏出相同的节奏。(教师说出鼓的节奏,幼儿说出鞋子踏出的节奏,如我的小鼓咚咚咚,我的大鞋踏踏踏。)

(本环节引导幼儿从声音的感受中体会不同的节奏。)

3. 自由创编节奏。

师:你们的大鞋会唱歌,还能不能唱出更好听的歌呢?

(这一环节请幼儿穿着大鞋创编不同的节奏。让幼儿去找自己的好朋友互相唱唱,听听会唱出什么不一样的好听的歌。教师鼓励幼儿创编不同的节奏型。)

4. 成果分享。

一个幼儿站在前面踏自己创编的节奏,其他幼儿在下面模仿。

师:你们的大鞋都唱出了许多好听的歌,我们来表演一下,让小朋友们都听听、学学,谁来唱?

(引导幼儿分享自己和朋友创编的快乐。)

5. 兴趣延续。

引导幼儿在音乐的伴奏下,自己穿大鞋和着音乐,用自己喜欢的节奏来表现。

师:每个小朋友的大鞋都会唱歌,我们合在一起来唱一唱,好吗?

(延续幼儿的兴趣与好奇,充分感受穿大鞋的乐趣。)

活动评析

1. 本音乐游戏活动选材比较贴近幼儿的生活。因为幼儿喜欢穿一穿自己爸爸、妈妈的鞋子走一走、踏一踏,所以幼儿对活动很感兴趣,也容易投入游戏中。

2. 通过活动目标可以看到创编不同的节奏是本活动的难点。那么在突破这个难点的时候,不是只让幼儿体验创编,教师应该要有一个小结,将一些幼儿创编出的节奏用节奏图谱(最好是鞋子图样)表现出来。这些幼儿会很有成就感,也能激发其他幼儿的兴趣。活动很有创意,还应再注意一些细节,让音乐活动更美好。

案例十七 小班音乐表演:导盲犬之歌

设计意图

在一次语言活动中,教师给幼儿讲述了"狗真有用"的故事。故事主要介绍警犬、导盲犬和狗医生对人们的贡献。活动结束时,有许多幼儿对导盲犬能够给人们带来这么多的贡献很感兴趣,有的幼儿在课余时间问:"老师,导盲犬为什么会给盲人引路啊?""导盲犬是怎么被训练成的?"……一个个疑问反映出幼儿对导盲犬具有浓厚的探索兴趣。于是,教师从本班幼儿的兴趣点出发创编了一首"导盲犬之歌",并制作了头饰,用音乐表演的形式来满足幼儿的好奇心和审美表现的欲望。

活动目标

1. 在了解盲人和导盲犬的基础上,创造性地进行音乐表演。

2. 体验盲人的困难,培养爱心,感受合作表演的乐趣。

活动准备

原创音乐"导盲犬之歌"、《导盲犬小 Q》短片、导盲犬头饰。

活动过程

1. 回顾《导盲犬小 Q》。

幼儿围坐成半圆形,教师面对幼儿坐下。

师:上次活动我们学习了"狗真有用",观看了《导盲犬小 Q》。今天我们再来回顾一下导盲犬小 Q 是怎么为盲人领路的。

(这一环节是让幼儿回顾导盲犬为人们领路的过程。)

师:短片看完了,短片里面都有谁?

幼 1:盲人。

幼 2:导盲犬小 Q。

(目的是让幼儿清晰地记住短片中的主要角色,为表演作铺垫。)

2. 请幼儿体会盲人和导盲犬。

(1) 请幼儿模仿盲人。

师:刚才我们看到了导盲犬和盲人,你们知道盲人的感受吗? 谁到前边来模仿一下盲人的样子,要把眼睛闭上。

以小组的形式请幼儿上前模仿盲人,让幼儿真实地体会盲人的感受。

(2) 请幼儿模仿导盲犬。

师:刚才我们模仿了盲人。盲人看不到东西,能找到家吗? 你看不到东西会怎么样啊?

幼 1:很着急。

幼 2:我想看到路。

幼 3:想睁开眼睛看东西。

师:盲人看不到,找不到回家的路,他需要一只导盲犬来帮助找到回家的路。谁来模仿一下导盲犬领盲人回家时的样子?

(请幼儿体会导盲犬和盲人的样子。)

3. 结合音乐和教师一起做动作。

师:今天老师带来了一首好听的歌曲,我们一起来听一听。

播放第一遍歌曲时由教师来扮演盲人;播放第二遍歌曲时由教师来扮演导盲犬。

请幼儿模仿教师的动作,边唱歌曲边做动作。然后请两个幼儿到前边来,一个模仿盲人另一个模仿导盲犬,随歌曲进行表演。

在设计动作的环节,教师采用了师幼互换角色表演的两个层次的设计方法。第一个层次,教师示范表演在前,幼儿创意性表演在后。教师通过示范表演盲人的角色,潜移默化地引导幼儿按照故事情节的变化来完成扮演导盲犬的动作设计。第二个层次,师幼互换角色,引导幼儿倾听音乐,进行创意性的表演。此时,教师有意识地引导幼儿倾听音乐的变化,减弱语言上的指导,将音乐的变化与角色表演相匹配,再现盲人的场景。

活动评析

> 原创音乐《导盲犬之歌》鲜明的节奏变化和逼真的声效运用,体现了音乐元素变化的规律性,带给幼儿极大的听觉想象空间,非常适合幼儿欣赏和表演。本次活动设计的主旨,是引导幼儿感受与想象音乐内容、理解音乐元素变化的规律,把握歌词情节的变化和角色转换的表现特点,使其产生情感上的共鸣,达到"音乐与表演"的相互统一。

资源包

《导盲犬之歌》歌词:导盲犬,最勇敢。导盲犬,最忠诚。盲人盲人,看不见。你就是那小眼睛,带我快快回家转。

案例十八　小班音乐游戏:小兔和狼

设计意图

小班幼儿容易被形象生动的事物所吸引,在教学活动中要更加注意活动的游戏化、情境化。为了使幼儿体验音乐游戏的快乐,并能在愉快、轻松、自由的游戏中获得发展,教师根据小班幼儿身心发展规律和学习活动的这一特点,设计"小兔和狼"这一音乐游戏。

活动目标

1. 学唱歌曲《小兔和狼》。
2. 能用动作表现小兔和狼的音乐形象。
3. 乐于参与音乐游戏,体验音乐活动的乐趣。

重点难点

活动重点:能够完整地表演唱《小兔和狼》。

活动难点:能用动作表现小兔和狼的音乐形象。

活动准备

歌曲《小兔和狼》、背景音乐、狼头饰一个、小兔头饰若干、PPT 图谱(兔子、森林、耳朵、风儿、树叶、狼)。

活动过程

1. 故事引入。

(1) 教师有感情地讲述故事,引入主题。

师:今天老师给大家带来了一个小兔和狼的故事,请小朋友们听一听。(播放背景音乐,教师讲述。)

师:一只活泼可爱的小兔,一蹦一跳地来到森林里,玩得非常愉快。突然,它觉得有点不对劲,马上竖起耳朵仔细听,风儿呼呼地吹,树叶沙沙地响。突然小兔拔腿就跑,原来它嗅到了狼的味道,狼来了。小兔快速跑到安全的地方一动不动。狼没有发现小兔,饿着肚子灰溜溜地走了。

(2)教师提问,出示图谱,引导幼儿熟悉歌曲内容。

师:故事的名字叫什么?(小兔和狼。)谁一蹦一跳的?(小兔。)

师:小兔来到哪里玩?(森林里。)突然发现不对劲,它是怎样做的?(拔腿就跑。)

师:听到什么了?(风儿呼呼地吹,树叶沙沙地响。)是谁来了?(狼来了。)

(3)引导幼儿按照图谱连贯地说出歌曲内容。

师:请小朋友们跟随老师,对照图片说一说。

师:小兔在森林里玩的时候,心情是怎样的?(引导幼儿:说到小兔在森林里玩的时候,要表现得很欢快。)

师:小兔发现狼来了,心情是怎样的?(引导幼儿:当说到狼来了,要表现得很紧张,语气要急促。)

2. 学唱歌曲。

(1)教师引导幼儿欣赏歌曲《小兔和狼》。

师:老师能把这个好听的故事唱出来,请小朋友们听一听。

(2)请幼儿跟随音乐学唱歌曲《小兔和狼》。

师:请小朋友们看着图谱跟随音乐唱一唱吧。

3. 游戏。

引导幼儿能用动作表现小兔和狼的音乐形象,并能够遵守游戏规则。

师:老师扮演狼,小朋友们扮演小兔,跟随歌曲边唱边跳,当唱到"哎呀,狼来了"时,请小兔快速躲藏。小朋友们在游戏中一定要注意安全哦。

4. 活动结束。

放松活动,引导幼儿跟随歌曲有秩序地离开。

活动延伸

表演区内提供各种小动物头饰,指导幼儿创编歌曲,演唱歌曲。

活动评析

《小兔和狼》是一首富有故事性的歌曲,旋律简洁流畅、活泼有趣。本次活动以躲猫猫游戏的形式开展,形象生动,便于幼儿记忆。歌曲中的角色是幼儿熟悉的,有助于提高他们参与活动的主动性和积极性。游戏最后大灰狼的出现,更是把活动气氛推向高潮。游戏中教师也鼓励幼儿发现规则并遵守规则,增强幼儿的自控能力,激发幼儿自我调控的积极性。

(大连高新区中心幼儿园　周悦)

案例十九　小班音乐活动：熊和蜜蜂

设计意图

　　小班幼儿很喜爱小动物,勤劳可爱的蜜蜂是幼儿生活中常见的昆虫。小班幼儿年龄小,对音乐的理解能力弱,教师可通过充满童趣的《熊和蜜蜂》的故事,引导幼儿学习演奏乐器,激发幼儿对音乐的兴趣,发展幼儿的听辨能力、思维能力、想象力和表现能力。

活动目标

　　1. 能跟随《熊和蜜蜂》的故事情节进行演奏。
　　2. 尝试如何用串铃演奏出蜜蜂飞动的嗡嗡声。
　　3. 培养幼儿初步感知 II:AB:IIw(尾声)的音乐结构即音乐的终止式,并在教师启发下愿意主动参与到音乐游戏当中。

重点难点

　　活动重点:幼儿在教师启发下体验蜜蜂和熊的各种有趣互动。
　　活动难点:幼儿表演时尽可能整齐地开始和结束。

活动准备

　　1. 串铃人手一个。
　　2. 洗衣板一块。
　　3. 大鼓一面,另加锤一个。
　　4. 表现故事内容图片若干。

活动过程

　　1. 情境导入。
　　教师出示蜜蜂图片:小朋友们好,我是勤劳的蜜蜂。
　　2. 倾听欣赏。
　　教师边出示图片边讲述故事。
　　师:今天老师带来了一个有关熊和蜜蜂的故事,我们一起来听一听。
　　3. 表演示范。
　　教师边讲故事边表演,幼儿倾听。
　　教师用边讲解边示范边带领幼儿游戏的方法向幼儿介绍表演的流程。
　　师:这么好听的故事咱们一起来表演吧。
　　勤劳可爱的蜜蜂在哪里?(请幼儿拿串铃扮演蜜蜂。)
　　4. 游戏。
　　主讲教师和配班教师合作表演熊,并演奏音乐,幼儿使用串铃表演蜜蜂(图6-31)。
　　师:蜜蜂们离开椅子飞舞时要注意安全,"叮熊"的时候注意不要真的碰到熊的身体哦。

熊跺脚后蜜蜂一定要记得飞回自己的小椅子上。

5. 活动结束。

引导幼儿跟随歌曲有秩序地离开。

师：请蜜蜂一起到卫生间洗手吧。

活动延伸

表演区内提供各种小动物头饰，指导幼儿利用乐器边讲故事边表演。

图 6-31　配音乐模仿动作

活动评析

本次音乐活动是在让幼儿理解故事的基础上用串铃进行音乐表演，使幼儿在感受音乐的同时玩游戏，具有丰富的趣味性。蜜蜂采蜜、熊爱吃蜂蜜，据此引出的音乐游戏活动，孩子们非常感兴趣，参与热情特别高，把自己当作小蜜蜂，根据故事情节进行奏乐表演。

不足之处，幼儿在表演时有头饰戴不牢掉落的现象，可以将头饰换为胸牌挂在胸前。可以让部分幼儿与教师互换角色，获得更多的演出体会。

资源包

熊 和 蜜 蜂

一只熊慢吞吞地走进树林，看到一棵小树上有蜂蜜巢，舔了舔嘴巴站立了起来，将蜂蜜巢取了下来，吃饱后很快睡着了。一群采蜜回来的蜜蜂"嗡嗡嗡"地飞过来，看见熊的大屁股就"滋"的一声叮了上去！熊的屁股被叮得有点疼痒，就开始用手"刷刷刷刷"地赶蜜蜂，蜜蜂被赶得站不住，只好飞走了。过了一会儿，熊又睡着了，蜜蜂叫来了更多的伙伴一起叮熊。熊的屁股疼得实在忍不住了，就着急地跺了一下脚——"咚"！这下子，所有的蜜蜂们"嗡"的一声都被震晕过去了！

动作：（熊由教师扮演，走出来睡觉）幼儿坐在椅子上扮演蜜蜂，嘴里发出嗡嗡声伸出手臂表示飞翔。发出"滋"声时用手做叮的动作，然后掐腰做生气的表情；教师挥动手臂表示赶蜜蜂；教师与幼儿重复前面的动作；最后教师跺脚表示熊被叮咬得着急了，幼儿倒在椅子上假装晕倒。

配器说明：熊（大鼓）——熊睡觉——蜜蜂飞（串铃）——蜜蜂叮咬熊屁股——熊用手赶蜜蜂（洗衣板）——蜜蜂飞（串铃）——蜜蜂叮熊屁股——熊跺脚（大鼓）——蜜蜂落地晕倒。

（大连高新区中心幼儿园　王晓伟）

案例二十　小班音乐活动：我是棉花糖

设计意图

《指南》指出："幼儿艺术领域学习的关键在于充分创造条件和机会"。《我是棉花糖》这首歌曲旋律欢快,节奏特点鲜明,歌词浅显易懂,在创编上很有趣味性。孩子们在会唱的基础上,可以做各种变变变的动作,将肢体语言加入其中,充分地发展思维及想象力、创造力。

活动目标

1. 学习随伴奏演唱歌曲。
2. 尝试变换最后一句歌词。
3. 感受变换歌词的乐趣。

活动准备

1. 棉花糖道具、魔法棒道具。
2. 音乐图谱。
3. 歌曲音乐伴奏。

活动过程

1. 导入。

教师:出示棉花糖、魔法棒道具讲故事。

师:小朋友们看,这是什么(图6-32)?(棉花糖。)

师:今天天气真晴朗,棉花糖出来找小伙伴们玩儿,它高兴地唱起歌来:"棉花糖,棉花糖,我是一颗棉花糖!"它看见了魔法棒,魔法棒对它说:"我来给你变一个魔术吧,变变变,变变变,变出小兔来!"棉花糖听了可开心了!

2. 学习歌曲。

(1) 提问故事,学习歌词。

师:棉花糖高兴的时候是怎样唱的呢?

我们一起来唱唱吧!(棉花糖,棉花糖,我是一颗棉花糖。)

师:魔法棒又是怎样唱的呢?(变变变,变变变,变出小兔来。)

(2) 出示图谱(图6-33),完整欣赏歌曲。

师:小朋友们看,这是棉花糖,这是魔法棒。棉花糖给小朋友们带来了好听的歌曲《我是棉花糖》,我们一起来听一听!

图6-32　观察了解棉花糖的样子

图6-33　音乐图谱

（3）随音乐演唱。

师：我们一起随着音乐来唱吧！

3. 创编。

引导幼儿变换歌曲最后一句。

师：棉花糖变出了小兔子，它还可以变出什么呢？

我们把变出来的东西也唱到歌曲里面来。

（棉花糖，棉花糖，我是一颗棉花糖，变变变，变变变，变出×××。）

4. 表演。

鼓励幼儿大胆想象，自由变换歌曲最后一句，用肢体语言来表现。

师：我们都是棉花糖，一起来唱歌，当唱到最后一句的时候，你想变出什么，就大声地唱出来，并用动作做出来，好吗？

师：我看看都变出了什么？看谁跟别人变得不一样（图6-34）。

5. 小结。

师：小朋友们今天和棉花糖玩儿得开心吗？我们可以把这首歌带回家，和爸爸妈妈一起唱，看看棉花糖还可以变出什么来？

图6-34 表演，变换不同造型

活动延伸

师：老师还要提醒小朋友们，要保护我们的牙齿，饭后漱口，不要吃太多的糖果哦！

活动评析

本活动是"好吃的糖果"主题下的一次音乐活动，主要是让幼儿认识各种糖果的颜色、形状。棉花糖在我们生活中比较常见，它可爱的造型非常受幼儿喜欢。教师利用棉花糖可以变换出各种不同造型的特点设计了此活动。活动前，教师请幼儿观察棉花糖的图片、了解棉花糖的形状，为活动中的创编做好铺垫。活动开始时，以一个有趣的小故事导入，教师边讲故事（唱歌）边做动作来吸引幼儿兴趣。当讲到棉花糖唱歌的时候，教师唱出第一段歌词，当讲到魔法棒唱歌的时候，教师唱出第二段歌词，这样在提问时会加深幼儿的印象，幼儿会清晰地记住歌词内容。当幼儿初步熟悉歌曲之后，教师带领幼儿学习演唱歌曲。小班幼儿的注意时间比较短，教师出示音乐图谱来转移幼儿的兴趣，用不同的方式激发幼儿歌唱的欲望。在看图谱的同时，也让幼儿了解歌曲的节奏型是四二拍，并用手指点唱的方法，对照图谱再唱两遍，这样幼儿就基本熟悉歌曲的演唱了。在最后一个环节，教师拿出变换不同造型的小动物卡片，请幼儿创编歌曲。幼儿在这个环节兴趣非常浓厚,变幻出小熊、小兔、孙悟空等造型,更增加了创编与演唱的乐趣。孩子们唱得很好,表现得很积极。

(大连高新区中心幼儿园 杨依)

案例二十一 中班唱歌活动:小老鼠打电话

设计意图

《指南》指出:在艺术领域幼儿具有初步的艺术表现与创造能力,4—5岁幼儿能用自然的、音量适中的声音基本准确地唱歌。《小老鼠打电话》是一首有故事情节、有趣味性的歌曲,其中有一段小老鼠和大花猫的对话,语言节奏鲜明,朗朗上口,幼儿特别感兴趣,因此我选择了这首歌曲。在日常生活中,幼儿经常会与同伴、朋友打电话,以电话的形式进行交流。有时一不小心就会拨错号码,就如歌曲中的小老鼠一样,居然把电话打给了一只猫。本活动提醒幼儿,在生活中要做个细心的小朋友,不能粗心大意。

活动目标

1. 学会有节奏地对话。
2. 理解歌曲内容,学习看图谱演唱歌曲。
3. 体验歌曲诙谐幽默的情趣。

重点难点

活动重点:学会有节奏地对话。
活动难点:理解歌曲内容,学习看图谱演唱歌曲。

活动准备

1. 歌曲《小老鼠打电话》。
2. "小老鼠打电话"图谱。
3. 小老鼠打电话图片,大花猫接电话图片。

活动过程

1. 导入。
教师出示小老鼠打电话图片,引导幼儿说出歌曲名字。
师:小朋友们,小老鼠在做什么? 今天我们一起来学习一首歌曲《小老鼠打电话》。
2. 欣赏。
(1) 教师清唱歌曲,引导幼儿感受、熟悉歌曲。

师:小朋友们仔细听听歌曲里都有谁?发生了什么事?

(2)教师再次播放歌曲,引导幼儿学会有节奏地说对话。

师:小老鼠打电话给朋友,它说了什么?

小老鼠:喂,喂,你好呀,请你快到我的家。

(引导幼儿模仿小老鼠用轻柔、有礼貌的声音学说。)

师:朋友是怎么回答的?(朋友:好,好,知道啦,马上就到你的家。)

(引导幼儿用干脆、有节奏的声音学说。)

3.学唱歌曲。

(1)教师播放整首歌曲,引导幼儿边看图谱边听歌曲,理解歌词内容。

(2)学说歌词,引导幼儿看图谱跟教师一起说。

(3)教师逐句播放第一段歌曲,引导幼儿观看图谱逐句记忆歌词,学唱歌曲。

师:歌曲中的小老鼠在干什么?(出示图谱一,扣子代表间奏,要等待不唱。)

图谱一

小老鼠打电话找朋友干什么?(出示图谱二。)

图谱二

小老鼠是怎么知道朋友的电话号码的?(出示图谱三。)

图谱三

小老鼠拨的电话号码是多少？（出示图谱四。）

$$\underline{54}\ \underline{32}\ 6\ 7\ 8$$

图谱四

小老鼠对朋友怎样说的？朋友是怎样回答的？

（4）教师完整播放第一段歌曲，引导幼儿观看图谱跟唱歌曲。

（5）教师完整播放第二段歌曲，出示大花猫接电话图片，引导幼儿学唱第二段歌曲。

师：小老鼠的朋友到底是谁呢？朋友怎么会是大花猫呢？（引导幼儿分析原因，唱出歌词："原来号码打错了。"）

（6）教师完整播放整首歌曲，引导幼儿观看图谱跟唱歌曲，在前奏和间奏处点头。

4. 分角色演唱歌曲。

（1）女孩扮演小老鼠，男孩扮演大花猫，分角色演唱（图6-35）。

图6-35 男孩女孩分角色演唱

（2）师：当小老鼠知道自己错把电话打给大花猫时是什么心情？

（引导扮演小老鼠的幼儿用害怕的声音演唱歌词："朋友怎么会是它，原来号码打错了。"）

（3）男女孩互换角色，再次演唱。

活动延伸

1. 在表演区为幼儿投放"小老鼠打电话"图谱、小老鼠和大花猫的头饰，引导幼儿自主分角色进行演唱歌曲游戏。

2. 提示幼儿在生活中不能粗心大意，打电话要仔细，尤其是119、110、120这些紧急电话不能随便乱打。

活动评析

图谱能将复杂的音乐材料简单化，具象化，能有效帮助幼儿理解音乐。在教学活动中，教师采用了图谱教学法，通过图谱来帮助幼儿理解、记忆歌词，取得了很好的效果。

资源包

小老鼠打电话

小老鼠打电话

（大连高新区中心幼儿园　刘迪）

岗位对接

● 项目一　幼儿园现场教学

以行动学习小组为单位,任选幼儿园音乐教学内容,在组内试讲的基础上,到实训基地进行现场教学汇报。

● 项目二　音乐活动评价

针对各项目组的课程汇报,学生自评、互评、园方评价与教师点评相结合,培养学生理论联系实际的能力,达到学以致用。

拓展阅读

● 阅读一　幼儿歌曲钢琴伴奏参考谱例
（大连职业技术学院　杨践明）

粉刷匠

波 兰 儿 歌
杨践明 配伴奏

我是一个粉刷匠，粉刷本领强。

我要把那新房子，刷得很漂亮。

刷了房顶又刷墙，刷子飞舞忙。

哎呀我的小鼻子，变呀变了样。

小乌鸦爱妈妈

张 牧 词
何 英 曲
杨践明 配伴奏

路边 开放 野 菊 花，
它的 妈妈 年 纪 大，
多懂事的 小 乌 鸦，

飞来 一只 小 乌 鸦 动，
躲在 屋里 小 飞 不 乌鸦，
多可爱的 小 乌 鸦，

不 吵闹 呀 呀叫 不 玩来 耍虫 呀，子，
小乌 鸦来 飞去 不呀不 忘记 呀，

急急 忙忙 赶 回 家妈。
一口 一口 喂 妈妈 把它 养育 大。

结束句

妈　妈　把　它　养　育　大。

值 日 生

林 玲　词曲
杨践明　配伴奏

太 阳 出 来 眯 眯 笑，

值 日 生 呀 来 得 早，

先 把 桌 子 擦 干 净，

再 把 椅 子 摆 放 好。

买　菜

湖 北 民 歌
林 望 　删节
杨践明　配伴奏

今 天 的 天 气

真呀真正好，　我 和 奶 奶 去呀去买 菜。

鸡 蛋 圆 溜 溜 呀，　青 菜 绿 油 油 呀，　母 鸡 咯 咯 叫 呀，

鱼 儿 水 里 游 呀。　萝 卜 黄 瓜 西 红 柿，　蚕 豆 毛 豆

小豌豆。 哎 呀呀哎 呀呀 装也装不下。

小 树 叶

茅光里　　曲
陈镒康　　词
杨践明　配伴奏

秋 风起来 啦 秋风起来 啦, 小 树 叶
小 树叶沙 沙 沙沙沙沙 沙,　　好 像

离 开了妈 妈。 飘 呀 飘呀飘向
勇 敢地说 话。 春 天 春天我会

哪 里, 心 里可 害 怕?
回 来, 打 扮 树 妈 妈。

粗心的小画家

许 浪 词
韩德常 词
杨践明 配伴奏

丁丁说他是小画家， 红蓝铅笔一大把。 他对别人

把口夸， 什么东西都会画。 画只螃蟹四条腿，

画只鸭子小尖嘴。 画只兔子圆耳朵呀，画匹大马

没尾巴。 哈哈 哈哈 哈哈 哈

洋娃娃和小熊跳舞

波兰儿童歌曲
姆卡楚尔宾娜 词
李嘉川 译配
杨践明 配伴奏

洋娃娃和 小熊跳舞 跳呀跳呀 一二一, 他们在跳
洋娃娃和 小熊跳舞 跳呀跳呀 一二一, 他们跳得

圆圈舞呀 跳呀跳呀 一二一。 小熊小熊 点点头呀
多整齐呀 多整齐呀 一二一。 我们也来 跳个舞呀

点点头呀 一二一, 洋娃娃呀 笑起来呀 笑起来呀 娃哈哈。
跳呀跳呀 一二一, 我们也来 跳个舞呀 跳呀跳呀 一二一。

国旗多美丽

常　瑞　　词
谢白倩　　曲
吕　瑞　配伴奏

国旗　国旗　多美　丽，　天　天
国旗　国旗　多多美　丽，　五　颗

升　在　朝　霞　里。　小　朋　友　们
星　星　照　大　地。　小　祖　国　前　进

爱　祖　国，　向　着国旗　敬　礼，　敬　个　礼。
我　长　大，　我　向国旗　敬　礼，　敬敬　个　礼。

堆雪人

堆 雪 人

熊 林　词

韩德常　曲

杨践明　配伴奏

大雪天真有趣，堆雪人做游戏，

圆脑袋大肚皮，白胖的脸笑嘻嘻。

● 阅读二　音乐教学活动评价标准及评分表

班级：＿＿＿＿＿　　教学内容：＿＿＿＿＿＿＿＿＿＿＿＿＿　　日期：＿＿＿＿

授课教师：＿＿＿＿　教学目标：＿＿＿＿＿＿＿＿＿＿＿＿＿＿＿＿＿＿＿＿＿＿

一级指标权重	二级指标	指标内容	指标内容等次				评分
			A	B	C	D	
教学设计 20%	教学思想	符合《纲要》精神，面向全体幼儿，突出学科的审美性、综合性、参与性和兴趣性原则	10	8	6	4	
	教学目标	目标定位准确，符合实际并有所侧重，突出审美素质培养	10	8	6	4	
教学过程 30%	教学内容	体现学科的课程性质和课程价值，内容正确，难易适度，条理清楚，知识完整	10	8	6	4	
	教学方法	符合幼儿的认知规律，策略新颖，方法灵活多样，能激发动机、兴趣	10	8	6	4	
	教学主体	以幼儿为主体，注重学法指导，满足个性差异和不同层次的需要	10	8	6	4	
教学素养 20%	教学能力	语言清晰，普通话标准，教态亲切自然，专业技能技巧熟练规范，示范、表演设计合理	10	8	6	4	
	教学媒体	能熟练掌握教学媒体，运用得当，提高学科的形象性、直观性、生动性的特征	10	8	6	4	
教学效果 30%	教学情感	创设情境，激发兴趣，师幼互动，幼幼互助合作，气氛融洽，体现审美教育功能	10	8	6	4	
	教学反馈	重视评价的多元化，重视学习能力、学习态度、情感价值观的提高	10	8	6	4	
	教学创新	在教学内容、策略、模式、媒体、方法等方面进行有效的开发和创新	10	8	6	4	
综合评价			总分（100分）				
			得分：（　　）分				
			评价者				

● 阅读三　奥尔夫音乐教学案例参考

（大连职业技术学院　邹欣旭）

一、歌唱教学

歌唱教学具有以下特点。

1. 歌唱形式多样，包括独唱、齐唱、对唱、领唱、轮唱、合唱、表演唱等。教师在教学的过程中，根据幼儿具体的接受能力随时调整、灵活掌握。

2. 教学方法多样,以歌曲为主线,运用各种教学手段为歌唱服务,形式多样、内容丰富、充满趣味。教师在操作的过程中,要根据不同年龄段的幼儿及幼儿具体的接受能力随时调整、灵活掌握。

3. 歌曲的内容及艺术特点,是要适合于幼儿歌唱的,是幼儿喜欢的,可以发自内心歌唱的,这样才能使幼儿表达自己内心的情感,并有一定的教育延伸,以达到教学目的。

4. 唱歌前的发声要根据歌曲涉及的音域来练习,在教唱前要分析歌曲中音的高、低、长、短、强、弱、连、跳等,安排发声练习。

5. 分析歌曲的节奏,提出难点,重点练习。

6. 对歌曲中幼儿较难把握的音准,需重点练习。

小班歌唱活动：小星星

课例名称

教学活动"小星星"

活动目标

1. 能够熟练完整地演唱整曲。
2. 能够唱准 sol、fa、mi、re,唱准节奏。
3. 在熟练演唱的基础上,感受歌曲的美好情怀。

歌曲分析

1. 音域:1—5。
2. 节奏元素:**X X**,**X**。
3. 速度:适中。
4. 情绪:温馨、快乐。

重点难点

1. sol,fa,mi,re 的音准。
2. $\underline{X}$ $\underline{X}$ $\underline{X}$ $\underline{X}$ | $\underline{X}$ $\underline{X}$ $\underline{X}$ | 的节奏。

活动准备

手型节奏图谱、音阶图谱、小星星彩图一张、小星星头饰若干、钢琴(或音乐)。

教学活动建议

1. 导入。

(1) 出示小星星的彩图,让幼儿观察图中有什么,引导幼儿说出小星星的特点。

(2) 教师对幼儿的表达进行概括总结,导出歌曲《小星星》的歌词,按照歌曲节奏朗诵歌词。

教学说明:用图画导入,或者出示小星星的道具,给幼儿提供直接观察的机会。总结小星星的特点,与歌词内容呼应。

2. 发声练习。

（1）教幼儿按照歌曲节奏朗诵歌词。出示手型节奏图谱。

（2）用朗诵歌词的方法练习发声,如高声、低声等。

教学说明:如果幼儿的能力可以,教师可在琴上弹奏一个音高,让幼儿在这个音高上朗诵歌词练习发声,音高可逐步升高。

3. 演唱歌曲《小星星》。

（1）教师范唱歌曲,让幼儿静静地听。

（2）教唱歌曲。

（3）熟练歌曲:可以跟着教师唱,也可以跟着准备好的音乐唱。

（4）再次节奏练习:再次让幼儿朗诵歌词,同时用手打节奏。

（5）继续练唱歌曲。

（6）纠正幼儿的音准:出示音阶图谱,教师按歌曲中的音高指挥音阶,让幼儿看着音阶唱歌词,帮助幼儿唱准音高。

（7）当幼儿熟悉歌曲时,教师再次范唱,加入简单的动作。

（8）让幼儿根据歌词的内容加入简单的动作(可让一个幼儿上前表演唱,可分组表演唱,也可接唱,根据幼儿的能力而定)。

（9）当幼儿完全熟悉歌曲时,分发小星星的头饰,让幼儿扮演小星星,想象着自己一闪一闪发光的样子,加入自己喜欢的动作。

教学说明:

（1）教唱歌曲时,幼儿可以跟着教师唱,也可以跟着准备好的音乐唱。

（2）音阶图谱是将各音高画成台阶样式,让幼儿可以直观地看到各个音高,懂得音的高低变化,从而唱准音高。练习的过程可以让幼儿边唱边跟着做高低起伏的手势。

（3）关于音准的练习,如" **5 5 4 4 | 3 3 2** "的音准,可以做手势练唱音高,可以在区域活动中练习。

4. 引申。

总结,请幼儿回家后在父母的带领下,观察夜空中的星星,画一幅有关小星星的图画,展览。

教学说明:通过演唱此曲,让幼儿喜欢星星,喜欢观察星空,对天文产生好奇心。

教学评价

本次课是教唱歌曲《小星星》,首先要分析歌曲,包括歌曲的节奏型、音域、情感表现,提取歌曲中的节奏型、各音高,分析哪些是幼儿难掌握的,要在活动中进行重点练习,整个活动的安排及技能练习,要围绕着歌曲本身的知识点来进行,环环相扣。最后引申部分,是由"星星"这一事物引起幼儿对天文知识的好奇,引发他们的兴趣,激起他们探索的意识,与另一个学科领域相连接。

二、韵律活动教学

韵律活动教学具有以下特点。

1. 韵律活动内容丰富,形式多样,包括律动活动、舞蹈活动、身体节奏等。教师在教学过程中,根据授课内容及教育目标进行活动安排。

2. 律动活动可结合乐器、音乐的伴随进行,基本要求是能够符合节拍、节奏,并能够表达音乐的基本情绪,同时要有即兴性、创造性。

3. 舞蹈活动要充满趣味,能够基本表达音乐的情绪,符合节拍、节奏。

4. 身体节奏是将身体作为一种打击乐器,练习打节奏、节拍。可一个人,也可两个人或多个人。教师在教学过程中可根据幼儿的接受能力来调控。

5. 无论用怎样的形式,韵律活动在教学过程中都要充分发挥其音乐功能,并紧紧围绕目标来进行。

课例名称

教学活动"修鞋匠"(本课例选编于安德莉娅·奥斯塔格教授的教学示范课)

活动目标

1. 能够感知、体会鞋匠修鞋时的各种动作,感知音乐和动作的关系。

2. 能够跟随音乐的节拍,有节奏地做动作,有节奏地控制肢体。

3. 在音乐活动中感受快乐。

重点难点

1. 随着音乐做动作时,对肢体有节奏地控制,尤其是加入表情时的控制。

2. 加入表情时,面部表情与身体动作的配合。

活动准备

1. 乐曲《鞋匠舞》。

2. 四种表情图:困、笑、怒、哭。

3. 简单的修鞋工具,如一只鞋、一个小锤子、一根大的针、一个围裙。

教学活动建议

1. 导入。

教师系上围裙扮演鞋匠,拿出各种工具做修鞋的动作,动作夸张,让幼儿观察各种修鞋动作。提问幼儿鞋匠是怎样修鞋的。

教学说明:直观的教学,让幼儿仔细观察动作。

2. 跟随音乐做动作。

(1) 放《鞋匠舞》的音乐,让幼儿仔细倾听音乐里都有什么。

(2) 放第一段音乐,让幼儿根据音乐乐句的特点,做合适的修鞋动作。提示、引导幼儿按照音乐的节奏做动作。

(3) 放第二段音乐,让幼儿根据音乐乐句的特点,做合适的修鞋动作。提示、引导幼儿按照音乐的节奏做动作。

(4) 第三段音乐,体现鞋匠修好一双鞋后快乐的样子,让幼儿做自己喜欢的各种动作表达快乐的心情。提示、引导幼儿按照音乐的节奏做动作。

（5）放完整音乐,让幼儿跟随音乐完整连贯地做动作。提示、引导幼儿按照音乐的节奏做动作。

教学说明:因为乐曲本身有三段,并且乐句比较形象,教师课前分析好每段音乐,引导幼儿按照各段音乐的特点设计动作。比如,第一段可设定为"缝鞋",具体动作可以让幼儿设计,"缝"的动作,可以向上缝,也可以向下缝等。第二段可以设定为"敲鞋","敲"的动作可以上敲、下敲、侧敲等。做的过程中,教师可给予提示。

3. 加入表情做动作。

（1）出示第一张表情图:困。让幼儿打着哈欠跟随音乐做动作。提示、引导幼儿按照音乐的节奏做动作。

（2）出示第二张表情图:笑。让幼儿"哈哈"笑着跟随音乐做动作。提示、引导幼儿按照音乐的节奏做动作。

（3）出示第三张表情图:怒。让幼儿做生气愤怒状跟随音乐做动作。提示、引导幼儿按照音乐的节奏做动作。

（4）出示第四张表情图:哭。让幼儿做哭状跟随音乐做动作。提示、引导幼儿按照音乐的节奏做动作。

教学说明:加入表情的部分,只是让幼儿用面部表情、嗓音来表达,不能够影响到手的动作,提示幼儿无论鞋匠是什么样的情绪,都不能中断手中的工作,让律动不受影响地进行。做的过程中,教师可给予提示。

4. 小结。

（1）鞋匠修鞋时无论是"缝"还是"敲",都是反复、重复的动作。

（2）让幼儿回去观察生活中都有哪些动作是反复、重复的动作。

教学说明:

（1）让幼儿观察身边的生活,培养观察力。

（2）承上启下,为下次课做准备。

教学评价

韵律活动有很多种,有很多方面。本次课通过一种职业"修鞋匠",对幼儿进行了观察性、模仿性、创造性的活动教育。幼儿配合形象的乐曲,跟随音乐有节奏地做动作,可感受音乐和动作的关系,感受音乐带来的快乐。加入表情后,活动升级,将身体动作、面部表情和音乐节奏有机结合,训练幼儿有效地控制肢体。在活动进行中,教师要随时观察幼儿的每一项活动情况,对幼儿的活动随时、及时地给予指导和引领。

三、音乐欣赏教学

音乐欣赏教学具有以下特点。

1. 音乐欣赏教学方法多样,通过音乐作品,可以感受音的高低、强弱、快慢等,感受各种音乐情绪。

2. 音乐作品的选择涉及古今中外,作品的题材、风格可多样化,结构清晰,适合于儿童。

3. 通过倾听生活中、自然界中各种声音、声响,用语言、动作、打击乐器来进行创造性的活动,体验音乐的乐趣。

课例名称

教学活动《拨弦》(本课例选自《奥尔夫音乐教育思想与实践》)

活动目标

1. 通过活动体验ＡＢＡ三部曲式结构。
2. 感受音乐的"强、弱",并能够用动作表达出"强、弱"。
3. 能够分辨音乐不同段落的不同音乐形象。
4. 通过不同的道具体验音乐不同段落的不同音乐形象。
5. 在音乐活动中体验合作的乐趣,喜欢集体。

乐曲分析

《拨弦》选自法国作曲家德利布的管弦乐组曲《西尔维亚》的第二乐章。"ＡＢＡ"三部曲式。Ａ段弦乐拨弦演奏,欢快活泼,Ｂ段木管轮流吹奏,抒情流畅。

重点难点

1. Ａ段弦乐拨奏的"强、弱"的体验与表达。
2. 三部曲式结构中,不同乐段不同音乐形象的区分。

活动准备

乐曲《拨弦》、带皮筋的空酸奶杯若干、纱巾若干条。

教学活动建议

1. 组织教学。

完整播放《拨弦》的音乐,让幼儿感受音乐,注意倾听音乐中都有什么。

教学说明:让幼儿一开始就感受音乐,进入到音乐状态中,启发思维活跃起来,为后面的活动奠定基础。

2. Ａ段音乐的活动。

(1) 放Ａ段音乐,教师用带皮筋的空酸奶杯在每一乐句的最后两个顿音处拨动皮筋。让幼儿仔细倾听音乐,注意观察教师随音乐做了什么动作。动作要夸张。

(2) 让每个幼儿手里都拿一个带皮筋的空酸奶杯,在教师的带领下,随音乐做拨皮筋的动作。

(3) 教师观察幼儿,待幼儿熟悉音乐后,让幼儿停止动作,教师随音乐做动作,在音乐强的地方做用力拨皮筋的动作,在音乐弱的地方做轻轻拨皮筋的动作,动作要夸张,让幼儿注意观察,先通过动作的大小轻重来分辨"强、弱"。

(4) 告诉幼儿有关"强、弱"的概念,再次让幼儿跟随音乐做拨皮筋的动作,要求做出"强"与"弱"的动作:"用力的"和"轻轻的"。反复练习,体验"强"与"弱"。

教学说明:

(1) 通过使用道具,让幼儿自己做,感到自己是乐队的一员,会有满足感。

（2）通过观察，让幼儿自己找出动作的大小轻重与音乐的"强、弱"之间的关联。

（3）通过肢体感受，让幼儿懂得什么是"强、弱"。

3．B 段音乐活动。

（1）在幼儿熟悉了 A 段音乐后，收回带皮筋的空酸奶杯，放 B 段音乐，让幼儿静静聆听，之后让幼儿找出和刚才 A 段音乐有什么不同。

（2）拿出一个带皮筋的酸奶杯，一条纱巾，教师随音乐做动作，让幼儿选择哪一样适合 B 段音乐。

（3）让幼儿每人拿一条纱巾，随 B 段音乐做优美的动作。

教学说明：让幼儿自己选择 B 段音乐的道具，既训练了听力，同时也训练了对不同音乐形象的感受能力。这个环节训练是在幼儿熟悉了活动的基础上进行的。

4．体验"ＡＢＡ"三部曲式结构。

（1）在幼儿熟悉了 B 段音乐后，收回纱巾，放完整音乐，让幼儿聆听，教师随音乐做动作：A 段拨皮筋、B 段挥舞纱巾、再回到 A 段拨皮筋。

（2）让幼儿结合教师的动作总结音乐的顺序，启发、引导幼儿简单地描绘出 A 段、B 段不同的音乐形象。

（3）比较不同乐段不同的音乐形象后，得出三部曲式结构的结论。告诉幼儿"ABA"的曲式概念。

（4）放完整音乐，让幼儿随音乐做动作：A 段拨皮筋、B 段挥舞纱巾、再回到 A 段拨皮筋。体验"ＡＢＡ"的三部曲式(道具事先整齐地放在规定地方，乐段变化时，方便换道具)。

（5）将幼儿分成两组：A 组为拨皮筋组、B 组为舞纱巾组。放完整音乐，让幼儿随音乐分组做动作：A 段音乐 A 组做，B 段音乐 B 组做，之后交换。

教学说明：

（1）通过不同的道具，让幼儿感受不同乐段不同的音乐形象、音乐情绪。

（2）让幼儿分成两组做动作，进一步加深对"ＡＢＡ"三部曲式的理解和体验。同时相互配合，懂得自己是集体的一员，喜欢集体。

5．总结。

（1）教师再次总结全曲和知识点。

（2）让幼儿总结"拨"皮筋的动作，教师总结本曲的题目《拨弦》，向幼儿介绍作者。并通过"拨"的动作，教师总结拨弹乐器。

（3）布置作业：让幼儿寻找哪些乐器是拨弹乐器。

教学说明：

（1）活动的延伸。引导幼儿继续开动脑筋、观察生活。

（2）让幼儿喜爱乐器。

教学评价

本次欣赏课运用了很形象的手法，让每个幼儿都成为乐队的一员，借助于道具，让幼儿参与到音乐活动中，去体验音乐、感受音乐，并且通过自身的参与，理解、感知音乐中"强、弱"的概念及曲式结构的知识，达到欣赏音乐的教学目的。

四、打击乐教学

打击乐教学具有以下特点。

1. 打击乐器分为两大类：没有音高的打击乐器（多种）；有音高的打击乐器（音条乐器）。
2. 掌握各类打击乐器的敲击方法，感受各种打击乐器的声音特点。
3. 用打击乐器做各种节奏练习。
4. 用打击乐器为歌曲、乐曲伴奏、合奏。
5. 用打击乐器为儿歌、故事做音响效果或音乐伴奏。
6. 用打击乐器进行创造性活动。

课例名称

教学活动"小老鼠上灯台"

活动目标

1. 能够掌握"**X**， **X X**，**X X X X**"的节奏型。
2. 能够掌握使用响板演奏的技能。
3. 能够用响板准确地敲奏"**X**， **X X**，**X X X X**"的节奏型。
4. 享受乐器演奏时的快乐。

重点难点

1. 十六分音符**X X X X**的节奏。
2. 整齐地合奏。

活动准备

1. "响板"若干、三角铁一个。

2. 节奏谱：**X X X | X X X | X X X | X X X | X X X | X X X | X X X X X X X X | X X X ‖**。手型
节奏谱一份、"响板"图形节奏谱一份、音符节奏谱一份。

3. 小老鼠头饰一个、小猫头饰一个。
4. 节奏欢快的乐曲一首。

教学活动建议

1. 导入。
（1）教师带小老鼠的头饰按照儿歌内容讲故事。
（2）幼儿理解内容后，引出儿歌《小老鼠上灯台》。
教学说明：讲故事导入儿歌。
2. 儿歌节奏练习。
（1）教说儿歌《小老鼠上灯台》，节奏准确。

（2）让幼儿边说儿歌边用手打节奏。

（3）重点练习十六分音符"叽里咕噜"的节奏。

（4）当幼儿熟悉儿歌节奏后，只用手拍节奏，在心里默念儿歌歌词。出示手型节奏谱，教师指挥幼儿打节奏，要整齐地合奏。

（5）播放音乐，随音乐朗诵儿歌节奏。可以语言朗诵儿歌节奏、手打节拍；或语言与手同时表现儿歌节奏，根据幼儿的能力而定。

3. 用响板打节奏。

（1）当幼儿手拍节奏准确时，让幼儿转用响板打节奏，出示"响板"图形节奏谱，教师指挥幼儿打节奏。

（2）在转用响板时，可先让幼儿边出声朗诵儿歌节奏边打响板，待幼儿熟悉后，再转为默念，只打响板，要整齐地合奏。

（3）重点练习敲击十六分音符的节奏。

（4）当幼儿熟悉打响板后，可将节奏谱换成音符节奏谱继续练习。教师指挥幼儿打节奏。

（5）让幼儿打响板敲击儿歌节奏，不出声，在心里默念儿歌，要整齐地合奏。

（6）播放音乐，打响板敲击儿歌节奏为音乐伴奏。

教学说明：

（1）这个环节是让幼儿熟悉儿歌节奏的练习，为乐器演奏打基础。在用响板前，可先用手拍节奏练习，因为幼儿使用响板，很像拍手的动作。教师在安排乐器教学时要根据乐器的演奏特点指导幼儿进行动作演练。

（2）音符节奏谱最好由图形节奏谱转变而来，方便幼儿学习。如果幼儿从未接触过音符，可以只用图形节奏谱，不用音符节奏谱。

4. 活动延伸。

当幼儿能够整齐地演奏儿歌节奏时，可找一个幼儿扮演小老鼠，带上头饰，一个幼儿扮演小猫，戴上头饰，分角色按照儿歌的内容做动作，其余幼儿打响板伴奏。可编入简单的情节，小猫出场时，用三角铁演奏（可以让表演的幼儿边做动作边说儿歌，也可以让全体幼儿一起说，或者是由教师说，以上均视幼儿的能力情况而定）。

教学说明：

（1）增加趣味性。如果只是一味地让幼儿打响板节奏，时间稍长，幼儿会感觉乏味，加入表演会增加趣味，感受演奏乐器的快乐，体验合作的快乐。

（2）情节的编入，教师可以带领幼儿进行创编。

教学评价

本课例是提取了儿歌节奏的元素进行的乐器练习课。把简单的儿歌作为一个细胞，不断地发展、转变，自然地过渡到打击乐器"响板"的演奏，同时在这个过程中，对幼儿不断地进行节奏的练习。最后加入了简单的表演，活动层层深入，让幼儿喜欢敲击乐器，喜欢合作、喜欢创作，在这个过程中感受快乐。

注：本课例在实施过程中，教师可根据实际情况分课次进行。

五、综合运用

　　学前儿童音乐教育活动整体应以综合的方式运用,教师可根据授课内容及儿童的能力进行合理安排。活动的时间和内容要有计划地、系统地安排。在内容多、时间短的情况下,可侧重于某一方面,或分课次进行,不同教学方法可以交替使用。所有的活动要紧紧围绕着目标来进行。活动的方式要灵活,充满趣味,让儿童喜欢,充满好奇,使儿童在快乐的活动中,掌握各种音乐知识、简单的技能,学习通过音乐来表达自我。

课例名称

教学活动"小兔乖乖"

　　课例说明:本课例是一个由主题引申发展而成的活动,活动的设计安排对幼儿来说会有难度,高于幼儿园的教学实际,这个课例主要是给教师的,目的是希望打开教师的思路。教师在实际操作过程中,可根据自己的需求,改变安排,从而达到教学目的。

　　(一)第一阶段:歌曲

活动目标

　　1. 能够熟练完整地演唱整曲。
　　2. 唱准歌曲中的音高,节奏准确。
　　3. 分角色演唱,边唱边设计动作。
　　说明:这只是笼统的目标,教师可根据实际情况制订出具体目标。

歌曲分析

　　1. 音域:$1 - \dot{1}$。
　　2. 节奏元素:$\underline{X\ X}$,X,$X\ -$。
　　3. 速度:稍慢。
　　4. 三个角色:大灰狼、兔妈妈、兔宝宝。

重点难点

　　1. 唱准音高,尤其是"$\overset{\frown}{5\ 3}$,$\overset{\frown}{3\ 5}$,$\overset{\frown}{2\ 3}$"两个音一个字的连音演唱。
　　2. 二分音符"$X\ -$"的时值要唱满。
　　3. 分角色演唱时,语气准确。

活动准备

　　音阶图谱、钢琴、小兔子头饰若干、大灰狼头饰一个、兔妈妈头饰一个、故事图、《小兔乖乖》的伴奏音乐。

教学活动建议

1. 发声练习。

（1）基础发声练习。

教师： **1 2 3 4 | 5 -** ‖
小猫 怎样 叫

幼儿： **5 4 3 2 | 1 -** ‖
喵喵喵喵 喵

（2）变化发声练习（连音）。

① 教师： **1 2 3 4 | 5 -** ‖
小猫 怎样 叫

幼儿： **5 3 3 2 | 1 -** ‖
喵 喵 喵

② 完全幼儿： **1 3 3 5 | 5 3 3 2 | 1 -** ‖
喵 喵 喵 喵 喵

要求：二分音符的时值要唱满。

教学说明：

（1）发声练习按照歌曲中音符的时值、音高来进行。练习时运用自然舒展的声音。

（2）歌曲中有连音唱法，所以在发声练习时把这一知识点提取出来，让幼儿练唱。

（3）在发声练习时，就要求幼儿将二分音符的时值唱满，为歌曲演唱做准备。

2. 歌曲练唱。

（1）教师讲故事导入歌曲，出示故事图。

（2）让幼儿叙述故事情节，加深印象。

（3）让幼儿按节奏朗诵歌词，手拍节奏伴奏。

（4）教师再次出示故事图讲故事，边讲故事边演唱歌曲。

（5）教唱《小兔乖乖》。

教学说明：因为歌曲本身就带有故事性，教师可利用这一条件，以故事方式导入歌曲，为后面的分角色活动奠定基础。

3. 难点的练唱。

（1）出示音阶图谱，教师手指音阶，让幼儿看清音的高低变化，幼儿跟唱音名，同时配合手势，速度放慢。

（2）三度音练唱时，可用手在空中划弧线练唱。

（3）教师观察幼儿对乐谱熟练后，可以让两个幼儿相对，边唱谱边做手势。

（4）教师可以轮流让一个幼儿到前面单独做。

教学说明:

(1) 本歌曲在音高上有三度模进,上行、下行,所以设计一个专门练唱音谱的环节,重点练唱音准,配合手势可以不枯燥,同时练习幼儿的反应能力。

(2) 让每个幼儿到前面单独做,可以训练幼儿的胆量与心理素质。

4. 完善歌曲的演唱。

(1) 当幼儿唱准音高时,再唱歌词,要求三度音的连音演唱、二分音符的时值都要演唱准确。

(2) 重点练唱两个字一个音的演唱。

(3) 让幼儿提取歌曲中的角色,按角色设计动作和声音。

(4) 让幼儿完整演唱歌曲,在唱的过程中要按照不同角色用不同的声音、动作演唱。教师可手指故事图作提示。

(5) 当幼儿熟悉歌曲后,教师让一个幼儿扮演大灰狼、一个幼儿扮演兔妈妈,其他幼儿扮演兔宝宝,戴上头饰,分角色演唱歌曲,要求用角色的声音去演唱,同时自己设计动作。

(6) 轮流扮演角色。

教学说明:分角色演唱可根据歌曲自身的特点决定,可以增加趣味,给幼儿打开思路,培养幼儿的创造能力,同时为后面活动的发展开好头。

注:本课例在实施过程中,教师可根据实际情况分课次进行。

(二) 第二阶段:儿歌《小白兔》

活动目标

1. 能够分声部轮说儿歌节奏(卡农)。

2. 能够运用身体乐器打节奏、节拍。

3. 能够运用打击乐器打节奏、节拍。

4. 能够分声部合奏。

说明:这只是笼统的目标,教师可根据实际情况制订出具体目标。

歌曲分析

1. 提取儿歌节奏。

$$\underline{X} \, \underline{X} \, X \mid \underline{X} \, \underline{X} \, X \mid \underline{X} \, \underline{X} \, \underline{X} \, \underline{X} \mid \underline{X} \, \underline{X} \, X \mid \underline{X} \, \underline{X} \, \underline{X} \, \underline{X} \mid \underline{X} \, \underline{X} \, X \mid \underline{X} \, \underline{X} \, \underline{X} \, \underline{X} \mid \underline{X} \, \underline{X} \, X \parallel$$

2. 节奏元素:$\underline{X} \, \underline{X}$, X。

重点难点

1. 分声部轮说儿歌节奏(卡农)。

2. 在身体乐器中,一个人两个声部地练习。

3. 声部的合奏。

活动准备

1. 打击乐器若干:鼓类、木制类、串铃类、音条琴(保留五声音阶:**1 2 3 5 6**)。
2. 手型、脚型、口型分声部节奏图谱。
3. 乐器图谱分声部的节奏谱。
4. 小白兔图画。
5. 小白兔头饰若干。

教学活动建议

1. 儿歌导入。

(1) 出示小白兔图画,按照儿歌内容提问幼儿。

(2) 导入儿歌,教师按节奏朗诵儿歌。

(3) 教幼儿按节奏朗诵儿歌《小白兔》。

教学说明:按儿歌内容有引导性地提问幼儿,引导幼儿自己发掘儿歌中的词汇。

2. 熟练儿歌《小白兔》。

(1) 按节奏边说儿歌边手拍节奏伴奏。

(2) 练习加入脚打节奏,出示手型、脚型、口型分声部节奏图谱。

(3) 待幼儿熟练后,可让幼儿在空地上排成一个圆圈,边走边说儿歌节奏,手可打节奏,也可打节拍,这时,每个幼儿自己是两个声部。

(4) 当儿歌熟练后,将幼儿分成两组,做两个声部的卡农轮说儿歌,教师要指挥好。

(5) 熟练后,可将幼儿变成两个圈,分声部边走边说儿歌节奏,手可打节奏,也可打节拍(这个环节视幼儿的能力而定)。

教学说明:

(1) 这个环节将难度增加,目的是让幼儿懂得分声部的概念。教师在运用的过程中要及时观察幼儿的能力情况,灵活掌握。

(2) 要事先多准备几个节奏谱,灵活调整使用。

3. 加入乐器。

(1) 将身体乐器图谱转换成打击乐器图谱,将乐器分类发给幼儿,将儿歌的语言节奏转化为打击乐器节奏。

(2) 分声部练习:鼓组敲前一个环节中脚的节拍;木制类敲儿歌的节奏。

(3) 幼儿熟练后,可再加入一个声部:串铃,新的节奏 X **X X**,这时,是三个声部在合奏。

(4) 在熟练的过程中,教师可在音条琴上按儿歌节奏即兴演奏:五个音 **1 2 3 5 6**。

(5) 当幼儿熟练后,可让一个幼儿敲音条琴,各声部互换。反复练习。

(6) 在乐器合奏时,找出几个幼儿扮演小白兔,戴上头饰,在场地中间边说儿歌边自己设计动作进行表演。这时是乐器合奏为表演伴奏。

教学说明:

(1) 用乐器打节奏和用身体乐器打节奏的环节可交叉,难度层层递进。或者也可以按照上一个环节的顺序来练习用乐器打节奏。同样根据幼儿的能力而定。

（2）串铃声部的加入让幼儿感到新鲜、有趣。

（3）在加入乐器的过程中,难度的提升要根据幼儿的能力灵活调整。

注:本课例在实施过程中,教师可根据实际情况分课次进行。

（三）第三阶段:听力训练

活动目标

1. 能够听辨四分音符、八分音符、十六分音符的节奏型。

2. 能够通过身体律动准确做出四分音符、八分音符、十六分音符的节奏型。

3. 能够根据小动物的特点,通过聆听不同乐器声音的特点,为小动物选择相应的乐器。

4. 创造性地设计出简单的图形谱。

说明:这只是笼统的目标,教师可根据实际情况制订具体目标。

节奏分类

1. 四分音符:X。

2. 八分音符:X X。

3. 十六分音符:X X X X。

重点难点

听辨四分音符、八分音符、十六分音符的节奏型。

活动准备

各类打击乐器,节奏图谱、节奏卡若干张,三个大的呼啦圈,图画纸、彩笔若干。

根据三种音符分类,准备三种动物图:大灰狼、小兔子、小老鼠。

教学活动建议

1. 节奏练习。

（1）以游戏方式出示三种动物,分别让幼儿模仿动物走路,引出三种音符:四分音符、八分音符、十六分音符的节奏。

（2）出示节奏谱,教师敲鼓,让幼儿练习打节奏。

（3）教师击鼓敲三种节奏,让幼儿按鼓点模仿三种动物走。

教学说明:节奏的训练可发展为利用空间行走。按节奏走,是将节奏、律动、听力训练融为一体。

2. 听力游戏。

（1）将三个呼啦圈分开放在地上,将三种节奏卡分别放在三个呼啦圈内,教师击鼓敲节奏,幼儿听辨节奏,跑入相对应的呼啦圈内。

（2）教师轮流变换击鼓的节奏,游戏继续。

教学说明:通过听辨节奏训练幼儿的节奏感,同时训练听力,注意力集中。

3. 节奏的创编活动。

（1）教师将若干张画着三种节奏的图卡组成一条节奏型,让幼儿打节奏。幼儿可以选择自己喜欢的身体乐器练习节奏。

（2）教师调整图卡的位置,变成一条新的节奏型,让幼儿练习。

（3）游戏继续。

（4）让幼儿轮流上前自己变换图卡的顺序,自己创编节奏型,练习节奏。

教学说明:通过调换节奏图卡的顺序,让幼儿自己创编节奏练习,训练创造性能力,同时有自信,喜欢节奏,喜欢创造。

4. 听力游戏。

（1）敲击各打击乐器,让幼儿仔细聆听乐器声音的特点。选择出适合大灰狼、小兔子、小老鼠的乐器。

（2）教师分别敲击幼儿选出的乐器,让幼儿听辨,模仿动物走路。

（3）反复练习。

（4）让幼儿根据声音的特点,设计出简单的图形谱。

（5）让幼儿用彩笔在图画纸上画出刚才设计的图形谱。

教学说明:

（1）通过听辨乐器的声音特点、音色来训练幼儿的听力,使幼儿喜欢声音、喜欢音乐,为后面的活动做准备。

（2）引导、训练幼儿通过图形谱来记录声音、记录音乐、创作音乐。

注:本课例在实施过程中,教师可根据实际情况分课次进行。

（四）第四阶段:音乐情景剧

活动目标

1. 能够根据歌曲内容创作简单的情节。
2. 能够为情节加插乐器配乐。
3. 能够根据歌曲情节创作简单的台词。
4. 能够表演音乐情景剧。
5. 体验集体合作的快乐。

说明:这只是笼统的目标,教师可根据实际情况设计具体目标。

剧情编排

第一场景:兔妈妈和兔宝宝

第二场景:大灰狼和兔宝宝

第三场景:兔妈妈和兔宝宝

重点难点

1. 引导幼儿创作剧情。
2. 引导幼儿创作台词。

各类打击乐器、兔妈妈头饰、兔宝宝头饰、大灰狼头饰,青菜、篮子一个,道具"门"、故事图。

教学活动建议

1. 复习。

(1) 复习歌曲《小兔乖乖》。

(2) 复习儿歌《小白兔》。

(3) 复习儿歌《小白兔》的乐器合奏。

教学说明:为后面的活动做准备。

2. 故事情节创作。

(1) 教师出示故事图,再根据歌曲讲故事。

(2) 教师边讲故事边引导幼儿创造性地编入简单的情节。

(3) 教师引导幼儿根据故事情节的发展设计角色的台词。

教学说明:创造性活动,培养幼儿的创造力。

3. 乐器的加入。

(1) 教师引导幼儿根据刚才创编的情节,加入乐器来营造气氛。

(2) 教师边讲故事边加入幼儿创编的台词,加入乐器音响效果。

教学说明:创造性活动,培养幼儿的创造力。

4. 音乐情景剧《小兔乖乖》。

(1) 第一场景:找出两个幼儿分别扮演兔妈妈、兔宝宝(或多个兔宝宝)。说儿歌《小白兔》上场,加入律动。其余幼儿作为乐器组每人手拿一件乐器,为儿歌合奏伴奏。

(2) 第二场景:"兔妈妈"提着篮子出去采摘青菜退场,一个幼儿扮演大灰狼上场,演唱《小兔乖乖》。"兔宝宝"唱第二段。

(3) 第三场景:"兔妈妈"采满青菜回来,将"大灰狼"赶跑,演唱《小兔乖乖》,"兔宝宝"接唱,开门,"兔妈妈"和"兔宝宝"说儿歌,重复第一场景。

(4) 在排演过程中,教师提示幼儿为剧情穿插乐器伴奏。有旋律的地方教师可以伴奏,直至熟练。

教学说明:

(1) 教师带领着幼儿创作、排演音乐情景剧,随时掌握、调控幼儿的活动。让幼儿感受创作带来的快乐,感受音乐带来的快乐,感受集体的快乐。

(2) 剧情的编排与排演,教师可以带领幼儿加入各种情节,乐器伴奏、声效可以根据情节贯穿始终,目的是让幼儿体验创作的过程所带来的快乐。

总体教学评价

这是一个综合性的、跨度较大的课例。以儿童歌曲《小兔乖乖》为主线,将音乐活动的各种手段阶段性地穿插运用在整个教学活动中。各阶段既相对独立,又相互关联。让幼儿既学到了知识、又训练了技能,同时体验团队合作,感受音乐的快乐。通过单一的歌曲不断地引申、发展,将歌唱、乐器、欣赏、律动、节奏练习、听力训练、图形谱、游戏活动、创作、表演等教学手法融为一体,层层递进,就像是一个细胞,不断地生长、发展,充满趣味,丰富生动。最后的音乐情景剧包括情节、台词、音乐等。让歌曲不再单一,变得有伸缩性,目的是让幼儿发挥想象的空间,活动本身是一个创作的过程,一个动脑的过程,需要团队合作,而且有趣、生动。幼儿的想象力是丰富的,有时会有让人激动的创造力,我们应该想办法通过音乐活动打造一个空间,让幼儿的这些闪光之处得以展现,这样有助于他们健康地成长。

注:本课例在实施过程中,教师可根据实际情况分阶段分课次进行。

没有音乐,生命是没有价值的。

——尼采

3—6 岁儿童学习与发展指南(艺术)

艺术是人类感受美、表现美和创造美的重要形式,也是表达自己对周围世界的认识和情绪态度的独特方式。

每个幼儿心里都有一颗美的种子。幼儿艺术领域学习的关键在于充分创造条件和机会,在大自然和社会文化生活中萌发幼儿对美的感受和体验,丰富其想象力和创造力,引导幼儿学会用心灵去感受和发现美,用自己的方式去表现和创造美。

幼儿对事物的感受和理解不同于成人,他们表达自己认识和情感的方式也有别于成人。幼儿独特的笔触、动作和语言往往蕴含着丰富的想象和情感,成人应对幼儿的艺术表现给予充分的理解和尊重,不能用自己的审美标准去评判幼儿,更不能为追求结果的"完美"而对幼儿进行千篇一律的训练,以免扼杀其想象与创造的萌芽。

(一)感受与欣赏

目标1　喜欢自然界与生活中美的事物

3—4 岁	4—5 岁	5—6 岁
1. 喜欢观看花草树木、日月星空等大自然中美的事物。 2. 容易被自然界中的鸟鸣、风声、雨声等好听的声音所吸引。	1. 在欣赏自然界和生活环境中美的事物时,关注其色彩、形态等特征。 2. 喜欢倾听各种好听的声音,感知声音的高低、长短、强弱等变化。	1. 乐于收集美的物品或向别人介绍所发现的美的事物。 2. 乐于模仿自然界和生活环境中有特点的声音,并产生相应的联想。

教育建议:

1. 和幼儿一起感受、发现和欣赏自然环境和人文景观中美的事物。如:让幼儿多接触大自然,感受和欣赏美丽的景色和好听的声音。经常带幼儿参观园林、名胜古迹等人文景观,讲讲有关的历史故事、传说,与幼儿一起讨论和交流对美的感受。

2. 和幼儿一起发现美的事物的特征,感受和欣赏美。如:让幼儿观察常见动植物以及其他物体,引导幼儿用自己的语言、动作等描述它们美的方面,如颜色、形状、形态等。让幼儿倾听和分辨各种声响,引导幼儿用自己的方式来表达他对音色、强弱、快慢的感受。支持幼儿收集喜欢的物品并和他一起欣赏。

目标2 喜欢欣赏多种多样的艺术形式和作品

3—4岁	4—5岁	5—6岁
1. 喜欢听音乐或观看舞蹈、戏剧等表演。 2. 乐于观看绘画、泥塑或其他艺术形式的作品。	1. 能够专心地观看自己喜欢的文艺演出或艺术品,有模仿和参与的愿望。 2. 欣赏艺术作品时会产生相应的联想和情绪反应。	1. 艺术欣赏时常常用表情、动作、语言等方式表达自己的理解。 2. 愿意和别人分享、交流自己喜爱的艺术作品和美感体验。

教育建议:

1. 创造条件让幼儿接触多种艺术形式和作品。如:经常让幼儿接触适宜的、各种形式的音乐作品,丰富幼儿对音乐的感受和体验。和幼儿一起用图画、手工制品等装饰和美化环境。带幼儿观看或共同参与传统民间艺术和地方民俗文化活动,如皮影戏、剪纸和捏面人等。在有条件的情况下,带幼儿去剧院、美术馆、博物馆等欣赏文艺表演和艺术作品。

2. 尊重幼儿的兴趣和独特感受,理解他们欣赏时的行为。如:理解和尊重幼儿在欣赏艺术作品时的手舞足蹈、即兴模仿等行为。当幼儿主动介绍自己喜爱的舞蹈、戏曲、绘画或工艺品时,要耐心倾听并给予积极回应和鼓励。

(二)表现与创造

目标1 喜欢进行艺术活动并大胆表现

3—4岁	4—5岁	5—6岁
1. 经常自哼自唱或模仿有趣的动作、表情和声调。 2. 经常涂涂画画、粘粘贴贴并乐在其中。	1. 经常唱唱跳跳,愿意参加歌唱、律动、舞蹈、表演等活动。 2. 经常用绘画、捏泥、手工制作等多种方式表现自己的所见所想。	1. 积极参与艺术活动,有自己比较喜欢的活动形式。 2. 能用多种工具、材料或不同的表现手法表达自己的感受和想象。 3. 艺术活动中能与他人相互配合,也能独立表现。

教育建议:

1. 创造机会和条件,支持幼儿自发的艺术表现和创造。如:提供丰富的便于幼儿取放的材料、工具或物品,支持幼儿进行自主绘画、手工、歌唱、表演等艺术活动。经常和幼儿一起唱歌、表演、绘画、制作,共同分享艺术活动的乐趣。

2. 营造安全的心理氛围,让幼儿敢于并乐于表达表现。如:欣赏和回应幼儿的哼哼唱唱、模仿表演等自发的艺术活动,赞赏他独特的表现方式。在幼儿自主表达创作过程中,不做过多干预或把自己的意愿强加给幼儿,在幼儿需要时再给予具体的帮助。了解并倾听幼儿艺术表现的想法或感受,领会并尊重幼儿的创作意图,不简单用"像不像""好不好"等成人标准来评价。展示幼儿的作品,鼓励幼儿用自己的作品或艺术品布置环境。

目标 2 具有初步的艺术表现与创造能力

3—4 岁	4—5 岁	5—6 岁
1. 能模仿学唱短小歌曲。 2. 能跟随熟悉的音乐做身体动作。 3. 能用声音、动作、姿态模拟自然界的事物和生活情景。 4. 能用简单的线条和色彩大体画出自己想画的人或事物。	1. 能用自然的、音量适中的声音基本准确地唱歌。 2. 能通过即兴哼唱、即兴表演或给熟悉的歌曲编词来表达自己的心情。 3. 能用拍手、踏脚等身体动作或可敲击的物品敲打节拍和基本节奏。 4. 能运用绘画、手工制作等表现自己观察到或想象的事物。	1. 能用基本准确的节奏和音调唱歌。 2. 能用律动或简单的舞蹈动作表现自己的情绪或自然界的情景。 3. 能自编自演故事，并为表演选择和搭配简单的服饰、道具或布景。 4. 能用自己制作的美术作品布置环境、美化生活。

教育建议：

尊重幼儿自发的表现和创造，并给予适当的指导。如：鼓励幼儿在生活中细心观察、体验，为艺术活动积累经验与素材。如，观察不同树种的形态、色彩等。提供丰富的材料，如图书、照片、绘画或音乐作品等，让幼儿自主选择，用自己喜欢的方式去模仿或创作，成人不做过多要求。根据幼儿的生活经验，与幼儿共同确定艺术表达表现的主题，引导幼儿围绕主题展开想象，进行艺术表现。幼儿绘画时，不宜提供示范画，特别不应要求幼儿完全按照示范画来画。肯定幼儿作品的优点，用表达自己感受的方式引导其提高。如，"你的画用了这么多红颜色，感觉就像过年一样喜庆"，"你扮演的大灰狼声音真像，要是表情再凶一点就更好了"等。

参考文献

[1] 许卓娅. 学前儿童音乐教育[M]. 3 版. 北京:人民教育出版社,2017.

[2] 许卓娅. 学前儿童艺术教育[M]. 3 版. 上海:华东师范大学出版社,2020.

[3] 陈淑琴. 幼儿游戏化音乐教育[M]. 上海:上海社会科学院出版社,2011.

[4] 吕耀坚,孙科京. 幼儿艺术教育与活动指导[M]. 2 版. 北京:北京师范大学出版社,2014.

[5] 王懿颖. 学前儿童音乐教育[M]. 2 版. 北京:北京师范大学出版社,2010.

[6] 黄瑾,阮婷. 学前儿童音乐教育与活动指导[M]. 3 版. 上海:华东师范大学出版社,2015.

[7] 师范院校音乐教材编委会. 小学音乐教学法[M]. 修订版. 上海:上海音乐出版社,2012.

[8] 齐颖,梁宇. 学前儿童音乐教育实训指导教程[M]. 北京:北京师范大学出版社,2020.

[9] 陈静奋,周洁. 学前儿童音乐教育活动设计与指导[M]. 上海:上海交通大学出版社,2018.

[10] 汪爱丽. 音乐教学法[M]. 北京:人民教育出版社,2008.

[11] 郭亦勤,王麒. 学前儿童艺术教育活动指导[M]. 3 版. 上海:复旦大学出版社,2014.

[12] 黄式茂. 幼儿舞蹈教学指导[M]. 上海:上海音乐出版社,1990.

[13] 中华人民共和国教育部. 幼儿园教育指导纲要(试行)[M]. 北京:北京师范大学出版社,2001.

[14] 李季湄,冯晓霞. 《3—6 岁儿童学习与发展指南》解读[M]. 北京:人民教育出版社,2013.

[15] 马伟楠. 奥尔夫音乐:教育理念与实践操作[M]. 2 版. 北京:高等教育出版社,2020.

读者意见反馈

为收集对教材的意见建议,进一步完善教材编写并做好服务工作,读者可将对本教材的意见建议通过如下渠道反馈至我社。

咨询电话 　400-810-0598

反馈邮箱 　gjdzfwb@pub.hep.cn

通信地址 　北京市朝阳区惠新东街 4 号富盛大厦 1 座
　　　　　高等教育出版社总编辑办公室

邮政编码 　100029